GOLDMANN
ESOTERIK

Beate Wiedmann
Heilsberger Hang 11a
2000 Hamburg 71
640 52 48

8/85

Buch

Wer ist Seth? Angesichts des faszinierenden Inhalts der Texte vergißt der Leser bald die anfänglich wichtig erscheinende Frage, ob Seth nun eine dem Unbewußten der Verfasserin entstammende Dramatisierung oder eine aus einer geistigen Welt höherer Realität sprechende Wesenheit sei. Seth stellt in diesem Buch die Psyche, durch die der Mensch Zugang zur universellen Welt höherer Realitäten hat, in ihrem menschlichen Ausdruck dar. Was in diesen Botschaften über die kreative Gestaltungskraft unseres psychischen Potentials und über Liebe und Sexualität – über Hetero- und Bisexualität sowie über homosexuelle und lesbische Triebe im Menschen – gesagt wird, ist erhebend und provozierend zugleich.

Dieses Buch konfrontiert uns mit unserem tiefsten Wesen und sprengt den Rahmen unserer konventionellen Sicht. Es zeigt die Möglichkeit auf, wie wir das in uns vorhandene geistige und gefühlsmäßige Potential kreativ, das heißt im wahrsten Sinne des Wortes unser Leben gestaltend, entfalten können. Dieses Buch fordert jeden von uns heraus…

Autorin

1929 geboren, besuchte Jane Roberts Schule und College und heiratete später den Künstler Robert F. Butts, der sie bei ihrer medialen Arbeit unterstützte. Zunächst war sie als »normale« Schriftstellerin tätig und schrieb u. a. Science-Fiction-Bücher. 1963 kam sie zum ersten Mal in Kontakt mit einer desinkarnierten Wesenheit, die sich selbst »Seth« nannte und als Energiepersönlichkeit bezeichnete. Seth diktierte durch Jane Roberts als Medium in der Folge zahlreiche Texte von hohem philosophischen Anspruch, die im weiteren in verschiedene Bücher zusammengefaßt wurden, von denen zwei zu Bestsellern gerieten. Nachdem Jane Roberts von den Tantiemen der ersten Seth-Bücher leben konnte, schrieb sie auch wieder eigene Werke, nun jedoch über ihre Bewußtseinsentwicklung in der Arbeit mit »Seth«, aber auch ein psychologisch-archäologisches Werk über das Weltbild von Paul Cezanne.

Jane Roberts starb am 4. September 1984.

Jane Roberts

DIE NATUR DER PSYCHE

Ihr menschlicher Ausdruck in Kreativität, Liebe, und Sexualität

Anmerkungen
von Robert Butts

GOLDMANN VERLAG

Aus dem Amerikanischen übertragen von Franz Koch
Titel der englischen Originalausgabe:
The Nature of the Psyche: Its Human Expression
Originalverlag: Prentice-Hall, Inc., Englewood Cliffs, New Jersey, USA

Made in Germany · 7/85 · 1. Auflage
Genehmigte Taschenbuchausgabe

Umschlaggestaltung: Design Team München
Umschlagillustration: Design Team München
Druck: Elsnerdruck GmbH, Berlin
Verlagsnummer: 11760
ES · Herstellung: Sebastian Strohmaier
ISBN 3-442-11760-7

Für
Tam Mossman

Inhaltsverzeichnis

Einführung

Jetzt, da ich diese Einführung schreibe, habe ich all die vielen anonymen Nächte bereits vergessen, in denen Seth, meine Trancepersönlichkeit, dieses Buch diktierte. Nur die Anmerkungen, die mein Mann Robert Butts zu den Sitzungen machte, erinnern mich daran, in welche Ereignisse wir in jenen Tagen, in denen das Buch entstand, verstrickt waren. Eines ist sicher: An den Sitzungsabenden verfiel ich in Trance und diktierte als Seth diese Kapitel. Die Triumphe und Niederlagen der einzelnen Tage sind mehr oder minder verblichen, aber jene Nachtstunden sind irgendwo auf diesen Seiten eingefangen – und auf diese Weise dauern sie fort.

Ist Seth denn überhaupt *meine* Trancepersönlichkeit: ein Wesen, in zeitlosen psychischen Welten beheimatet, das seine Botschaften in unsere zeitgeprägte Welt sendet? Oder bin ich *Seths* Trancepersönlichkeit, in Raum und Zeit lebend und deshalb fast mein Erbe vergessend? Meine fortwährenden Erfahrungen zeigen mir jedoch, daß Seths Persönlichkeit diesen Sitzungen und seinen Schriften ihren Stempel aufdrückt und vielleicht – auf eine ganz besondere Art – auch meinem eigenen Bewußtsein.

Solange ich mich nicht »in Seth verwandle«, den ganzen Weg gehe und meine psychologische Ausrichtung verändere, solange Seth nicht lächelt und spricht, gibt es kein Seth-Material. Und obschon an Sitzungsabenden nur zwei Menschen in unserem Wohnzimmer sind, kann ich trotzdem sagen, daß wir nicht allein sind.

Ich weiß sehr wohl, daß es Abende gab, an denen ich unsere regelmäßige Seth-Sitzung hätte abhalten »sollen«, dies aber aus Gründen, die mir entfallen sind, nicht tat. Vielleicht fühlte ich mich dazu nicht imstande, oder ich saß an meinem Schreibtisch und war mit meinen eigenen Büchern beschäftigt. Vielleicht schaute ein ungebetener Gast herein, oder die Ferien kamen dazwischen. Es machte mir irgendwie zu schaffen, wie schnell die Zeit verflog und daß die Manuskripte zur Veröffentlichung vorbereitet werden mußten. In der Zeit, da Seth dieses Buch diktierte, schrieb Rob die zwei Bände von Seths früherem Werk *»The ›Unknown‹ Reality«* ins reine und fügte unzählige Angaben hinzu, die sich auf das Seth-Material aus früheren Publikationen bezogen. Ich weiß, daß Rob an Sitzungsabenden seine Arbeitszeit für diese Sache »verlor« und daß er zudem am jeweils der Sitzung folgenden Tag das Manuskript für das Buch tippen mußte, während ich . . . mich bloß in Seth zu verwandeln hatte.

Viele Journalisten berichten über unsere Arbeit und über das dramatische Element der Sitzungen, und gewiß ist die ganze Angelegenheit ein recht aufrüttelndes psychologisches Schauspiel. Die meisten sind sich jedoch nicht bewußt, welcher Aufwand an Zeit und Arbeit nötig ist, um mit Seths scheinbar grenzenloser Kreativität Schritt zu halten: die Notizen über die Sitzungen müssen getippt werden, die Manuskripte für die Veröffentlichung vorbereitet werden, und es bedarf großer Ausdauer, die Sitzungen trotz der Anforderungen des Alltagslebens fortzuführen.

Während Rob die Manuskripte vorbereitete, hatte ich an meinen eigenen Büchern gearbeitet und diese auf Druckreife gebracht, so daß Seth bestimmt keine »schöpferische Flaute« meinerseits füllte. Als Seth das Diktat dieses Buches abgeschlossen hatte, starrte ich das Material an und wünschte, daß er auch auf der Schreibmaschine schreiben könnte. Ich dachte an all die vergessenen Trancestunden, sah sie aus einem anderen Blickwinkel und erstarrte fast bei einem Gedanken, der mir in dieser Klarheit neu war: Diese Trancestunden waren äußerst produktiv. Sie erbrachten Resultate in der Welt, die wir kennen. Mein Trancebewußtsein – gleich unter welchem Namen – wußte, was es tat. Und ich fragte mich, wie ich wohl für Rob aussah, wenn ich mich als Seth vorbeugte (ohne meine Brille und mit Seths Augen, die dunkler sind als die meinen), lächelte, als Seth scherzte, gestikulierte und wartete, während Rob mir, Jane, ein Bier holte. Ich bin sicher, daß es so etwas wie ein Trancegedächtnis gibt; aber mein normales Gedächtnis behält sehr wenig von diesen Trancestunden.

Aber ich kann mich auch nicht ohne weiteres daran erinnern, was in meinem Alltagsleben an jenen Tagen geschah. »Reale« Zeit und Trancezeit sind also gleichermaßen verblaßt. Und diese Woche versinke ich wieder in Trance, und wieder wird Seth einen Teil eines anderen Buches diktieren, das Rob in einem Jahr oder so für die Veröffentlichung fertigstellen wird. Dann wird d i e s e s Heute – nach unseren Begriffen – auch zur Vergangenheit gehören.

Ich sage »nach unseren Begriffen«, weil die Sitzungen selbst immer gegenwärtig scheinen, trotz allem, was ich gerade gesagt habe. Sie scheinen eine Energie zu enthalten, die in Seths Worten lebendig wird, so daß sie gleichermaßen zur Zukunft wie auch zur Vergangenheit gehören. Diese Worte wurden erst alle gesprochen, spontan und mit Gefühl, wenn auch langsam genug, daß Rob sie notieren konnte. Sie waren auf Seths besonders akzentuierte Weise gesprochen und in einer lebendigen Art von Gesten begleitet, was man beim Lesen in Erinnerung behalten möge.

Hier ist also dieser Haufen von Trancestunden! Wenn ich aber in Trance war, war Seth es auch? Er ist bestimmt wach, aktiv, verständnisvoll und interessiert an den Menschen – individuell und im allgemeinen – und an der Welt. Und doch habe ich das Gefühl, daß während der Sitzungen nur ein Teil seines Bewußtseins anwesend ist: der Teil, der sich durch mich ausdrückt. Welcher Art auch Seths wirkliche Erfahrung sein mag, sein Sprechen in unserer Welt ist jedenfalls ein Hinweis auf eine psychologische Komplexität, die weit über unser gegenwärtiges Verstehen hinausgeht.

In der *»Natur der Psyche«* wendet sich Seth erstmals in seinen Büchern der Frage der menschlichen Sexualität zu und erörtert ihre Beziehung zur Psyche des einzelnen und der Massen; er verbindet Sexualität mit ihren spirituellen und biologischen Quellen.

Wie die meisten Leser wissen, begann Seth schon früh, mich Ruburt und meinen Mann Rob Joseph zu nennen. Er erklärte, dies seien unsere ganzheitlichen Namen, und ich war ziemlich amüsiert, einen männlichen Namen zu haben und Seth von mir als »ihm« – er, Ruburt – sprechen zu hören. In meinen Kursen gab Seth auch vielen Studenten ihre ganzheitlichen Namen, und es gab manche lebendige Diskussion über die geschlechtliche Bestimmung dieser Namen.

Heute erkennen wir, daß ein solches Bezugnehmen von unseren eigenen, ziemlich begrenzten Vorstellungen abhängig ist, die wir von den Eigenschaften des einen wie des anderen Geschlechts haben, denn in der *»Natur der Psyche«* macht Seth klar, daß die Psyche weder männlich noch weiblich ist, »sondern eine Bank, von der aus sexuelle Verbindungen geschaffen werden«. Er betont die geistig bisexuelle Natur des Menschen und die spirituelle und biologische Bedeutung dieser unserer Bisexualität.

Aber Seths Konzept der Bisexualität ist bedeutend umfassender als alle bisher bekannten Schablonen dieses Begriffs. Er sieht sie als Urquelle, der unsere sexuellen Bestimmungen entspringen. Was bedeuten diese Definitionen? Wie viele davon sind im Grunde real, wie viele sind erlernt? Seth befaßt sich mit solchen Fragen. Zudem verbindet er die Sexualität mit der Entstehung der Sprachen und mit der Natur des »verborgenen Gottes«.

Die Psyche ist nicht nur der Verwahrungsort sexueller Tendenzen, sie enthält auch versteckte Fähigkeiten und Eigenschaften, die durch äußere Stimuli zur Auslösung gelangen. In Kapitel drei dieses Buches sagt Seth: »Natürlich sind mathematische Formeln nicht im Gehirn vorgegeben, aber sie entsprechen der Struktur des Gehirns und sind in seiner Existenz impliziert.« Nach Seth bestimmen unsere eigenen Wünsche, Absichten und Brennpunkte die inneren Informationen, die wir aus dem unendlichen Bereich auswählen, der uns zur Verfügung steht. Nach ihm existiert alles Wissen gleichzeitig, nicht als trockene Datenbank, sondern belebt durch das Bewußtsein, das es wahrnimmt. Die geistigen Erfahrungen der Vergangenheit und der Zukunft liegen offen vor uns, ihr Inhalt ist uns zugänglich, aber nicht in einer parasitären Beziehung, sondern in einem lebendigen Geben und Nehmen, indem das Wissen eines jeden Zeitabschnitts das Wissen jedes anderen Zeitabschnitts bereichert. Seth mißt diesem Reservoir des Wissens sowohl eine spirituelle als auch eine biologische Realität zu.

Die Bedeutung solcher Aussagen ist sehr groß für die Erziehung: anstatt uns nur mit auswendig gelerntem Routinewissen auszustatten, sollten uns die Schulen und Universitäten mit möglichst vielen Wissensgebieten bekanntmachen, denn diese wirken als äußere Auslöser, die natürliches inneres Wissen und schlummernde Fähigkeiten ansprechen, die darauf warten, durch geeignete Stimuli der äußeren Welt aktiviert zu werden.

Während Seth dieses Buch über die Potentiale der Psyche und den Empfang innerer Information diktierte, dienten meine eigenen Erfahrungen – wie gewohnt – als Demonstrationslektionen, die seine Thesen stützten. So hatte Seth das Diktat dieses Buches kaum begonnen, als ich, wie der Leser noch erfahren wird, plötzlich zum psychischen Empfänger eines Buches über die Philosophie und Technik der Kunstwissenschaft wurde.

Seth betont auch, daß oft innere Informationen in unserem Bewußtsein auftauchen, obwohl sie durch unsere individuelle Psyche gesiebt und durch unser Leben gefärbt werden, so daß wir ihre Quelle oft nicht erkennen. Dies mag in Form von Träumen oder Inspirationen geschehen. So mögen Erfinder eine Idee aus der Zukunft erhalten; oder Archäologen machen eine Entdeckung aufgrund von Informationen, die sie aus der Vergangenheit erhalten haben.

Seth sagt, daß sich unser inneres Wissen so sanft mit unseren gegenwärtigen Anliegen verbinde, daß wir nur selten seinen Ursprung erfahren, und doch versorgt es den einzelnen und die ganze Menschheit mit einem verläßlichen und unablässigen Informationsfluß im Rahmen eines psychologischen Leitplans, mit dem wir alle verbunden sind.

Er bespricht ausführlich die innere Wahrnehmung, deren sich die Menschen früherer Zeit vornehmlich bedienten, und er betont, daß die menschliche Spezies immer Zugang zu »inneren Daten« hatte, so daß sie ihr Wissen nie nur von den äußeren Umständen her bezog. Nach Seth leitet sich unsere gesellschaftliche Entwicklung von diesem inneren Wissen her ab.

Daraus folgt, daß präkognitives Wissen bei allen evolutionären Veränderungen eine Rolle spielt und weiterhin spielen wird insofern, als sich die verschiedenen Spezies in der Gegenwart auf die Veränderungen vorbereiten, die in der Zukunft notwendig sind.

Und wie schon früher betont Seth in allem die wichtige Rolle, die den vorhandenen Wahrscheinlichkeiten bei der Entwicklung des Individuums wie auch der ganzen Menschheit zukommt und die die Grundlage für den freien Willen bildet. Nach seiner Darstellung experimentiert die Psyche für sich im Traum mit wahrscheinlichen Handlungen; er sieht, wie die Massenträume der Menschheit ein inneres Ausdrucksmittel sind, mit dem die Menschen globale Ereignisse festlegen. Die Psyche *ist* etwas Persönliches, aber jede individuelle Psyche hat auch Zugang zur allgemeinen Psyche.

Seth macht klar, daß dieses Buch keine trockene Abhandlung über »die Psyche« schlechthin ist, sondern es bringt seiner ganzen Anlage nach den Leser in immer direkteren Kontakt mit seiner eigenen Psyche. Es enthält viele Übungen, mit denen jedermann mit dem Tiefenbereich seines Selbst bekannt werden kann, und lädt Sie ein, Ihre eigenen Gedanken und Erfahrungen auf vielen Ebenen zu erforschen.

Seth bespricht beispielsweise ausführlich, wie verzerrte Vorstellungen über die Sexualität den psychischen oder spirituellen Fortschritt behindern können; ebenfalls wird die Frage der Homosexualität bzw. der lesbischen Liebe samt ihren privaten und sozialen Auswirkungen erörtert.

Wir waren eifrig bemüht, dieses Material schnell zu veröffentlichen, da wir viele Anfragen über Seths Meinung zur Sexualität erhalten haben. Dieser Wunsch und Seths scheinbar endlose Kreativität brachten uns zur Entscheidung, die Seth-Bücher in Zukunft mit viel weniger Anmerkungen erscheinen zu lassen. Die Seth-Bücher und meine eigenen sind bestimmt ein Beispiel für die ungeheure Kreativität der Psyche und für ihre Fähigkeiten, Informationen zu erhalten und zu verwenden, die sowohl aus der inneren Erfahrung als auch aus der äußeren Umwelt kommen.

Bücher sind meine Vorliebe. Bei anderen Menschen mag sich diese Kreativität im Familiären auswirken, im Gefühlsleben, in Kunst, Wissenschaft oder im Sport oder einfach, indem sie ihrem Leben auf einer neuen, reicheren und bereichernden Ebene Ausdruck und Sinn verleihen.

Jane Roberts

1
Die Umwelt der Psyche

Sitzung 752, Montag, den 28. Juli 1975

(An diesem Tag sagte ich beim Abendessen zu Jane, daß sie heute für Seth, die »Energiepersönlichkeit«, für die sie in Trance spricht, mit dem Diktat eines neuen Buches beginnen würde und daß sie selbst die Anmerkungen dazu schreiben würde. Ich würde die »Sitzungen« niederschreiben, Zeitangaben, Datum und weiteres einfaches Material hinzufügen, während sie ihre eigenen Empfindungen anführen könnte. Ich stellte mir vor, daß Jane Gefühle oder Gedanken über ihre Trancezustände hinzufügen würde, sobald ich eine Sitzung von meiner »Kurzschrift« mit der Maschine abgetippt hätte.

Ich sagte ihr, daß es mir gleichgültig sei, ob das Buch kurz, mittel oder lang werde und ob wir sechs Monate, ein Jahr oder fünf Jahre brauchten, um es fertigzustellen. Das Buch werde entstehen, ob sie nun zwei Sitzungen wöchentlich oder eine Sitzung im Monat abhalten würde. Und wenn sie keine Anmerkungen wünsche, dann sei ich auch damit einverstanden.

Seth hatte das Diktat seines letzten Buches vor drei Monaten, am 23. April in der 744sten Sitzung, abgeschlossen. Jane hatte seit damals nur sieben Sitzungen abgehalten, um mich nicht mit zusätzlicher Arbeit zu belasten, da ich mit den komplizierten Notizen für jenes Buch beschäftigt war. Sobald ich den Grund ihrer Zurückhaltung erfuhr, verwies ich sie, obwohl sie eben erst ihr eigenes Buch [»Psychic Politics«] beendet hatte, wieder auf ihre Arbeit am Seth-Material.

Jane reagierte kaum, als ich ihr meine Idee für das neue Buch mitteilte. »Du hast mich überrascht«, sagte sie, als wir uns um 21.10 Uhr für die Sitzung bereitmachten.

»So war es geplant«, sagte ich. »Du wirst«, meinte sie, »mit mir nachsichtig sein müssen. Wenn ich die Anmerkungen

machen muß, werden es nicht viele sein. Und ich weiß nichts von einem neuen Buch für heute abend. Wenigstens habe ich noch nicht daran gedacht.«

»Das brauchst du auch nicht. Was würdest du lieber tun,« fragte ich zum Spaß, »ein neues Buch anfangen oder ein Kind zur Welt bringen?« »Dies da«, antwortete sie sofort und meinte unsere Sitzung. »Aber man kann sich neun Monate auf ein Kind vorbereiten. Ich bin noch nicht bereit für die Bücher, die Seth diktieren will: das Christus-Buch oder das andere über die Wirklichkeit der Kultur, von dem er im letzten Monat sprach. Wovon könnte denn ein neues Buch handeln?« Ich lachte und sah ihr zu, wie sie zauderte. Wir sprachen noch einen Augenblick miteinander, bis Jane plötzlich sagte: »Ich glaube, ich habe den Titel. Er lautet ›Die Natur der Psyche‹, Gedankenstrich, ›Ihr menschlicher Ausdruck in Kreativität, Liebe, Sexualität‹. Ich bin nicht sicher, aber ich glaube, das ist er . . .«

Es machte also den Anschein, als ob wieder – mit Janes wesentlicher Hilfe – ein ausgezeichnetes Werk von Seth auf uns zukäme. Jane war sichtlich verwundert, daß er mit einer so kurzen Bemerkung ein neues Buch beginnen sollte; aber ich hatte überhaupt keine Bedenken, daß Seth und Jane dies tun könnten. Und ich begrüßte, daß sie an einem fortlaufenden schöpferischen Projekt würde teilhaben können, das ihr alltägliches Leben wie ein Fundament tragen konnte.

»Sobald ich es bekomme, fangen wir an«, sagte Jane. Wir saßen da und warteten und tranken Rotwein. Es war 21.23 Uhr. Jane zündete sich eine Zigarette an, und wir verstummten.

»Jetzt kommt es durch«, sagte sie. »Ich brauche nur noch ein paar Minuten, um alles zusammenzukriegen . . .« Um 21.25, mit vielen Pausen:)

Nun –

(»Guten Abend, Seth.«)

Kein Vorwort. Erstes Kapitel: Ihr kommt in den Zustand, den ihr Leben nennt, und verlaßt ihn wieder. Dazwischen durchlauft ihr eine Lebenszeit. Scheinbar zwischen Geburt und Tod hängend, fragt ihr euch nach der Natur eures Wesens. Ihr forscht in eurer Erfahrung und studiert Tatsachen der Vergangenheit in der vagen Hoffnung, auf diese Art Aufschluß über die Natur eurer eigenen Wirklichkeit zu erlangen.

Euer Leben scheint mit eurem Bewußtsein synonym zu sein. Deshalb habt ihr den Eindruck, daß euer Wissen über euch selbst allmählich wächst, so wie sich euer individuelles Bewußtsein von eurer Geburt an entwickelte. Ferner scheint es, daß euer Bewußtsein auf einen Tod zugeht, den euer individuelles Bewußtsein nicht überlebt. Ihr mögt mit Sehnsucht und einer fast hoffnungsvollen Nostalgie an die Religion einer Kindheit denken und euch an ein Glaubenssystem erinnern, das euch eurer Unsterblichkeit versicherte. Aber die meisten von euch, meine Leser, sehnen sich nach einer persönlichen Gewißheit und suchen nach einer inneren Sicherheit, daß eure Individualität mit dem Tod nicht einfach verschwindet.

(21.35 Uhr.) Jeder Mensch weiß, daß seine eigenen Erfahrungen wichtig sind, und daß darin eure – zwar verborgene – Bedeutung liegt, die euch alle mit einem größeren, schöpferischen Plan verbindet. Und jeder Mensch spürt bisweilen den Sinn seines persönlichen Daseins, und doch sind viele von euch voller Enttäuschung, da das innere Ziel nicht bewußt bekannt ist oder nicht klar verstanden wird.

(Pause.) Als Kind wußtet ihr, daß ihr zu Erwachsenen heranwachsen würdet. Ihr habt euch auf den Glauben an projizierte Fähigkeiten gestützt und nahmt für selbstverständlich an, daß ihr in einem Prozeß des Lernens und Wachsens begriffen wart. Egal was euch passierte, ihr lebtet in einer Art gereinigter psychischer Luft, in der euer Wesen aufgeladen wurde und zu glühen begann. Ihr wart euch bewußt, in einem Zustand des Werdens zu sein. In gleicher Weise befindet sich auch die Welt in einem Zustand des Werdens.

Sowohl in eurem privaten Leben als auch auf der Weltbühne spielt sich fortwährend etwas ab. Es ist leicht, euch selbst oder die Welt anzuschauen, Komma, und dabei vom gegenwärtigen Zustand derart hypnotisiert zu sein, daß jedes weitere Wachstum oder jede Veränderung unmöglich ist.

Normalerweise können wir uns nicht an unsere Geburt erinnern. Noch sicherer scheint, daß ihr euch nicht an die Geburt der Welt erinnern könnt. Schon vor eurer Geburt hattet ihr jedoch eure Geschichte, auch wenn es euch scheint, daß die Welt ihre Geschichte hatte, bevor ihr geboren wurdet.

(Pause um 21.49 Uhr.) Die Wissenschaften hüten immer noch Geheimnisse voreinander. Die Physik tut so, als ob ein Jahrhundert nach dem andern ablaufen würde, während die Physiker begreifen, daß die Zeit nicht nur für den Wahrnehmenden relativ ist, sondern daß alle Ereignisse gleichzeitig ablaufen. Die Archäologen fahren fröhlich fort, die Überbleibsel »vergangener« Zivilisationen zu datieren, ohne sich je zu fragen, was Vergangenheit bedeutet, noch zu sagen: »Dies ist Vergangenheit (gesperrt) vom Standpunkt meiner Wahrnehmung aus.«

Astronomen sprechen vom äußeren Weltraum und von Galaxien, die unsere Galaxie zwergenhaft erscheinen lassen. In der Welt, die ihr erkennt, gibt es Kriege, Reden und Androhungen von Kriegen, Prognosen der Zerstörung. Doch all dem zum Trotz fühlen der einzelne Mann, die einzelne Frau – unbekannt und anonym in der großen Welt – in sich eine wachsende Bestätigung, die sagt: »Ich bin wichtig. Mein Leben hat einen Sinn, selbst wenn ich ihn nicht kenne. Mein scheinbar so nichtiges und wirkungsloses Leben ist trotzdem von erstrangiger Bedeutung in einer Weise, die ich nicht verstehe« (Absatz).

Trotz der Verstricktheit in ein Leben scheinbarer Frustrationen, der Sorgen im Hinblick auf Familienprobleme und Krankheiten und scheinbar besiegt in allen praktischen Belangen erhebt sich etwas in jedem einzelnen und wehrt sich gegen all das Unheil und all die Entmutigungen dieses Lebens, erhebt sich etwas wie ein Funke einer höheren Gültigkeit. An diesen wissenden Teil eines jeden Individuums wende ich mich (Absatz).

(22.01 Uhr. Mit Nachdruck:) Ich bin einerseits kein einfacher Autor, denn ich spreche zu euch von einer anderen Bewußtseinsebene aus als der euch vertrauten. Andererseits ist meine Stimme so natürlich wie das Rascheln von Eichenblättern im Wind, denn ich spreche von einer Wahrnehmungsebene aus, die eurer Psyche so nahe ist, wie die Jahreszeiten eurer Seele nahe scheinen.

Ich schreibe dieses Buch durch eine Persönlichkeit, die Jane Roberts heißt. Dieser Name wurde ihr bei ihrer Geburt gegeben. Sie teilt mit euch die Freuden und Leiden des physischen Lebens. *(Eine einminütige Pause.)* Wie ihr ist sie mit einem Leben beschenkt, das bei ihrer Geburt zu beginnen und von diesem Anfangspunkt an bis zum Augenblick des Todes zu dauern scheint. Sie hatte die gleichen Fragen gestellt, wie ihr dies in Momenten stiller Einkehr auch tut.

Sie fragte jedoch mit solcher Inbrunst, daß sie die Schranken durchbrach, die die meisten von euch errichten, und begann so eine Reise für sich selbst und auch für euch – denn jede eurer Erfahrungen, wie klein und scheinbar nichtig sie auch sein mögen, wird ein Teil des Wissens eurer Spezies. Wo kommt ihr her und wohin geht ihr? Was seid ihr? Was ist die Natur eurer Psyche?

Ich kann nur einen Teil dieses Buches schreiben; den anderen Teil müßt ihr selbst beifügen. Denn die Psyche ist bedeutungslos, wenn sie sich nicht auf die Psyche des einzelnen bezieht. Ich spreche zu euch von Schichten eures eigenen Wesens her, die ihr vergessen und doch nicht vergessen habt. Ich spreche zu euch durch das gedruckte Wort; doch meine Worte werden in euch die Stimmen wiedererwecken, die in eurer Kindheit und vor eurer Geburt zu euch gesprochen haben.

Dies wird keine trockene Abhandlung sein, die euch über

eine die Psyche genannte hypothetische Struktur informiert. Meine Worte werden vielmehr aus der Tiefe eures Wesens Erfahrungen hervorrufen, die ihr vergessen habt, und aus den weiten Bereichen von Raum und Zeit die wunderbare Identität zusammenbringen, die euer Selbst ist.

Ihr könnt Pause machen.

(22.17 Uhr. »Nun habe ich sogar den Titel vergessen«, sagte Jane, sobald sie aus ihrem Trancezustand zurückkam.

»Meinen Glückwunsch, Liebste«, sagte ich.

Jane lachte. »Du befiehlst mir, etwas zu tun, und ich tue es. Nun muß ich aufs Klo – und übrigens habe ich das Gefühl, ins Bett gehen und ein paar Stunden schlafen zu müssen . . . «

»Dann geh nur«, neckte ich sie. »Steig aus, wenn du willst.« Ich erinnerte sie an den Titel des Buches und machte einige Vorschläge, wie sie ihren eigenen Kommentar dazu schreiben könnte. Ich betonte, daß sie diesen auf beliebige Weise gestalten könne. Meine Zeit reichte nur für ein Minimum an Anmerkungen zu den Sitzungen. Ich gestand Jane jedoch, daß ich nicht wirklich von ihr verlangen könne, sowohl das Buch – als Seth – zu schreiben als auch die ganze Arbeit mit dem Kommentar zu machen. Wie sich dann herausstellte, half sie mir dennoch bei dieser Arbeit.

Schließlich sagte Jane: »Ich warte noch. Ich habe das Gefühl, daß noch mehr kommt.« Schnellere Fortsetzung um 22.41 Uhr.)

Die Erde verfügt über eine Struktur, g e n a u s o ist es mit der Psyche. Ihr lebt in einem bestimmten Gebiet auf der Oberfläche eures Planeten und könnt zu einem bestimmten Zeitpunkt nur einen Teil der Erde sehen – und doch seid ihr davon überzeugt, daß der Ozean existiert, auch wenn ihr seine Gischt nicht spüren und die Wellen nicht sehen könnt.

Und selbst wenn ihr in der Wüste leben würdet, glaubtet ihr ohne Zweifel, daß es anderswo große, bebaute Felder und Regengüsse gibt. Es ist wahr, daß ein Teil eures Glaubens auf Wissen beruht, doch eben nur ein Teil. Andere Menschen haben Gebiete bereist, die ihr nicht kennt; gleichwohl glaubt ihr ihren Berichten. Das Fernsehen versorgt euch mit Bildern; trotzdem geben euch eure Sinne nur ein Bild eurer unmittelbaren Umgebung, wenn ihr sie nicht in einer besonderen Art und Weise k u l t i v i e r t habt, die relativ ungewöhnlich ist.

Ihr seid davon überzeugt, daß die Erde eine Geschichte hat. Genauso hat eure Psyche eine Geschichte. Ihr habt euch selbst gelehrt, nach außen auf eine materielle Wirklichkeit zu blicken, aber die innere Gültigkeit eures Wesens kann dort nicht wahrgenommen werden, nur die Auswirkungen davon. Ihr könnt den Fernseher andrehen und einem Schauspiel beiwohnen, doch die innere Bewegung und die innere Erfahrung eurer Psyche sind wunderbar präsent, euch aber kaum bewußt angesichts der äußeren Handlung, die ihr verfolgt, obschon sie es sind, die euch überhaupt erst erlauben, das Gerät anzudrehen und die Bilder zu verstehen. So entschlüpft euch im allgemeinen die Bewegung der eigenen Psyche.

Wo ist das Fernsehschauspiel, bevor es auf eurem Kanal erscheint – und wo geht es nachher hin? Wie kann es nur in einem Augenblick existieren und im nächsten vorbei sein und doch reproduziert werden, wenn die Bedingungen dazu vorhanden sind? Wenn ihr die technischen Belange versteht, dann wißt ihr, daß das Programm selbstverständlich nirgendwo »hingeht«. Es i s t einfach, während es durch geeignete Bedingungen eurer Aufmerksamkeit zugänglich wird. In gleicher Weise lebt ihr, ob ihr nun in einem irdischen »Programm« mitspielt oder nicht. Ihr s e i d, ob ihr in der Zeit lebt oder außerhalb davon.

Dieses Buch wird euch hoffentlich mit eurem eigenen Wesen in Berührung bringen, wie es außerhalb des Kontextes des euch bekannten Gesichtspunktes existiert.

(22.55 Uhr. Eine einminütige Pause.) Wie ihr in einer bestimmten Stadt oder einem Dorf wohnt, »lebt« ihr gegenwärtig in einem kleinen Gebiet des inneren Planeten der Psyche. Ihr identifiziert dieses Gebiet als eure Heimat, als euer »Ich«. Die Menschheit hat gelernt, die physische Umge-

bung zu erforschen, aber sie hat kaum die größeren Reisen zum inneren Land der Psyche begonnen, das es freudig und tapfer zu erforschen gilt. So gesehen gibt es ein Land der Psyche. Aber dieses unberührte Territorium ist das Erbe jedes einzelnen, und kein Teil davon ist wie der andere. Tatsächlich findet ein inneres Geschehen statt, und wie die äußeren Kontinente aus der inneren Struktur der Erde erwachsen, entstammen die Bereiche der Psyche einer noch größeren, unsichtbaren Quelle.

(Lauter:) Dies ist das Ende des Diktats für heute abend.

(»Gut.« – Um 23.14 Uhr machte Seth noch eine Mitteilung für einen Wissenschaftler, der uns geschrieben hatte. Die Sitzung endete um 23.43 Uhr.)

Sitzung 753, Montag, den 4. August 1975

(21.21 Uhr. Mit vielen Pausen zu Beginn:)

Guten Abend.

(»Guten Abend, Seth.«)

Zum Diktat. Die Psyche besteht wie die Erde aus vielen Umwelten. Wie es verschiedene Kontinente, Berge, Meere, Inseln und Halbinseln gibt, so nimmt auch die Psyche viele Formen an. Wenn ihr in einem Land lebt, dann haltet ihr die Eingeborenen anderer Gebiete der Welt für Fremde, während diese ihrerseits euch im gleichen Licht sehen. Nun enthält die Psyche viele Realitätsebenen. Von eurem Gesichtspunkt aus mögen euch diese als fremd erscheinen, und doch sind sie genauso ein Teil eurer Psyche, wie eure Heimat ein Teil der Erde ist.

Verschiedene Länder folgen verschiedenen Rechtsnormen, und selbst innerhalb eines geschlossenen geographischen Gebietes mag die Bevölkerung unterschiedlichen Gesetzen folgen. Als Autofahrer mögt ihr erfahren, daß die örtliche Geschwindigkeitsbegrenzung von Ort zu Ort verschieden sein kann. Genauso existieren die einzelnen Bereiche der Psyche mit ihren eigenen »Gesetzen«, ihren verschiedenen

»Regierungen«. Jeder Bereich verfügt über seine eigene charakteristische Geographie.

Wenn ihr um die Welt reist, müßt ihr euch oft auf eine neue Zeit einstellen. Wenn ihr durch die Psyche reist, werdet ihr entdecken, daß eure eigene Zeit aus ihrer Form gerät. Wenn ihr euch für einen Moment vorstellt, daß ihr auf eine solche Reise eure eigene Zeit mitnehmen könntet, hübsch verpackt in einer Armbanduhr, dann wärt ihr ziemlich erstaunt darüber, was passieren würde.

(21.34 Uhr.) Wenn ihr euch den Grenzen bestimmter psychischer Gebiete nähert, läuft die Uhr rückwärts. Beim Eintreten in andere Königreiche der Psyche geht sie schneller oder langsamer. Wenn nun die Zeit plötzlich schnell rückwärts läuft, dann bemerkt ihr dies. Wenn sie noch hinreichend schneller oder langsamer läuft, dann bemerkt ihr ebenfalls den Unterschied. Wenn die Zeit ganz langsam rückwärts läuft, dann bemerkt ihr dies unter Umständen nicht, da ihr soviel »Zeit« braucht, um vom gegenwärtigen Moment zu dem früheren zu gelangen, daß ihr einfach das Gefühl von etwas Bekanntem habt – wie wenn dies früher schon passiert wäre.

In anderen Gebieten der Psyche können sogar noch eigenartigere Ereignisse vorkommen. Die Uhr selbst kann ihre Form verändern oder schwer wie ein Fels werden oder leicht wie Gas, so daß ihr die Zeit gar nicht lesen könnt. Oder die Zeiger bewegen sich nie. Die verschiedenen Bereiche der Psyche sind mit all den erwähnten Erscheinungen vertraut – denn die Psyche verformt all die »lokalen« Gesetze, die ihr als »offiziell« anseht, und birgt in sich die Fähigkeit, mit einer unbegrenzten Zahl von Erfahrungen der Realität umzugehen.

(Sorgfältig und ruhig:) Euer Körper verfügt offensichtlich über Fähigkeiten, die wenige von euch voll ausnützen. Darüber hinaus besitzt der Mensch Fähigkeiten zur Anpassung, mit denen er in der physischen Umgebung auch bei drastischen Veränderungen existieren kann. In der biologi-

schen Struktur des Körpers versteckt finden sich latente Spezialisierungen, mit denen die Spezies fortdauern kann und die alle planetarischen Veränderungen berücksichtigen, die überhaupt passieren können.

Während die Psyche in eurer Erfahrung auf die Erde eingestellt ist, muß sie sich auch mit vielen anderen Realitätssystemen »auseinandersetzen«. So enthält jede Psyche in sich die Potentiale, die Möglichkeiten und Kräfte, die unter jeder Bedingung denkbar oder aktualisierbar sind.

(Pause um 21.51 Uhr.) Die Psyche, eure Psyche, kann die Zeit festhalten und rückwärts und vorwärts erfahren – oder seitwärts durch abwechselnde Gegenwarten *(mit Nachdruck)* –, oder sie kann ihre Integrität in einer nichtzeitlichen Umwelt aufrechterhalten. Die Psyche vermag schöpferisch Zeitkomplexe hervorzubringen. Theoretisch kann der vergänglichste Augenblick eures Tages endlos verlängert werden. Dies wäre jedoch keine statische Ausdehnung, sondern ein lebendiges Eintauchen in jenen Augenblick der Gegenwart, aus dem alle Zeit, wie ihr sie euch denkt, Vergangenheit, Zukunft und all ihre Wahrscheinlichkeiten hervorgehen.

Wenn ihr dieses Buch lest, seid ihr der offiziellen Weltsicht bereits müde geworden. Ihr habt schon begonnen, jene größeren Dimensionen eures Wesens zu spüren, von denen hier die Rede ist. Ihr seid bereit, konventionelle Doktrinen aufzugeben, und mehr oder weniger seid ihr voll Ungeduld, die natürlich fließende Natur, die euer Geburtsrecht ist, zu erforschen und zu erfahren. Dieses Geburtsrecht war lange in Symbole und Mythologien gehüllt.

Das Bewußtsein formt Symbole. Nicht umgekehrt. Symbole sind übermäßig große Spielzeuge. Ihr könnt mit ihnen spielen wie Kinder mit ihren Bauklötzen. Ihr könnt von ihnen lernen, wie ihr einst in der Schule Blöcke von Buchstaben aneinandergereiht habt. Symbole sind für euren Geist so natürlich wie Bäume für die Erde. Es besteht jedoch ein Unterschied zwischen einer Geschichte von einem Wald, die

Kindern erzählt wird, und einem wirklichen Kind in einem wirklichen Wald. Zwar sind beide, die Geschichte und der Wald, »real«; nach euren Begriffen wird aber das Kind, das im Wald lebt, in dessen Lebenszyklus einbezogen. Es tritt auf Blätter, die gestern gefallen sind, rastet unter einem Baum, der viel älter ist als seine Erinnerung, und schaut in der Nacht auf zum Mond, der bald verschwinden wird. Wenn ein Kind das Bild eines Waldes anschaut, wird es eine gute imaginäre Erfahrung haben, aber dies ist etwas anderes, und das Kind kennt den Unterschied.

(22.09 Uhr.) Wenn ihr die Symbole für die Realität mißversteht, werdet ihr eure Erfahrung programmieren, und ihr werdet darauf bestehen, daß jeder Wald so aussieht, wie die Bilder in eurem Buch. Mit anderen Worten: Ihr erwartet, daß eure eigenen Erfahrungen in mehreren Bereichen eurer Psyche mehr oder weniger dieselben sind. Ihr werdet eure lokalen Gesetze mit euch nehmen und die psychische Zeit mit einer Armbanduhr zu messen versuchen.

(Eine von vielen langen Pausen.) Wir müssen aber einige von euren Begriffen gebrauchen, vor allem am Anfang. Andere euch vertraute Begriffe werden wir derart verändern, daß ihr sie nicht wiedererkennt. Die Wirklichkeit eures eigenen Seins kann von niemandem außer von euch selbst definiert werden, und eure eigene Definition kann im besten Fall als Bezugspunkt verstanden werden. Der Psychologe, der Arzt, der Priester oder der Philosoph können euch eure eigene Psyche nur soweit erklären, wie sie als Spezialisten vergessen können, daß sie Spezialisten sind, und sich direkt mit der individuellen Psyche auseinandersetzen, von der alle Spezialisierungen herrühren.

Ihr könnt Pause machen.

(22.21 Uhr. Janes Trance hatte nur eine Stunde gedauert. »Er geht wirklich drauflos, das kann ich sagen«, meinte sie. Ich schlug vor, den Rest der Sitzung einigen Fragen zu widmen, die sie Seth stellen wollte. Da sie zustimmte, bedeutete diese Pause das Ende des Buchdiktats für diesen Abend.)

Sitzung 755, Montag, den 8. September 1975

(Wegen der großen Belastung infolge anderer Arbeiten, die der 753sten Sitzung folgte – infolge meiner Anmerkungen für das Seth-Buch »The ›Unknown‹ Reality«, Janes Aufgabe, ein Vorwort für eine Paperback-Ausgabe eines ihrer Bücher zu schreiben und eines Stroms von unerwarteten Besuchern – hielten wir für mehrere Wochen keine Sitzungen ab.

In der 754sten Sitzung, am 25. August, gab Seth eine hervorragende Vorlesung über das, was er das »Prägen der Identität« nannte. Er erklärte, wie das Individuum bestimmte äußere Aspekte der Realität physisch markiert und in Übereinstimmung mit persönlichen, inneren Symbolen »zu seinen eigenen macht«. Später in der Sitzung merkte Jane, daß Seth sie auf einen Rundgang durch das Jerusalem des ersten Jahrhunderts nach Christus mitnahm. Da jedoch kein Buchdiktat dabei war, bleibt die Sitzung bei unserem übrigen Material, das wir eines Tages zu veröffentlichen hoffen.

Eine Stunde bevor sie an diesem Abend in Trance ging, erzählte mir Jane, daß sie verschiedene Kanäle von Seth empfangen könne, von denen jeder ein anderes Thema enthalte, und daß wir besser abwarten würden, welcher von ihnen schließlich am Abend durchkommen würde. Unmittelbar vor Beginn der Sitzung sagte sie dann, daß diese das Diktat von Seths neuem Buch betreffen würde. Beginn um 20.59 Uhr.)

Nun: Guten Abend.

(»Guten Abend, Seth.«)

Wir beginnen mit dem Diktat.

Wenn ich den Ausdruck »Psyche« gebrauche, werdet ihr euch sofort über meine Definition Gedanken machen.

Jedes Wort impliziert eine Spezifizierung, allein schon, indem es gedacht, geschrieben oder gesprochen wird. In eurer täglichen Wirklichkeit ist es sehr praktisch, ein Ding von einem anderen zu unterscheiden, indem man jedem einen Namen gibt. Wenn ihr aber subjektive Erfahrungen macht, dann begrenzen Definitionen oft eine gegebene Erfahrung, statt sie wiederzugeben. Die Psyche ist offensichtlich kein Ding. Sie hat keinen Anfang und kein Ende. Im normalen Sinn kann sie weder gesehen noch berührt werden. Es ist deshalb nutzlos, sie mit dem gewöhnlichen Wortschatz zu beschreiben, denn eure Sprache erlaubt euch eher, physische als nichtphysische Erfahrungen zu bestimmen.

Ich sage nicht, daß Worte oder Wörter nicht dazu verwendet werden können, die Psyche zu beschreiben, aber mit ihrer Hilfe kann man sie nicht definieren. Es ist nutzlos, zu fragen: »Welches ist der Unterschied zwischen meiner Psyche und meiner Seele, meinem Wesen und meinem größeren Sein?«, denn dies alles sind Begriffe, die den größeren Teil eurer eigenen Erfahrung auszudrücken versuchen, den ihr in euch verspürt. Euer Sprachgebrauch mag euch jedoch nach Definitionen hungrig machen. Ich hoffe, daß dieses Buch euch ein unmittelbares Verständnis und eine bestimmte Erfahrung vermittelt, die euch mit der Natur eurer eigenen Psyche vertraut macht. Dann werdet ihr sehen, daß ihre Realität sich allen Definitionen entzieht, sich jeglicher Kategorisierung widersetzt und aufgrund ihrer übermäßigen Kreativität alle Versuche vereitelt, sie in ein hübsches Paket einzuwickeln.

Wenn ihr physisch eine Reise macht, fühlt ihr euch von dem Land verschieden, durch das ihr reist. Egal, wie weit ihr reist – auf einem Motorrad, mit dem Auto oder Flugzeug, zu Fuß, *(als Seth gestikulierend änderte Jane den Satz:)* mit dem Fahrrad oder mit dem Kamel, mit dem Lastwagen oder mit dem Schiff –, immer seid ihr der Wanderer, und das Land, der Ozean oder die Wüste, ist die Umgebung, die ihr durchstreift. Wenn ihr euch aber auf die Reise in eure eigene Psyche aufmacht, verändert sich alles. Ihr seid immer noch der Wanderer – der oder die Reisende – aber ihr seid auch das Fahrzeug und die Umgebung. Ihr baut euch die Straßen, bestimmt eure Reisemethoden, formt die Hügel, Berge und Ozeane wie auch die Bauernhöfe und Dörfer des Selbst oder der Psyche, während ihr weiterreist.

(21.15 Uhr.) Als in der Kolonialzeit Männer und Frauen über den nordamerikanischen Kontinent westwärts ins Ungewisse zogen, glaubten die meisten von ihnen einfach, daß sich das Land jenseits der emporragenden Berge bestimmt fortsetzen würde. Wenn ihr als Pioniere durch eure eigene Realität reist, erschafft ihr beim Weitergehen jeden Grashalm, jeden Zentimeter Land, jeden Sonnenuntergang, jede Oase, jede freundliche Hütte oder feindliche Begegnung.

Wenn ihr nun einfache Definitionen sucht, um eure Psyche zu erklären, werde ich euch keine Hilfe sein. Wenn ihr aber die hervorragende Kreativität eures eigenen Wesens erfahren wollt, dann werde ich Methoden verwenden, die größte Abenteuerlust und stärkstes Vertrauen in euch wecken, und ich werde Bilder eurer Psyche malen, die euch ihre größten Weiten erfahren lassen, wenn ihr dies wünscht. Die Psyche ist kein bekanntes Land. Sie ist aber auch nicht einfach ein fremdes Land, in das oder durch das ihr reisen könnt. Sie ist nicht ein vollständiges subjektives Universum, das für euch zur Erforschung schon da ist. Sie ist vielmehr ein sich ständig formender Seinszustand, in dem euer gegenwärtiges Existenzgefühl residiert. Ihr erschafft s i e, und sie erschafft e u c h.

(Lange Pause.) Sie ist schöpferisch in Begriffen, die ihr erkennt. Andererseits schafft ihr die physische Zeit für eure Psyche, denn ohne sie gäbe es keine Erfahrung der Jahreszeiten, ihres Kommens und Gehens.

Es gäbe auch die Erfahrung nicht, die Ruburt *(Seths »Wesensname« für Jane)* den »vertrauten heimlichen Augenblick« nennt. Wenn sich also ein Teil eures Wesens aus dem einsamen Vormarsch der Momente herausheben will, stürzen andere Teile eurer Psyche mit Vergnügen in jenen speziellen Brennpunkt der Zeit. So wie ihr die zeit- und grenzenlosen Dimensionen eurer eigenen größeren Existenz zu verstehen sucht, so erforschen »gerade jetzt« zahllose Elemente jener nichtirdischen Identität genauso eifrig die Dimensionen des Erdendaseins und seiner Geschöpfe.

(21.30 Uhr.) Ich habe schon von den eigenartigen Auswirkungen gesprochen, die sich ereignen könnten, wenn ihr eure Uhr bzw. eben eure Zeit auf andere Wirklichkeitsebenen mitnehmen würdet. Wenn ihr nun euer Selbst in anderen Existenzbereichen zu interpretieren versucht, können die gleichen Überraschungen, Störungen oder Veränderungen auftreten. Wenn ihr versucht, eure Psyche zu verstehen und in Zeitbegriffen zu definieren, dann scheint der Reinkarnationsgedanke plausibel zu sein. Ihr denkt: »Natürlich. Meine Psyche durchläuft viele physische Leben, eines nach dem anderen. Wenn meine heutige Erfahrung von jener meiner Kindheit geprägt ist, dann ist bestimmt mein jetziges Leben das Resultat früherer Leben.« So versucht ihr, die Psyche mit Hilfe von Zeitbegriffen zu definieren, und schränkt dadurch das Verstehen und die Erfahrung eurer Psyche auf enge Grenzen ein.

(Lange Pause.) Nehmen wir noch einen Vergleich: Ihr seid Künstler in schöpferischen Wehen. Vor euch ist eine Leinwand, und ihr arbeitet gleichzeitig in verschiedenen Bereichen der Leinwand. Jeder Bereich der Leinwand kann als ein Zeitabschnitt in eurem Sinne verstanden werden – als ein Jahrhundert zum Beispiel. Ihr versucht, eine Art Überblick und Ziel im Auge zu behalten, denn wenn ihr einen Pinselstrich in einem bestimmten Bereich der Leinwand ausführt, können sich alle Beziehungen in diesem Bereich ändern. Kein Pinselstrich wird je ganz ausgewischt auf dieser mysteriösen Leinwand, jeder bleibt vielmehr bestehen und verändert auf einer bestimmten Ebene weiterhin alle Beziehungen.

Diese magischen Pinselstriche sind aber nicht einfach Darstellungen auf einer glatten Fläche, sondern sie sind lebendig und tragen die Idee des Künstlers in sich, die sich in jedem einzelnen Strich widerspiegelt.

Wenn der Künstler einen Toreingang malt, münden all die Perspektiven in diesen Eingang, in diese Öffnung, und fügen weitere Dimensionen der Realität hinzu. Da dies eine Analogie ist, können wir sie beliebig ausdehnen – viel weiter, als ein

Künstler seine Leinwand erweitern kann *(Jane beugt sich humorvoll nach vorn)*. Wir brauchen uns also nicht einzuschränken. Die Leinwand kann ihre Form und ihre Größe verändern, während der Künstler arbeitet. Auch die Personen im Gemälde sind nicht einfach Darstellungen, die *(wieder humorvoll)* ein für allemal mit glasigen Augen von der Leinwand herunterblicken oder demonstrativ lächeln müssen, angetan mit ihren besten Sonntagskleidern. Vielmehr können sie den Maler konfrontieren und ihn ansprechen. Sie können sich im Bild seitwärts drehen und ihre Begleiter anschauen, ihre Umgebung betrachten und sogar aus den Dimensionen des Bildes selbst herausschauen und den Maler in Frage stellen.

Die Psyche ist in unserem Vergleich sowohl das Gemälde als auch der Maler, denn der Maler weiß, daß alle Elemente des Bildes Teile seiner selbst sind. Wenn er sich umschaut, bemerkt er zudem, daß er buchstäblich auch von anderen Bildern umgeben ist, die er ebenfalls malt. Wenn er noch näher hinschaut, entdeckt er, daß ein noch größeres Meisterwerk da ist, in dem er selbst als Maler auftritt und eben diese Bilder malt, die er gerade zu erkennen beginnt.

Ihr könnt Pause machen.

(21.55 Uhr. Jane war von den Ereignissen dieses Tages wirklich aufgeladen: Sie hatte die sechs Belegexemplare ihres Gedichtbandes »Dialogues of the Soul and Mortal Self in Time« erhalten, der eben bei Prentice-Hall erschienen war. In der Pause sprachen wir über jenes Buch. – Fortsetzung um 22.05 Uhr.)

Unser Maler sieht dann, daß all die Personen, die er gemalt hat, ihrerseits eigene Bilder malen und sich in ihren eigenen Realitäten in einer Weise bewegen, die nicht einmal er wahrnehmen kann.

In einem Gedankenblitz nimmt er wahr, daß auch er gemalt worden ist – daß hinter ihm noch ein anderer Maler steht, von dem seine Schöpfungskraft stammt, und er beginnt ebenfalls, aus dem Rahmen zu schauen.

Nun: Wenn ihr verwirrt seid, dann ist das in Ordnung – es heißt, daß wir herkömmliche Vorstellungen durchbrochen haben. Alles, was ich nun im Anschluß an diese Analogie sage, wird euch vergleichsweise einfach vorkommen, denn spätestens jetzt muß euch klarwerden, daß ihr wenig Hoffnung habt, auf eigene Faust eure eigenen größeren Dimensionen zu entdecken.

(Pause.) Statt die Psyche zu definieren, werde ich wieder versuchen, eure Imagination anzuspornen, damit ihr überspringen könnt, was man euch über das, was ihr angeblich seid, gesagt hat, und zu einer Art direkter Erfahrung gelangt. Dieses Buch ist an sich eine Demonstration. Ich nenne Jane Roberts einfach »Ruburt« *(und deshalb »er« und »ihn«),* weil dieser Name einen anderen Teil ihrer Realität umfaßt, während sie sich selbst mit Jane identifiziert. Sie schreibt ihre eigenen Bücher und lebt ihr Leben wie jeder von euch. Sie hat ihre eigenen Zuneigungen und Abneigungen, Eigenschaften und Fähigkeiten, ihren eigenen Raum- und Zeitbereich wie jeder von euch. Sie ist ein lebendiges Porträt der Psyche, unabhängig in ihrem eigenen Kontext und der gegebenen Umwelt.

Ich komme nun von einem anderen Teil des Bildes der Realität, von einer anderen Dimension der Psyche her, von wo aus eure Existenz so beobachtet werden kann, wie ihr ein normales Bild anschauen könnt.

So gesehen stehe ich außerhalb eures »Bezugsrahmens«. Meine Perspektive kann nicht in eurem Realitätsbild eingefangen werden. Ich schreibe meine Bücher, aber da mein hauptsächlicher Schwerpunkt in einer Realität liegt, die »größer ist als die eure«, kann ich in eurem Bezugssystem nicht so erscheinen, wie ich ganz und wirklich bin.

(22.20 Uhr.) Ruburts subjektive Perspektive öffnet sich also wegen seines Wunsches und seines Interesses und erschließt so meine eigene. Er öffnet in sich eine Türe, die zu anderen Ebenen seines Wesens führt, eines Wesens, das sich in eurer Welt nicht ganz ausdrücken kann. Dies ist meine

Existenz, die sich in meiner Erfahrung auf einer anderen Ebene der Realität ausdrückt, und deshalb muß ich meine Bücher durch Ruburt schreiben. Die Türen der Psyche sind anders als einfache Öffnungen, die von einem Raum zum anderen führen. Meine Bücher werden also nur einen Blick auf meine eigene Existenz erlauben. Ihr alle habt jedoch solche psychologischen Türen, die in weitere Bereiche der Psyche führen. Somit spreche ich gewissermaßen für jene anderen Aspekte eures Selbst, die nicht in eurem täglichen Zusammenhang erscheinen.

Jenseits von dem, was ich als meine eigene Existenz erkenne, gibt es andere. In einem gewissen Ausmaß habe ich teil an ihrer Erfahrung – viel mehr, als zum Beispiel Ruburt an meiner Erfahrung teilhat.

(22.29 Uhr.) Du gibst ihm besser ein Bier und Zigaretten, dann machen wir weiter.

(»Gut.«)

Bei ganz wenigen Gelegenheiten konnte Ruburt beispielsweise mit dem in Kontakt treten, was er »Seth zwei« nennt. Jene Realitätsebene ist aber noch weiter von der euren entfernt. Sie stellt für euch eine noch größere Ausdehnung der Psyche dar. *(Lange Pause.)* Dies ist eine viel engere Beziehung, in der ich meine eigene Identität als einen separaten Teil der Existenz von »Seth Zwei« empfinde. Dazu hat Ruburt kaum Zugang. Mit anderen Worten: Die Realität von »Seth Zweis« Existenz schließt meine eigene mit ein, doch bin ich mir meines Beitrags an »seine« Erfahrung bewußt.

Genauso hat jeder meiner Leser eine Verbindung mit der gleichen Ebene der psychischen Realität. Von einer höheren Warte aus gesehen geschieht dies alles gleichzeitig. Ruburt trägt zu einem bestimmten Teil zu meiner Erfahrung bei und gestaltet sie, wie ich zu der seinen beitrage. Eure Identitäten sind noch nichts Vollständiges. Eure geringfügigen Handlungen, eure Gedanken und Träume tragen weiter zur Realität eurer Psyche bei, egal wie großartig oder streng euch die

Psyche vorkommen mag, wenn ihr an sie als einen hypothetischen Begriff denkt.

Ende des Diktats.

(22.37 Uhr. »Gut«, sagte ich.)

Entspanne deine Finger ein wenig, dann fahren wir fort.

(Seth fuhr mit persönlichem Material für uns beide fort. Normalerweise hätte er die Sitzung danach beendet. An diesem Abend spürte Jane jedoch soviel Energie, daß Seth zurückkam, um noch mehr von seinem Buch zu diktieren. Soweit ich mich erinnern kann, geschah dies zum erstenmal. Seth schloß jedenfalls sein persönliches Material ab, indem er, um 23.30 Uhr, sagte:)

Nun, da ich mir vorstelle, daß ihr keine Lust habt, mit dem ersten Kapitel weiterzumachen, werde ich . . .

(»Ich kann noch gut eine halbe Stunde weitermachen«, sagte ich.)

Dann pausiert erst einmal.

(23.31 Uhr. Aber ohne Pause fuhr Seth fort:)

Diktat: Ruburt hat sich auf das Studium des Bewußtseins und der Psyche spezialisiert. Die meisten meiner Leser sind sehr daran interessiert, doch haben sie andere dringende Anliegen, die sie davon abhalten, solch ausgedehnte Studien anzugehen. Ihr müßt euch alle mit der physischen Realität auseinandersetzen. Dies gilt auch für Ruburt und Joseph *(Seths Ganzheitsname für mich, Robert F. Butts).* Soweit enthielten meine Bücher auch Josephs umfassende Anmerkungen. Diese beschrieben sozusagen das Geschehen. Meine Bücher sind jedoch über diese Grenzen hinausgegangen. Nach eurer Ansicht kann in einer bestimmten Zeit nur ein bestimmtes Maß an Arbeit getan werden. Joseph schreibt jetzt noch an meinem früheren Manuskript *(»The ›Unknown‹ Reality«).*

In diesem Manuskript wurde die persönliche Erfahrung von Ruburt und Joseph mit einem größeren theoretischen Kontext verbunden, so daß das eine nicht vom andern zu trennen war.

Deshalb werde ich in diesem neuen Buch manchmal meine eigenen »Szenenangaben« machen. Mit anderen Worten: Die Produktion der Psyche ist nicht mit praktischen, physischen Mitteln erfaßbar, so daß ich von meiner Realitätswarte aus nicht weiter von Joseph erwarten kann, mehr zu tun, als die Sitzungen niederzuschreiben. Ich bitte euch, liebe Leser, euch mit mir zu gedulden. Auf meine Art werde ich passende Angaben zu machen versuchen, damit ihr versteht, was physisch in der Zeit passiert, in der dieses Buch geschrieben wird. Im großen und ganzen geschieht das Schreiben dieses Buches in einem »nichtzeitlichen« oder »außerhalb der Zeit« stehenden Zusammenhang. Physisch gesehen brauchen Ruburt und Joseph aber viele Stunden dafür. Sie sind in ein neues Haus gezogen. Ruburt raucht wie immer, während ich spreche. Sein Fuß ruht auf dem Kaffeetischchen, während er sich im Schaukelstuhl auf und ab bewegt. Es geht schon gegen Mitternacht, während ich spreche *(um 23.42 Uhr)*. Vorher tobte ein Gewitter; sein Widerhall schien den Himmel aufzubrechen. Jetzt ist es ruhig, nur das Surren von Ruburts neuem Kühlschrank dröhnt wie das tiefe Schnurren eines mechanischen Tieres.

Während ihr dieses Buch lest, seid auch ihr in solche persönlichen physischen Erfahrungen verstrickt. Betrachtet sie nicht als losgelöst von der größeren Realität eures Seins, sondern als einen Teil davon. Ihr lebt nicht außerhalb, sondern innerhalb eurer psychischen Existenz. Einige von euch haben vielleicht gerade die Kinder zu Bett gebracht, wenn sie diese Zeilen lesen. Andere sitzen an einem Tisch. Wieder andere gehen gerade ins Badezimmer. Diese alltäglichen Handlungen mögen ziemlich weit weg erscheinen von dem, was ich euch erzähle, aber sowohl in jeder geringsten Geste als auch in den wichtigsten physischen Tätigkeiten liegt diese große, magische und unwissende E l e g a n z, in der ihr existiert – und in der gewöhnlichsten eurer Bewegungen gibt es Hinweise auf die Natur der Psyche und ihr menschliches Erscheinungsbild.

(Laut und humorvoll:) Ende von Kapitel eins und Ende der Sitzung.

(»Danke, Seth. Gute Nacht . . .«)

2
Eure träumende Psyche ist wach

Fortsetzung der Sitzung 755 vom 8. September 1975

(Es war 23.50 Uhr. Jane war in einem ausgezeichneten Trancezustand. Nachdem wir uns ein paar Minuten unterhalten hatten, sagte sie: »Mein Gott, ich habe das zweite Kapitel. Nein, es ist zu spät! Ich habe die Überschrift für das erste Kapitel noch nicht, aber für das nächste ...« Mit ihren dunklen Augen sah sie müde aus, ich sagte ihr, sie sei zu müde, um weiterzumachen. »Nein«, antwortete sie. Dies klang gleichermaßen lustig und verbissen, sah ich ihr doch an, wie müde sie war. Aber sie fuhr fort: »Laß mich einige Abschnitte des Kapitels machen ... Der Titel ist: ›Eure träumende Psyche ist wach.‹« Dann kam Seth plötzlich durch.)

Ihr habt es euch dermaßen suggeriert, daß es euch scheint, als ob es große Differenzen zwischen euren Erfahrungen im Wach- und Schlafzustand gäbe. Jeder von euch wird heute abend einschlafen und Erfahrungen machen, die ihr nur deshalb wieder vergeßt, weil man euch gesagt hat, daß ihr euch nicht daran erinnern könnt. Viele der anderen Dimensionen eurer Realität treten aber im Schlaf klar in Erscheinung. Im Schlaf vergeßt ihr alle Definitionen, die ihr euch und eurer Existenz auferlegt habt. Im Schlaf gebraucht ihr eure Bilder und eure Sprache in ihrer reinen Form.

Im Traumzustand sind Sprache und Bilder in einer scheinbar fremden Art und Weise miteinander verbunden, fremd nur deshalb, weil ihr ihren großen Zusammenhang vergessen habt. Die Sprache war ursprünglich da, um etwas auszudrükken und loszulassen, nicht um zu definieren und zu begrenzen. Im Traum verbinden sich also oft Bilder und Sprache, das eine wird zum Ausdruck des anderen, beide erfüllen das andere. Die inneren Verbindungen zwischen den beiden werden praktisch genutzt.

Wenn ihr wach seid, versucht ihr, die Sprache der Psyche in euer Begriffssystem zu pressen. Ihr glaubt, daß Sprache und Bilder zwei verschiedene Dinge sind, und versucht deshalb, sie »zusammenzubringen«. Im Traum hingegen benutzt ihr die wahre, uralte Sprache eures Wesens.

Dies sollte für heute reichen. Ende der Sitzung. »Friede und Prosit«, würde Rubürt sagen.

(»Danke, Seth. Gute Nacht.«)

(Die Sitzung schloß um 23.59 Uhr – und wieder einmal war Jane voller Energie.

Jane hat beschlossen, daß meine gewöhnlichen Notizen für dieses Buch genügen würden und daß sie selbst wenig oder gar nichts beifügen möchte. Sie plant jedoch, eine Einführung zu schreiben.

Bevor Seth das zweite Kapitel zu Ende diktierte, erhielt Jane von ihm den Titel für das erste Kapitel und fügte ihn in dieses Manuskript ein.)

Sitzung 756, Montag, den 22. September 1975

(21.17 Uhr. Kurz vor der Sitzung sagte Jane, wir würden Material zu unserem neuen Buch und ein paar andere Informationen, die uns interessierten, erhalten.

Seit der letzten Sitzung hatten wir mehrere Gäste gehabt. Ich war beschäftigt, meine eigenen Notizen für das Seth-Buch zu ordnen, und malte auch jeden Tag. Jane machte ihre eigenen Notizen.)

Guten Abend.

(»Guten Abend, Seth.«)

Wir beginnen mit dem Diktat – Fortsetzung von Kapitel zwei.

(Pause.) Eure »träumende« Psyche scheint nur deshalb zu träumen, weil ihr diesen Zustand nicht als euch zugehörig betrachtet. Die »träumende« Psyche ist im Grunde genauso

wach wie ihr in eurem normalen Wachleben. Die Organisation des Wachzustandes ist jedoch anders. Zum Träumen kommt ihr sozusagen von einer anderen Seite her.

Die Eigenschaft der »Nichtzentriertheit« des Traumgeschehens, die verschiedenen Blickpunkte, die Änderungen der Perspektive, können zu einem chaotischen Bild beitragen, wenn der Traumzustand vom Wachen her betrachtet wird.

Vor Jahrhunderten – immer nach euren Begriffen – hatten Wörter und Bilder eine nähere Beziehung, die nicht so verschwommen war wie heute. Oft erscheint diese frühere Beziehung im Traumgeschehen. Der beschreibende Inhalt der Namen kann beispielsweise auf die Einheit von Bild und Wort in euren Träumen hinweisen. Ein Mann, der Kleider schneiderte, wurde einst »Schneider« genannt und hieß dann auch Schneider. Der Sohn eines Mannes namens Müller erhielt denselben Namen mit dem Zusatz »Sohn«, also etwa Müllerson« oder »Müllersen«. Jeder Leser kann sich solche Beispiele ausdenken.

Heute haben unsere Namen ihren deskriptiven Inhalt weitgehend verloren. Aber vielleicht träumt ihr vom Laden eines Schneiders. Der Schneider mag tanzen, sterben oder heiraten. Im Wachzustand erfährt ihr vielleicht später, daß ein Freund von euch namens Schneider eine Party veranstaltet, stirbt oder heiratet oder was er auch immer tun mag; aber ihr werdet nie den Traum, der dem Ereignis vorausging, mit diesem verbinden, weil ihr nicht versteht, wie Wörter und Bilder in euren Träumen als Einheiten erscheinen können.

(21.32 Uhr.) Euer waches Leben spielt sich organisiert ab, und die Organisation wird gekonnt und mit erstaunlicher Klarheit aufrechterhalten. Jeder Mensch sieht zwar die Realität von einem leicht verschiedenen Standpunkt aus, diese Realität bietet sich aber innerhalb eines bestimmten Bereiches oder einer bestimmten Frequenz dar. Ihr reguliert die Schärfeeinstellung fast gleich wie bei einem Fernsehgerät, nur kommen in diesem Fall nicht nur Ton und Bild synchroni-

siert, sondern darüber hinaus auch Phänomene einer viel größeren Komplexität. Jeder Mensch sieht ein leicht verschiedenes Bild der Realität und folgt seinem eigenen Programm – aber alle »Geräte« sind sich gleich.

Im Traum könnt ihr aber die Realität in einem gewissen Ausmaß mit einem ganz anderen »Gerät« empfangen. Wenn ihr nun versucht, euer Traum-Gerät gleich einzustellen wie euer Wach-Gerät, dann bekommt ihr statische und ferner auch verzerrte Bilder. Das »Gerät« an sich ist ebenso brauchbar wie jenes, das ihr im Wachzustand verwendet, hat aber eine viel größere Reichweite. Es kann viele Programme hereinbekommen. Wenn ihr euer normales Fernsehprogramm anschaut, seht ihr es als Betrachter. Doch laßt mich dazu ein Beispiel geben.

Ruburt und Joseph sehen sich nach dem Abendessen oft alte Wiederholungen von Science-fiction-Filmen wie beispielsweise *»Star Trek«* an *(humorvoll)*. Sie sitzen ziemlich bequem auf ihrer Couch im Wohnzimmer, das Dessert steht auf dem Kaffeetisch, und rundherum sind all die lieben kleinen Dinge, die ihnen so vertraut sind.

Während sie so bequem dasitzen *(Jane-Seth beugt sich lächelnd vor)*, sehen sie, wie ganze Planeten explodieren und Intelligenzen aus anderen Welten auftreten, die den Kapitän des Raumschiffes »Enterprise« und den furchtlosen »Spock« herausfordern. Nichts von dem ängstigt aber unsere Freunde Ruburt und Joseph. Sie trinken Kaffee und essen ihren Nachtisch.

Die normale Realität eures Wachzustandes kann nun mit einer Art Fernsehschauspiel verglichen werden, wobei ihr direkt an jedem gesendeten Drama beteiligt seid. Zum ersten erschafft ihr die Dramen. Ihr produziert eure Abenteuer und bringt diese zum Ausdruck, indem ihr euren physischen Apparat – den Körper – auf eine bestimmte Weise verwendet; er ist auf einen weiten Programmbereich mit vielen Stationen eingestellt. Nach euren Begriffen werden diese Stationen lebendig. Ihr seid das Schauspiel, das ihr erlebt, und alle eure

Aktivitäten scheinen sich um euch zu drehen; und ihr seid auch die Empfänger des Schauspiels. Im Traumzustand verfügt ihr wie über ein zusätzliches, anderes Fernsehgerät, das aber mit eurem eigenen verbunden ist. Damit könnt ihr Ereignisse nicht nur von eurem eigenen Standpunkt aus betrachten, sondern auch von anderen Ebenen aus. Mit diesem Gerät könnt ihr sozusagen von einem Sender zum anderen springen – nicht nur, um zu empfangen, sondern auch, um zu erfahren, was an anderen Orten und zu anderen Zeiten geschieht.

(21.51 Uhr.) Die Ereignisse sind hier auf eine andere Weise organisiert. Ihr könnt nicht nur an Dramen teilhaben, mit denen ihr wie im Wachzustand unmittelbar verknüpft seid; euer Handlungsbereich wird vervielfacht, wodurch ihr Ereignisse außerhalb eures gewohnten Kontextes wahrnehmen könnt. So könnt ihr beispielsweise einem Drama zusehen, aber auch direkt daran teilnehmen.

Wenn ihr in der normalen Realität des Wachzustandes verkehrt, funktioniert ihr auf einer von vielen Ebenen, auf denen eure Psyche zu Hause ist. Wenn ihr träumt, tretet ihr von eurem Blickpunkt ab auf andere Realitätsebenen; die sind zwar eurer Psyche ebenso vertraut, aber im allgemeinen erfährt ihr die Ereignisse immer noch über euren »Wach-Sender«. Die erinnerten Träume sind gefärbt oder verändert, und in einem gewissen Ausmaß sind sie sogar zensuriert. Dies ist jedoch keine psychologische oder biologische Notwendigkeit. Nur eure Vorstellungen und Überzeugungen von der Natur der Realität und von der Gesundheit haben zu diesem Schisma geführt.

Kehren wir zu unseren Freunden Ruburt und Joseph zurück, die sich *»Star Trek«* ansehen, wie sich jeder von euch sein Lieblingsprogramm anschaut.

Ruburt und Joseph wissen, daß die Sternreise nicht »real« ist. Planeten können auf dem Bildschirm explodieren, und Ruburt wird nicht einen Tropfen Kaffee verschütten. Das gemütliche Wohnzimmer ist ziemlich sicher vor den Katastrophen, die sich wenige Meter vor der Couch ereignen. Aber irgendwo reflektiert das Programm einige Glaubenssätze unserer Gesellschaft im allgemeinen, und damit ist der Fernsehfilm wie ein spezialisierter, wacher Massentraum – wirklich und doch nicht wirklich. Laßt uns aber einen Moment zu unserem geschätzten Fernsehkrimi umschalten. Eine Frau wird auf der Straße erschossen. Dieses Drama wirkt nun »realer«, unmittelbarer, und es wird weniger gemütlich. Angesichts eines solchen Programms mögt ihr euch leicht bedroht fühlen, im großen und ganzen bleibt ihr aber immer noch unberührt.

Einige meiner Freunde sehen sich vielleicht überhaupt keine derartigen Fernsehfilme an, vielleicht ziehen sie mythologische oder religiöse Dramen vor. Da mag ein Priester mit goldenem Gesicht und ernsten Augen das Gute loben und die Legionen Satans verdammen – und einigen meiner Leser wird dieser Teufel recht real erscheinen, obwohl er nie gesehen wurde.

Ihr bildet also Schwerpunkte. Ihr geht über bestimmte Gefahren hinweg und versteht den Film bloß als gutes Abenteuer, während andere Gefahren als »wirklich« euren Herzschlag beschleunigen. In den Erfahrungen eures Wachlebens und eurer Träume macht ihr die gleichen Unterscheidungen. Je nach der Bedeutung, die ihr euren Erfahrungen beimeßt, seid ihr berührt oder bleibt ihr unberührt.

Wenn euch ein TV-Programm nicht gefällt, könnt ihr mit einer einfachen Handbewegung auf ein anderes umschalten. Wenn euch eure physischen Erfahrungen nicht gefallen, könnt ihr ebenfalls auf andere, wohltuendere Sender umschalten – aber nur, wenn ihr erkennt, daß ihr selbst die Filme produziert.

(22.15 Uhr.) Viele Menschen haben gelernt, einem schlechten Traum zu entkommen, indem sie aufwachen oder ihren Bewußtseinsinhalt verändern. Ruburt und Joseph fühlen sich also durch *»Star Trek«* nicht bedroht. *(Lange Pause.)* Sie fühlen sich wegen des Programms nicht weniger sicher.

Mitten in einer erschreckenden physischen Erfahrung aber oder in den Krallen eines Alptraumes wärt ihr froh, wenn ihr wüßtet, wie ihr einen anderen Sender einstellen könnt.

Ihr könnt Pause machen. *(22.20 Uhr bis 22.44 Uhr.)*

Noch ein kurzes Diktat.

Oft könnt ihr euch in einem Fernsehdrama verlieren und vorübergehend vergessen, daß es »nicht real« ist. In eurer momentanen Konzentration seid ihr euch eurer größeren Realität nicht bewußt.

Ein Horrorfilm beispielsweise kann euch fürchterliche Angst einjagen. Ihr glaubt, das Ende abwarten zu müssen, und getraut euch nicht zu Bett zu gehen, bevor die schreckliche Situation gelöst ist. Ihr wißt aber die ganze Zeit, daß eure Rettung nahe ist: ihr könntet das Programm jederzeit abschalten.

Wenn jemand, der sich um Mitternacht eine Gruselsendung ansieht, plötzlich wimmert und schreit und vom Stuhl aufspringt, dann sieht dies ziemlich komisch aus, denn dieses Verhalten paßt nicht zur »realen« Situation, es ist vielmehr auf ein Pseudodrama abgestimmt. Auf die Darsteller des Films hat das Schreien überhaupt keine Wirkung, es verändert das Drama in keiner Weise. Die passende Handlung wäre, den Sender abzustellen.

In diesem Beispiel weiß der geängstigte Zuschauer sehr gut, daß die schrecklichen Ereignisse nicht plötzlich ins Wohnzimmer übergreifen werden. Inmitten erschreckender tatsächlicher Ereignisse ist es aber ebenso töricht, zu rufen, zu schreien und zu stampfen, denn die Handlung findet nicht hier statt *(lächelnd)*. Wieder braucht ihr nur den Sender zu wechseln. Oft seid ihr aber von eurer Lebenssituation dermaßen überwältigt, daß ihr nicht sehen könnt, wie unangebracht euer Handeln ist. In diesem Fall seid ihr selbst die Programmierenden, und die wahre Handlung ist nicht dort, wo sie zu sein scheint – in den äußeren Ereignissen –, sondern in der Psyche, wo ihr das Drama schreibt und aufführt. Im Traumzustand schreibt ihr viele solche Dramen.

Ende des Diktats.

(22.57 Uhr. Seth lieferte noch ein paar Seiten anderes Material für Jane und mich. Sitzungsende um 23.42 Uhr.)

Sitzung 758, Montag, den 6. Oktober 1975

(Die Sitzung 757 war einem anderen Thema gewidmet, an dem Jane und ich interessiert waren.)

(21.14 Uhr.) Guten Abend.

(»Guten Abend, Seth.«)

(Humorvoll flüsternd:) Diktat. – Wieder mit einem Vergleich gesprochen, kann das Gehirn gut auf zahllosen »Frequenzen« arbeiten, von denen jede dem Individuum ihr eigenes Realitätsbild präsentiert. Jede Frequenz spielt auf ihre Weise mit den physischen Sinnen, ordnet auf ihre Weise die verfügbaren Daten, und jede benutzt in ihrer besonderen Art den Körper und den Inhalt des Geistes.

Generell gesagt, benutzt ihr im Wachleben eine bestimmte Frequenz. Deshalb scheint es keine andere Realität außer der bekannten zu geben, und keine weiteren Informationen außer denen, die euch normalerweise vertraut sind.

Ereignisse scheinen e u c h z u z u s t o ß e n. Oft scheint ihr nicht mehr Einfluß auf den Ausgang eures eigenen Lebensdramas zu haben als über den Ausgang eines Fernsehfilms. Aber manchmal überraschen euch eure eigenen Träume oder Inspirationen, indem sie euch Informationen zukommen lassen, die in der erkannten Ordnung der Ereignisse eigentlich nicht verfügbar sind . Es wird sehr schwierig, derartige Vorkommnisse im Licht der Handlungen und der Szenen eures normalen geistigen Programmes zu erklären. Ihr seid dermaßen abgerichtet, daß ihr sogar im Schlaf eure Erfahrungen zu überwachen versucht und deshalb die Träume von der gewohnten Frequenz aus interpretiert, die ihr als einziges Kriterium für die Realität zu akzeptieren gelernt habt. Wenn ihr aber träumt, dann stellt ihr euch buchstäblich auf verschiedene Frequenzen ein, und biologisch gesehen reagiert euer Körper auf vielen Ebenen auf diese verschiedenen Frequenzen. Zu diesem Zweck ist der Körper von Natur aus gut ausgerüstet, er vermag »Bewußtseinsprojektionen« oder »außerkörperliche Erfahrungen« oder wie immer ihr sagen wollt zu handhaben. Eure biologische Ausrüstung umfaßt Mechanismen, die einem bestimmten Teil eures Bewußtseins erlauben, euren Körper zu verlassen und zurückzukehren. Diese Mechanismen gehören auch zur Natur der Tiere. Der Körper ist ausgerüstet, viele andersartige Erfahrungen wahrzunehmen, die offiziell nicht den menschlichen Erfahrungen zugeordnet werden. Deshalb seid ihr mehr oder weniger ständig im Begriff, euer Verhalten zu überwachen, damit es den gängigen Kriterien entspricht, die für gesunde und vernünftige Erfahrungen festgelegt wurden.

Ihr seid soziale Geschöpfe, genau wie die Tiere. Vielen von euch hochgehaltenen falschen Glaubenssätzen zum Trotz ist eure Nation, genau wie jede andere soziale Gruppierung, ein Ergebnis der Zusammenarbeit, n i c h t des Wettbewerbs. Geächtet zu sein, ist keine lustige Angelegenheit. Die Errungenschaft der sozialen Kommunikation bildet einen der großen Bausteine von Familie und Zivilisation. Die festgesetzten Realitätskriterien stellen deshalb psychische und physische Grenzen auf. Innerhalb dieses Rahmenwerks besteht jedoch mehr Flexibilität, als man annimmt. Ihr versucht beispielsweise immer noch, eure eigenen tradionellen Versionen der Realität in den Traumzustand hinüberzunehmen, aber das natürliche Erbe von Körper und Geist entzieht sich einer solchen Unterdrückung – und euch selbst zum Trotz kommt ihr in euren Träumen mit einem größeren Bild der Realität in Berührung, das sich nicht zur Seite schieben läßt.

Es gibt nichts am Wachzustand, das ihn begrenzen muß. Ihr selbst setzt die Grenzen. Der Körper heilt sich beispielsweise von Natur aus selbst. Viele Menschen bekräftigen diese Ansicht mit einem Lippenbekenntnis. In Wirklichkeit haben aber – und erfahren – die meisten von euch ein ganz anderes Bild, nach dem der Körper mit allen Mitteln vor seinem natürlichen Hang zu Krankheit und Schwachheit bewahrt werden muß. Bakterien müssen abgewehrt werden, wie wenn ihr euch dagegen nicht schützen könntet. Die natürliche Heilung, die sich oft im Traumzustand einstellt, wird im Wachzustand wieder rückgängig gemacht, indem sie als »wunderbar« und »gegen die Norm gerichtet« empfunden wird.

(Pause.) Und doch seht ihr in euren Träumen die Gründe für eure physischen Schwierigkeiten recht genau. Ihr tretet im Traum einen Heilungsprozeß an, von dem ihr bewußt profitieren könntet; im Wachen wird dies jedoch wieder vergessen – oder ihr vertraut nicht mehr auf das, woran ihr euch erinnert.

Gelegentlich finden im Traumzustand aber regelrechte physische Heilungen statt. Dies mag euch erstaunen, nachdem ihr euch im Wachzustand für intelligent und wissend, im Traum aber für unwissend und halb verrückt haltet. Wenn ihr im Wachzustand so »dumm« wie im Traum wäret, hättet ihr eine viel bessere Gesundheit.

In solchen Träumen stellt ihr euch auf andere Frequenzen ein, die eurer biologischen Integrität tatsächlich näher sind, und es gibt keinen Grund, dasselbe nicht auch im Wachzustand zu tun. Solche scheinbaren Wunder können geschehen, wenn ihr eure offiziell zu glauben vorgestellten Fehlansichten über euren Körper, seine Gesundheit und Krankheit überwindet und der Natur erlaubt, ihren Lauf zu nehmen. Manchmal werdet ihr im Traum wach und erfaßt eure Wesenheit und Geistigkeit sozusagen mit beiden Händen, und ihr begreift, daß eure Realität viel größer ist, als ihr zu glauben gelernt habt.

Viel häufiger aber bringen Träume verzerrte und quälende Einblicke in eine ausgedehntere Erfahrungswelt mit sich. Um alles noch verwirrender zu machen, mögt ihr nach dem Erwachen versuchen, das Traumgeschehen anhand eures normalen Realitätsbildes zu interpretieren, indem ihr beim Aufwachen gleichsam den Sender umschaltet.

(21.57 Uhr.) Nehmen wir beispielsweise an, ihr hättet euer Fernsehgerät für ein bestimmtes Programm eingeschaltet und würdet nun merken, daß infolge eines Funktionsfehlers mehrere Programme überdeckt kämen, die ihr nun scheinbar ohne Sinn gleichzeitig empfangen würdet. Kein Thema wäre ersichtlich, einige Figuren wären erkennbar, andere nicht. Ein Mann im Astronautendreß könnte auf einem Pferd hinter Indianern herreiten, während der Indianerhäuptling ein Flugzeug pilotiert. Wenn all dies dem erwarteten Programm überlagert wäre, könntet ihr dem Geschehen bestimmt keinen Sinn abgewinnen.

Jede Figur und jeder Szenenteil würden aber in einer fragmentarischen Form ein wirkliches Programm (oder eine Realität) repräsentieren. Im Traumzustand seid ihr euch manchmal genauso mehrerer oder zu vieler Sender bewußt. Wenn ihr versucht, die einander überlagerten Filme in euer bekanntes Realitätsbild einzuordnen, mögen sie chaotisch erscheinen: ihr könnt euch auf die anderen, genauso natürlichen Frequenzen einstellen, so daß diese euch mit einem umfassenderen Bild der Welt als jener, wie ihr sie definiert, versorgen.

Die Psyche ist nicht in eurem Koffer eingesperrt *(humorvoll)*, sie hat keinen Rahmen, der zu zerbrechlich wäre, als daß sie sich ausdrücken könnte. Nur eure Glaubensvorstellungen über die Psyche und den Körper schränken eure Erfahrung auf viel zu enge Grenzen ein.

Ihr könnt Pause machen. *(22.09 Uhr bis 22.25 Uhr.)*

Diktat. *(Seth-Jane beugte sich vor, flüsterte und lächelte, wie wenn sie einen Witz erzählen würde.)*

Im Traum seid ihr so »dumm«, daß ihr an eine Verbindung zwischen den Lebenden und Verstorbenen glaubt. Ihr seid so »irrational«, daß ihr manchmal mit euren verstorbenen Eltern redet, und ihr seid so »unrealistisch«, daß ihr scheinbar alte Häuser besucht, die vor langer Zeit schon niedergerissen wurden, oder in exotische fremde Länder reist, die ihr nie wirklich besucht habt.

Im Traum seid ihr so »verrückt«, daß ihr euch nicht in einen Kasten von Raum und Zeit gesperrt fühlt. Ihr habt vielmehr ein Gefühl, wie wenn die ganze Unendlichkeit eure Befehle erwarten würde.

Wenn ihr im Wachzustand ebenso gescheit und raffiniert wäret wie im Traum »verrückt«, würdet ihr alle Religionen und Wissenschaften außer Kraft setzen, denn ihr würdet die größere Realität eurer Psyche verstehen. Ihr wüßtet Bescheid.

Die Physiker haben ihre Hand auf der Türklinke. Wenn sie ihren Träumen mehr Aufmerksamkeit schenken würden, wüßten sie die richtigen Fragen zu stellen.

(Lange Pause um 22.33 Uhr.) Die Psyche ist eine wache Energiegestalt, in der eure Identität daheim ist, unverletzlich, aber sich dauernd verändernd, und deren Potential euch zur Verfügung steht.

(Lange Pause.) Eure toten Verwandten leben. Sie erscheinen euch oft im Traum. Meist interpretiert ihr aber diese Besuche von eurer eigenen Realitätsstation aus. Ihr seht sie, wie sie w a r e n, beschränkt auf ihre Beziehung zu euch, und für gewöhnlich nehmt ihr die anderen Aspekte nicht wahr, weil sie ganz einfach nicht zu euren Glaubensvorstellungen passen.

Solche Träume sind deshalb oft programmierte Dramen, ihr stattet eure Besuche mit den euch bekannten Requisiten aus. Das gleiche spielt sich ab, wenn ihr außerordentliche Geistesblitze oder andere innere Informationen erhält: ihr versucht sofort, dieses Material in einen bekannten Sinnzusammenhang zu bringen. Eine Erfahrung außerhalb des Körpers auf einer anderen Realitätsebene wird beispielsweise zu einem Besuch im Himmel, oder die bisher ungehörte Stimme eurer größeren Identität wird zur Stimme Gottes, eines Wesens aus dem Weltraum oder eines Propheten.

Eure Traumerfahrung ist euch ein Führer, der euch hilft, die Natur eurer Psyche und die tiefere Realität zu verstehen, in der diese begründet ist.

Ende des Diktats. Gebt uns einen Augenblick Zeit – oder macht eine kurze Pause, wenn ihr lieber wollt.

(22.44 Uhr. »Mach weiter«, sagte ich, und Seth gab uns weiteres Material zu verschiedenen anderen Themen. Wir hatten schon festgestellt, daß er seine Sitzungen oft unterteilte in sein Buchdiktat, dem dann die Diskussion anderer Themen oder privates Material für uns folgte. Die Sitzung endete um 23.34 Uhr.)

Sitzung 759, Montag, den 27. Oktober 1975

(»Ich glaube, die Sitzung wird wieder das Buch betreffen«, sagte Jane, bevor sie in Trance ging.

Ich nickte, hoffte aber gleichzeitig, daß Seth auf die interessante Traumerfahrung eingehen würde, die ich in der vergangenen Nacht gehabt hatte. Wie ihr sehen werdet, reichte es zu beidem, da Seth eine Diskussion meines Traumes in sein eigenes Material über die Psyche mit einbezog.)

(21.31 Uhr.) Guten Abend.

(»Guten Abend, Seth.«)

Nochmals Diktat zum Kapitel »Eure träumende Psyche ist wach«.

Die Psyche befaßt sich mit einer anderen Art Erfahrung als der euch physisch geläufigen, obgleich die physische Erfahrung auch einen Teil der Psyche ausmacht. Das Alltagsleben ist auf diesen Teil der Psyche ausgerichtet, den ihr als eure Person bezeichnet, doch es gibt viele andere Ausrichtungen. Die Psyche wird n i e zerstört, und auch eure einzigartige Individualität verringert sich nie. Die Erfahrungen der Psyche hängen aber mit euren Vorstellungen von der Zeit zusammen. Ihr seid ziemlich sicher, geboren worden zu sein und eines Tages zu sterben. In eurem Bewußtseinszustand sind keine Argumente gut genug, um euch von etwas anderem zu überzeugen, da ihr Schritt für Schritt mit physischen Fakten konfrontiert seid. (Absatz.)

Ihr mögt in der einen oder anderen Weise an ein Leben nach dem Tode glauben oder von der allgemeinen Reinkarnationstheorie überzeugt sein. Sicher ist, daß sich die meisten von euch in dem scheinbar unwiderlegbaren Glauben einig sind, daß ihr jetzt am Leben und nicht tot seid. Tote lesen keine Bücher.

(Belustigt:) Nun schreiben die Toten andererseits auch keine Bücher, nicht wahr?

Ich sage euch in fremder Weise, daß euer »Leben« einfach der einzige Teil eurer Existenz ist, dessen ihr euch gegenwärtig bewußt seid. In einem größeren Rahmen seid ihr – genau wie ich – gleichzeitig lebendig und tot. Mein Schwerpunkt liegt jedoch in einem Bereich, den ihr nicht wahrnehmt. Nochmals: Existenzen sind wie Noten, die auf einer bestimmten Frequenz gespielt werden. Ihr seid auf eine Erden-Melodie eingestimmt, aber dabei folgt ihr eurer eigenen Melodie und seid euch des größeren Orchesters in dem ihr ebenfalls mitspielt, für gewöhnlich nicht bewußt.

In euren Träumen stimmt ihr euch manchmal auf ein größeres Bild ein, aber wieder erscheinen gewisse Dinge als Fakten, und gegenüber diesen Fakten scheinen selbst wirkliche Erfahrungen lächerlich oder chaotisch zu sein.

In der vergangenen Nacht hatte unser Freund Joseph einen Traum, der ihn trotz seines scheinbaren Durcheinanders faszinierte. Er sah, wie er eine große Zahl von Leuten begrüßte. Er hielt sie für Familienmitglieder, obwohl er nur einzelne kannte. Seine verstorbenen Eltern waren dort, ebenso ein Bruder und eine Schwägerin, die beide am Leben sind. Der Bruder war offensichtlich sich selbst, sah aber mit seinen orientalischen Gesichtszügen etwas verändert aus. Der ganze Traum war sehr angenehm, es schien ein Nach-Hause-Kommen zu sein.

(21.50 Uhr.) Joseph wunderte sich über diese Mischung von Toten und Lebenden. Man könnte leicht denken, daß der Traum Josephs den eigenen Tod und den seines Bruders und seiner Schwägerin voraussah. Ihr folgt aber eurem eigenen

Zeitablauf, während die Psyche nicht so begrenzt ist. Für sie ist euer Tod, von eurem Standpunkt aus, bereits eingetreten. Aber es ist ebenso wahr, daß von ihrem Standpunkt aus eure Geburt noch nicht erfolgt ist. Im Traum habt ihr eine größere Erfahrung als den bekannten Rahmen, in dem eure Zeit und eure Existenz ablaufen.

Hier könnt ihr längst verstorbene Verwandte treffen oder Kinder, die noch nicht geboren sind. Hier könnt ihr auch anderen Bereichen eurer Persönlichkeit begegnen, die gleichzeitig mit dem euren existieren.

In diesem Rahmenwerk können sich die sogenannten Lebenden und die sogenannten Toten frei mischen. Unter solchen Umständen werdet ihr euch anderer Perspektiven der Existenz buchstäblich bewußt. Ihr könnt um die Ecken des Seins sehen und multidimensionale Tiefen der Psyche entdecken.

Der Künstler benutzt die Perspektive, um auf einer glatten Oberfläche seine Gefühle und seine Erfahrungen der Tiefe festzuhalten, die an sich der flachen Leinwand, dem Papier oder Karton fremd sind. Er mag ein lebendiges Bild einer Straße entstehen lassen, die im Vordergrund breit ist, dann schmäler und schmäler wird, um schließlich an einem entfernten, versteckten Punkt zu verschwinden. Keine physische Person wird jedoch auf dieser Straße spazieren. Eine Ameise, die auf eine solche Leinwand kletterte, würde bloß über eine glatte Fläche laufen und nichts von der einladenden Straße und all den gemalten Feldern und Bergen spüren.

Im Traumzustand werdet ihr euch also bisweilen einer größeren Perspektive bewußt. Auf eurer normalen Bewußtseinsebene kann diese Perspektive nicht funktionieren, genausowenig, wie die Perspektive des Künstlers für die Ameise funktioniert – obwohl es vieles gibt, was ihr vom Bewußtsein einer Ameise lernen könntet *(mit Nachdruck)*. Sag, daß ich lächelte.

(22.07 Uhr.) Euer Wachbewußtsein beschäftigt sich besonders mit bestimmten Arten von Unterscheidungen. Diese

tragen dazu bei, die eigentliche Struktur der physischen Existenz zu formen. Sie erhalten unsere Leben und versehen sie zudem mit einer Art Rahmen. Es ist ganz einfach: Weil ihr eine bestimmte Realität erfahren wollt, setzt ihr Grenzen für bestimmte Ereignisse, damit ihr euch besser darauf konzentrieren könnt. Wenn ein Künstler ein Bild malt, bedient er sich der Unterscheidung. Er wählt einen Bereich aus, auf den er sich konzentriert. Alles im Bild paßt zusammen. In eurem physischen Leben macht ihr das gleiche.

Der Künstler weiß, daß viele Bilder gemalt werden können, und in seinem Geist speichert er die schon gemalten und auch die geplanten Bilder. Genauso hält die Psyche gleichwertige Leben in Gang, gelebte und noch nicht gelebte, und handelt aus einer größeren Perspektive heraus, aus der eure normale Perspektive hervorgeht.

Ich spreche oft von euch und der Psyche, als ob dies zwei verschiedene Dinge wären, was natürlich nicht der Fall ist. Ihr seid der Teil der Psyche, den ihr im Augenblick erkennt. Viele sagen: »Ich will mich selbst kennen« oder: »Ich will mich selbst finden«, aber in Wahrheit wollen sich nur wenige die Zeit dazu nehmen und die erforderliche Anstrengung leisten. *(Pause.)* Es gibt aber einen Ort, an dem ihr anfangen könnt: Versucht, mit diesem Selbst besser vertraut zu werden, das ihr jetzt seid. Hört auf, euch vorzusagen, daß ihr euch n i c h t kennt.

Es nützt wenig zu versuchen, andere Ebenen eurer eigenen Realität zu entdecken, wenn ihr darauf besteht, die Gesetze des physischen Lebens auf eure eigene, größere Erfahrung anzuwenden. Dann werdet ihr dauernd in einer verzwickten Lage sein, und nichts wird passen. Ihr könnt aber nicht darauf bestehen, daß die Gesetze eurer weiteren Existenz, wie ihr sie entdeckt, die physischen Bedingungen des bekannten Lebens ü b e r s t e i g e n – denn damit würden die Tatsachen auch nicht übereinstimmen. Ihr werdet erwarten, ewig im gleichen Körper weiterzuleben, oder ihr denkt, daß ihr mit eurem Körper auf Wunsch schweben könnt. Ihr könnt tatsächlich schweben, aber – praktisch und funktional gesprochen – nicht mit eurem physischen Körper. Ihr habt einen Körper angenommen, und dieser Körper wird sterben. Er hat seine Grenzen, aber auch diese dienen dazu, gewisse Erfahrungen hervorzuheben. Der Körper, in dem Joseph *(im oben erwähnten Traum)* seine Verwandten sah, war nicht physisch einsatzfähig. Er war jedoch sehr real, und auf einer anderen Realitätsebene war er funktionsfähig. Er entsprach seiner Umgebung.

Ihr könnt Pause machen.

(22.27 Uhr bis 22.50 Uhr.)

Nun habt ihr in vielerlei Hinsicht einfach eine nur kurze Aufmerksamkeitsspanne.

Die »wahren Tatsachen« sind die, daß ihr gleichzeitig in diesem Leben und außerhalb desselben existiert. Ihr seid gleichzeitig »zwischen Leben« und »im Leben«. Die tieferen Dimensionen der Realität sind die, daß eure Gedanken und Handlungen nicht nur euer bekanntes Leben betreffen, sondern in alle jene anderen, gleichzeitigen Existenzen hineinreichen. Was ihr jetzt denkt, wird unbewußt von einem hypothetischen Selbst, sagen wir, des vierzehnten Jahrhunderts wahrgenommen. Die Psyche kennt keine Grenzen. Kein System ist geschlossen, psychologische Systeme am wenigsten. Für andere Teile eurer größeren Wirklichkeit, deren Hauptgewicht anderswo liegt, ist euer Leben eine traumhafte Erfahrung.

Ihre Erfahrungen gehören ebenfalls zu eurem Traumerbe.

Ihr könnt fragen, wie real diese anderen Existenzen sind, aber dann müßt ihr auch fragen, nach wessen Begriffen. Es gibt eine physische Version der Existenz. In diesem Rahmen kommt ihr auf die Welt und sterbt in einer festen Reihenfolge. Der Tod ist eine physische Realität. Er ist jedoch nur in physischer Hinsicht real.

Wenn ihr diese Begriffe jedoch als das einzige Kriterium der Realität annehmt, dann bedeutet der Tod für euer Bewußtsein sicher ein Ende.

Wenn ihr euch jedoch im täglichen Leben besser kennenlernt und euch selbst eures irdischen Lebens immer bewußter werdet, dann werdet ihr tatsächlich andere Informationen erhalten, die auf eine tiefere, unterstützende Realität hinweisen, in welcher die physische Existenz ruht. Ihr werdet an euch Erfahrungen machen, die nicht zu den bekannten Tatsachen passen. Diese können ein alternatives Tatsachengebäude aufbauen, das auf eine andere Realität hinweist, und eine innere Existenz beweisen, die gegenüber den physischen Gegebenheiten Vorrang hat. Dazu ist aber Zurückhaltung und Verstehen erforderlich. Im Grunde ist die innere Realität die schöpferische Quelle der physischen Realität. Aber in einem gewissen Ausmaß sind die physischen Gesetze – auf ihrer Ebene – ebenfalls unverletzlich.

(23.07 Uhr.) Ihr könnt lernen, eure eigene Erfahrung ungeheuer zu bereichern. Theoretisch könnt ihr euch sogar anderer Existenzen bewußt werden. Im Traumzustand könnt ihr in Bewußtseinsbereiche reisen, die von dem euren getrennt sind. Ihr könnt lernen, Zeit auf neue Weisen zu gebrauchen und zu erfahren. Ihr könnt Wissen von anderen Teilen eures Wesens erlangen und die Ressourcen der Psyche anzapfen. Ihr könnt eure Welt, in der ihr lebt, und eure Lebensqualität verbessern. Aber solange ihr physisch seid, werdet ihr immer Geburt und Tod erfahren, Morgen- und Abenddämmerung, die Intimität von Augenblicken, denn dies ist die Erfahrung, die ihr gewählt habt.

Selbst innerhalb dieses Rahmens warten aber Überraschungen und Verzauberungen auf euch, wenn ihr einfach euer Bewußtsein ausdehnen lernt und nicht nur den Traumzustand auf abenteuerliche Weise erforscht, sondern auch euren Wachzustand. Eure träumende Psyche ist wach. Viele von euch haben ihrem normalen Wachbewußtsein erlaubt, trüb zu werden – inaktiv, wenn man es relativ ausdrückt, so daß ihr euch eures Lebens nur halb bewußt seid. I h r seid der lebendige Ausdruck der Psyche, ihr menschliche Manifestation. *(Pause.)* Aber ihr laßt euch oft blind werden gegenüber brillanten Aspekten eurer eigenen Existenz.

In Josephs Traum hatte sein Bruder leicht orientalische Züge. Joseph wußte, daß sein Bruder sich selbst war und zugleich ein Orientale, der ihm in seinem gegenwärtigen Leben nicht bekannt ist. Wenn Joseph zwei Personen gesehen hätte – seinen Bruder und einen Orientalen – hätte er den Fremden nicht erkannt. Im Traum dominierte deshalb die bekannte Erscheinung seines Bruders, während die orientalische Verbindung nur angetönt war. In eurem eigenen Leben werdet ihr so eine psychische Kurzschrift oder Symbolik verwenden, um die größeren Dimensionen einer höheren Realität mit den Begriffen der bekannten Realität zu erklären.

Nochmals: Die Dimensionen der Psyche müssen erfahren werden, gleich in welchem Ausmaß. Sie können nicht einfach definiert werden. Im folgenden Kapitel werde ich einige Übungen vorschlagen, die euch eine direkte Erfahrung von Teilen eurer Realität erlauben, die euch bisher vielleicht entschlüpft sind.

(Lauter und lächelnd:) Ende des zweiten Kapitels.

3
Assoziationen, das Gefühlsleben und das andere Bezugssystem

Fortsetzung der Sitzung 759 vom 27. Oktober 1975

Macht eine kurze Pause, dann fahren wir fort. *(23.25 Uhr bis 23.32 Uhr.)*

(Humorvoll betont:) Drittes Kapitel: »Assoziationen, das Gefühlsleben und das andere Bezugssystem.« Dies ist die Überschrift.

Normalerweise organisiert ihr eure Erfahrung nach zeitlichen Begriffen. Euer normaler Bewußtseinsstrom ist aber auch stark assoziativ. Bestimmte Ereignisse der Gegenwart erinnern euch an Vergangenes, und oft färbt die Erinnerung der Vergangenheit gegenwärtige Ereignisse.

Ihr erinnert euch der physischen Ereignisse in einer zeitlichen Reihenfolge, ob nun eine Assoziation besteht oder nicht; das Gegenwärtige folgt dem Vergangenen. Die Psyche jedoch arbeitet vor allem in assoziativen Vorgängen, da sie Ereignisse durch Assoziationen gestaltet. In diesem Rahmen hat die Zeit eine sehr geringe Bedeutung. Assoziationen werden sozusagen durch emotionale Erfahrungen miteinander verbunden. Die Emotionen bestimmen in einem großen Ausmaß die Zeit.

Ende des Diktats.

(23.39 Uhr.) Gönnt uns einen Augenblick ... Das ist gerade genug, damit Ruburt weiß, daß wir im nächsten Kapitel sind.

(Seth gab nun noch Material zu anderen Themen durch und beendete die Sitzung um 23.52 Uhr.)

Sitzung 762, Montag, den 15. Dezember 1975

(Die Sitzungen 760 und 761 waren anderen Überlegungen gewidmet, die Seth neben seinem Buchdiktat über die »Natur der Psyche« erörtert.

»Ich fühle mich halb schwer, halb entspannt«, sagte Jane, während wir auf den Beginn der Sitzung warteten. »Ich fühle mich recht enttäuscht oder, vielleicht besser, gelangweilt ... Ich denke daran, daß all dieses psychische Zeug, dessen ich mir halb bewußt bin, organisiert und in unserer Welt ausgedrückt werden muß – Seth, Cézanne, dieses Buch –, damit das Ganze einen Sinn hat.«

Ihre Bemerkung über den französischen Maler Paul Cézanne betrifft eine Erfahrung, mit der sie vor wenigen Tagen konfrontiert wurde. Da Seth dies hier selbst diskutiert, übergebe ich ihm das Wort. – 21.10. Uhr.)

Guten Abend.

(»Guten Abend, Seth.«)

Diktat. Fortsetzung des dritten Kapitels.

Wenn ihr mit eurer Psyche im Kontakt seid, erfahrt ihr direktes Wissen. Direktes Wissen heißt Verstehen. Im Traum erfahrt ihr direktes Wissen über euch selbst oder über die Welt. Ihr versteht euer eigenes Sein auf eine andere Weise.

Beim Lesen eines Buches erfahrt ihr indirektes Wissen, das zum Verstehen führen kann, aber oft auch nicht. Verstehen an sich ist da, ob ihr nun die zum Ausdruck notwendigen Worte – oder gar die Gedanken – zur Verfügung habt oder nicht. Ihr könnt die Bedeutung eines Traumes v e r s t e h e n, ohne daß ihr das verbal ausdrücken könnt. Eure gewöhnlichen Gedanken mögen um euer inneres Verstehen herumkreisen, ohne daß sie je wirklich ausgedrückt werden könnten.

Träume arbeiten mit Assoziationen und Gültigkeiten des Gefühlslebens, die oft keinen Sinn zu ergeben scheinen. Ich sagte schon, daß euch niemand eine wirkliche Definition der Psyche geben kann. Sie muß erfahren werden. Da ihre

Weisheit, ihre Wahrnehmungen und Handlungen im großen und ganzen aus einem andern Bezugsrahmen kommen, müßt ihr lernen, die Begegnungen mit der Psyche für euer Selbst zu interpretieren. Dabei ist die Frage der Organisation sehr schwer zu beantworten. Im Alltagsleben organisiert ihr eure Erfahrung sehr sauber, ihr lenkt sie in akzeptierte Kanäle und laßt sie in vorgefaßte Meinungen und Glaubenssätze einmünden. Ihr schneidert sie auf die Zeit zu. Nochmals: Die Psyche ist nicht nach solchen vorgefaßten und angelernten Dispositionen organisiert. Ihre Produkte mögen oft chaotisch erscheinen, einfach weil sie eure fixen Vorstellungen über das, was Erfahrungen sein sollen, über den Haufen werfen.

(21.25.) In dem Buch *»Gespräche mit Seth«** versuchte ich, einige Erweiterungen der eigenen Realität so zu erklären, daß meine Leser dies verstehen konnten. In der *»Natur der persönlichen Realität«*** versuchte ich, die praktischen Grenzen der individuellen Existenz, wie sie gewöhnlich erfahren wird, auszuweiten. Ich gab dem Leser Hinweise, wie er seine praktische Lebensfreude und seine seelisch-geistige und körperliche Erfüllung mehren kann. Ich diktierte diese Bücher in der Art einer Erzählung. Nun hoffe ich, daß der Leser mit diesem Buch – aufgrund meines Diktats und Ruburts und Josephs Erfahrungen – die magische Kraft der Psyche wird spüren und die größeren Dimensionen wird sehen können, die unser Leben berühren. Dieses Buch verlangte von Joseph viel mehr Arbeit, und diese zusätzliche Anstrengung ist an sich eine Demonstration dafür, daß die psychischen Ereignisse sehr schwer in der Zeit festzuhalten sind.

Die Aktivität der Psyche geht in alle Richtungen. Es wäre, zum Beispiel, einfach zu sagen: »Dieses oder jenes Ereignis begann um diese Zeit und endete um jene Zeit.« Als Joseph seine Notizen machte, wurde jedoch klar, daß einige Ereig-

---

* *»Gespräche mit Seth – Von der ewigen Gültigkeit der Seele«* ist 1979 im Ariston Verlag erschienen.

** *»Die Natur der persönlichen Realität«* befindet sich in Übersetzung und wird voraussichtlich 1983 im Ariston Verlag erscheinen.

nisse schwer festzuhalten waren, und wirklich keinen Anfang und kein Ende zu haben schienen.

Da ihr eure Erfahrung so eng mit der Zeit verbindet, erlaubt ihr euch, außer in Träumen, kaum je Erfahrungen, die die Zeit widerlegen können. Eure Vorstellungen von der Psyche engen deshalb eure Erfahrung mit der Psyche ein. Ruburt ist in dieser Hinsicht viel nachsichtiger als die meisten meiner Leser. Aber immer noch sieht er seine recht unorthodoxen Erfahrungen oft genug aus der gewöhnlichen Sicht, mit der ihr alle vertraut seid.

In der letzten Buchsitzung gab ich den Titel zu diesem Kapitel an. Ich erwähnte die Emotionen, die Assoziation und die Tatsache, daß die Psyche direkt erfahren werden muß. Ich habe bis heute abend kein eigentliches Buchdiktat mehr abgehalten. Ruburt hat aber inzwischen neue Dimensionen der Psyche erfahren.

(21.43 Uhr. Willy, unser Kater, war aufgewacht und wollte unbedingt in Janes Schoß klettern, die in Trance war. Ich mußte ihn schließlich ins Nebenzimmer tragen und die Tür schließen.)

Ruburt glaubte nicht, daß jene Erfahrungen etwas mit diesem Buch zu tun hätten oder daß er bei seinem spontanen Handeln einer inneren Ordnung folgte. Er wünschte, daß diese Seiten, eine nach der anderen, sauber aufeinander folgten. Jede seiner Erfahrungen ist jedoch eine Demonstration dafür, wie die direkten Erfahrungen der Psyche unsere prosaischen Konzepte von Zeit, Realität und Ereignisfolge widerlegen. Sie dienen weiter dazu, die Unterschiede zwischen Wissen und Verstehen aufzuzeigen und die Wichtigkeit des Wunsches und der Gefühle hervorzuheben.

Natürlich ist meine eigene Erfahrung in einem gewissen Ausmaß von der meiner Leser verschieden. So wie diese Informationen als Seth-Material durch Ruburts Erfahrung getestet werden, könnt ihr sehen, wie sie sich auf eure »gegenwärtige« Existenz anwenden lassen.

Ruburts kürzliche Erfahrungen sind besonders wichtig,

weil sie stillschweigend einigen eurer wichtigsten Glaubensvorstellungen zuwiderlaufen. Wir werden diese Episoden zum Anlaß nehmen, dieses scheinbar »supernormale« Wissen anzusehen, das verfügbar ist, gewöhnlich aber unberührt bleibt. Weiter werden wir die auslösenden Faktoren besprechen, die solche Erfahrungen praktisch nutzbar machen.

Zuerst möchte ich einige Punkte festhalten.

Ihr werdet mit dem Hang zur Sprache geboren. Die Sprache ist in eurer physischen Struktur begründet. Ihr werdet mit einer Neigung zum Lernen und Erforschen geboren. Bei eurer Empfängnis ist schon ein vollständiges Muster für euren ausgewachsenen physischen Körper vorhanden – *(mit großem Nachdruck)* – ein Muster, das genügend bestimmt ist, um euch, als Erwachsenen, eine erkennbare Form zu geben, während es andererseits variabel genug ist, euch buchstäblich unbegrenzte Variationen zu erlauben.

Es wäre jedoch dumm von euch zu sagen, ihr müßtet erwachsen werden. Einmal könntet ihr den Prozeß zu jeder beliebigen Zeit beenden – und viele tun dies. Mit anderen Worten: Daß ein Muster – nach euren Begriffen – für die Entwicklung besteht, bedeutet nicht, daß nicht jede dieser Entwicklungsformen einzigartig ist.

Wieder nach euren Begriffen ausgedrückt existieren zu jeder Erdenzeit viele solche Muster. In einem größeren Zusammenhang ist jedoch alle Zeit simultan, und deshalb existieren all diese physischen Muster gleichzeitig.

(22.02 Uhr.) Entspanne deine Finger und hole Ruburt ein paar Zigaretten. Ich werde ihn in Trance halten. Willst du ausruhen?

(»Nein.«)

In den psychischen Bereichen existieren in gleicher Weise alle Muster jeglichen Wissens, aller Kulturen, Zivilisationen, Errungenschaften des einzelnen und der Massen, aller Wissenschaften, Religionen, Technologien und Künste.

Die private Psyche, der unbekannte Teil von euch, ist sich dieser Muster genauso bewußt, wie sie sich der privaten biologischen Muster bewußt ist, aus denen sie euer Erscheinungsbild formt.

Bestimmte Neigungen und Wahrscheinlichkeiten sind somit in eurer biologischen Struktur enthalten und können entsprechend euren Zielen und Absichten ausgelöst werden oder nicht. Ihr mögt beispielsweise von eurer Person her die Fähigkeit zu einem guten Athleten haben. Aber eure Neigungen und Ziele können euch in eine andere Richtung tragen, so daß die notwendigen Auslöser nicht aktiviert werden. Jedes Individuum ist in vielfältiger Weise begabt. Seine Wünsche und Überzeugungen aktivieren bestimmte Fähigkeiten, wogegen andere unbeachtet bleiben.

(22.11 Uhr.) Die menschliche Spezies trägt in sich alles Wissen, alle Informationen und Daten, die sie unter irgendwelchen Bedingungen brauchen könnte. Dieses Erbe muß jedoch psychisch ausgelöst werden, genauso wie ein physischer Mechanismus, zum Beispiel ein Muskel, durch einen Wunsch oder eine Absicht in Gang gesetzt wird.

Das bedeutet nicht, daß ihr etwas lernt, das ihr in einem größeren Rahmen bereits wißt, zum Beispiel, wenn ihr ein Handwerk lernt. Ohne den auslösenden Wunsch könnte die Fertigkeit nie entwickelt werden; aber selbst wenn ihr etwas lernt, benutzt ihr es auf eure eigene, einzigartige Weise. Trotzdem ist das Wissen von Mathematik und Kunst ebensosehr in euch, wie eure Gene in euch sind. Ihr glaubt jedoch, daß alle derartigen Informationen von außerhalb eures Selbst kommen müßten. Natürlich sind mathematische Formeln nicht im Gehirn eingestanzt, und doch wohnen sie der Struktur des Gehirns und seiner Existenz inne *(mit Nachdruck)*. Euer Brennpunkt, in dem ihr zentriert seid, bestimmt die Information, die euch verfügbar ist. Ich werde euch hierzu ein Beispiel geben.

Ruburt ist ein Hobbymaler. Manchmal malt er während längerer Zeitabschnitte, dann vergißt er das wieder. Joseph ist ein Künstler. Ruburt hat sich über den Inhalt des Geistes Gedanken gemacht und sich gefragt, welche Informationen ihm zur Verfügung stünden. Die Weihnachtsferien waren nahe. Er fragte Joseph, was er sich zum Geschenk wünsche, und dieser antwortete mehr oder weniger bestimmt: »Ein Buch über Cézanne.«

Ruburts Liebe zu Joseph, seine eigenen Ziele, die wachsenden Fragen und sein Interesse an der Malerei im allgemeinen lösten genau den Stimulus aus, der die konventionellen Ansichten von Zeit und Wissen durchbrach. Ruburt stimmte sich auf Cézannes »Weltbild« ein. Er schaffte keinen Kontakt mit Cézanne per se, sondern mit Cézannes Verständnis von der Kunst der Malerei.

Ruburt ist technisch nicht gewandt genug, um den Anweisungen Cézannes folgen zu können. Joseph hat diese Geschicklichkeit, aber er würde nicht der Vision von jemand anderem folgen wollen. Die Information ist aber äußerst wertvoll. Nun ist Wissen jeder Art auf die gleiche Weise verfügbar – und es wird erlangt durch intensives Wünschen und Wollen.

Dies bedeutet nicht, daß jeder Mensch spontan und ohne Anweisungen plötzlich ein großer Künstler, Schriftsteller oder Wissenschaftler werden kann. Es bedeutet aber, daß die Spezies in sich diese Neigung besitzt, die zum Blühen gebracht werden kann. Es heißt auch, daß ihr den Bereich eures Wissens einengt, wenn ihr euch nicht solcher Methoden bedient. Es bedeutet aber auch nicht, daß in euren Begriffen alles Wissen schon existiert, da das Wissen durch den Empfänger automatisch individualisiert und deshalb erneuert wird.

Macht eine Pause oder beendet die Sitzung, wie ihr wollt.

(»Wir machen eine Pause.«)

(Seth hatte auf eindrückliche Art die Umstände beschrieben, die zu Janes »Cézanne-Erfahrung« geführt hatten. Folgendes war passiert: Am frühen Abend des 11. Dezember begann Jane ziemlich unvermittelt, ein automatisches Skript zu schreiben, das ihr vom Maler Paul Cézannes vorgegeben wurde, der von 1839 bis 1906 gelebt hat. Sie hat keine

Ahnung, ob das Manuskript weiter »kommen« wird. Schon jetzt bin ich aber beeindruckt von der Fülle an Einsichten über die Kunst und das Leben, die diese Schrift auszeichnen. – Wiederaufnahme des Diktats um 22.42 Uhr.)

Euer Verlangen zieht automatisch die gewünschte Information an, ob ihr euch dessen bewußt seid oder nicht.

Wenn ihr begabt seid und beispielsweise Musiker werden wollt, dann könnt ihr buchstäblich im Schlaf lernen, indem ihr euch auf die Weltbilder anderer Musiker einstimmt, ob sie nun – nach euren Begriffen – tot oder lebendig sind. Wenn ihr wach seid, werdet ihr innere Hinweise, Anstöße oder Inspirationen erhalten. Ihr müßt vielleicht immer noch üben, aber das Üben wird vor allem Freude sein und für euch nicht soviel Zeit beanspruchen wie vielleicht für andere. Die Aufnahme derartiger Informationen erleichtert solche Fertigkeiten und findet hauptsächlich außerhalb der Zeitabfolge statt.

Ruburts Cézanne-Material kommt deshalb sehr schnell an, es kostet ihm nur einen Bruchteil des Tages an Zeit. Die Qualität ist dennoch so groß, daß berufsmäßige Kunstkritiker davon lernen könnten, obwohl die meisten ihrer Werke viel mehr Zeit gekostet haben und von einem extensiven, bewußten Kunstverständnis herrühren mögen, das Ruburt fast gänzlich fehlt. Die Erzeugnisse der Psyche werfen eben von Natur aus so manche unserer tiefsten Überzeugungen über den Haufen.

Es tönt nach Häresie, wenn wir annehmen, daß solches Wissen zur Verfügung steht; denn wo bleibt da der Wert jeder Ausbildung? Die Ausbildung sollte dazu dienen, den Schüler mit möglichst vielen Studiengebieten bekanntzumachen, damit er daraus jene auswählen kann, die ihm als natürlicher Auslöser dienen, seine Fähigkeiten erschließen und seine Entwicklung vorantreiben. Der Schüler wird also wählen. Das Cézanne-Material entstammt der Vergangenheit. Doch ist zukünftiges Wissen genauso zugänglich. Vom Standpunkt eurer Vergangenheit aus gibt es natürlich wahrscheinliche Zukünfte. Theoretisch ist zukünftige Information aber verfügbar, genauso wie das »zukünftige« Entwicklungsmuster des Körpers bei eurer Geburt angelegt war – und das war bestimmt p r a k t i s c h.

Ende der Sitzung. Einen schönen Abend.

(»Vielen Dank, Seth.«)

Es sei denn, ihr habt noch Fragen . . .

(Um 22.55 Uhr stellte ich Seth eine Frage, die wir bis um 23.24 Uhr diskutierten.)

Sitzung 763, Montag, den 5. Januar 1976

(Als wir gestern eine Ausfahrt machten, fragte sich Jane plötzlich laut, ob Seth je träume. Wenn ja – wie war sein Traumzustand? Heute abend um 21.00 Uhr sagte sie mir, Seth werde die Frage vermutlich im Diktat beantworten.

Heute nahmen wir unseren Weihnachtsbaum wieder weg. Wir haben die Ferien sehr genossen. Jane nannte sie die »Cézanne-Tage«, da sie immer noch Cézanne-Material erhielt.)

Nun: Diktat.

(»Guten Abend, Seth.«)

Es gibt also andere Wege, Informationen zu erhalten, als nur die von euch akzeptierten.

Es gibt auch andere Arten von Wissen. Diese sind in einer Weise organisiert, mit der ihr im allgemeinen nicht vertraut seid. Es handelt sich nicht nur darum, neue Methoden des Wissenserwerbs zu erkennen, sondern es geht vielmehr um eine neue Situation, in der es gilt, die alten Methoden vorübergehend wegzulassen – wie auch das durch diese Methoden erworbene Wissen.

Dies heißt nicht etwa, daß es demgegenüber eine andere Wissenskategorie gibt, denn es gibt viele solcher anderer Kategorien, und manche davon liegen biologisch in eurer Reichweite. Bestimmte esoterische Traditionen verfügen über Methoden, mit denen ein Individuum sich jenseits der konventionellen Wahrnehmung Wissen aneignen oder zumindest aufgrund der eigenen Wesensart als Behälter für diese anderen Arten des Wissens dienen kann; diese Behälter prägen allerdings notwendigerweise die erhaltene Information. *(Pause.)* Solche Methoden sind von großem Vorteil, aber sie wurden autokratisch gehandhabt und ließen zuwenig Spielraum. Auch wurden Dogmata errichtet, so daß nur mehr gewisse Daten annehmbar blieben. Die Systeme weisen heute nicht mehr jene Flexibilität auf, die sie ursprünglich entstehen ließ.

Die Wissensart, von der ihr abhängt, verlangt Verbalisierung. Ihr könnt euch nur sehr schwer eine Anhäufung von Wissen vorstellen, ohne daß die Sprache, wie ihr sie versteht, dabei eine wichtige Rolle spielt. Selbst eure erinnerten Träume sind oft sprachliche Artefakte. Ihr verwendet auch Bilder, aber dann sind euch diese Bilder vertraut, weil ihr sie voreingenommen von früherer Wahrnehmung entlehnt. Die Träume, deren ihr euch erinnert, sind voller Bedeutung und deshalb für euch wertvoll, aber sie sind für euch schon so vorgerichtet und haben soweit Gestalt angenommen, daß ihr sie einigermaßen erkennen könnt.

(21.41 Uhr.) Unterhalb dieser Ebenen versteht ihr aber Ereignisse auf ganz andere Weise. Dieses ursprünglichere Verstehen wird sogar im Traumzustand erfaßt und in die vertrauten Sinneseindrücke übersetzt.

Jede Information bzw. jede Erkenntnis muß ein Muster haben, wenn ihr sie überhaupt verstehen wollt. Ruburts Malerei, sein Wissen um seine psychischen Fähigkeiten, seine Liebe zu Joseph – all dies trug zu einem Muster bei, welches das Cézanne-Material anzog. Dieses erhielt er »automatisch«; er schrieb die Formulierungen nieder, die ihm fast zu schnell durchkamen. Seine schriftstellerische Begabung brachte das Material klar zusammen. Die Information hatte an sich aber nichts mit Worten zu tun, es handelte sich vielmehr um ein umfassendes Verstehen des Wesens der Malerei, um eine Art direktes Wissen. Ruburt brauchte seine eigenen Fähigkeiten als Behälter. Nochmals: Diese Art direkten Wissens ist über jedes Thema verfügbar für jedermann, der durch seinen Wunsch, seine Liebe, Absicht oder seinen Glauben ein brauchbares Muster dafür liefert.

Ruburt hat sich gefragt, ob ich träume. Mein eigener normaler Bewußtseinszustand ist von dem euren stark verschieden. Ich wechsle nicht, wie ihr, zwischen Wachen und Schlafen hin und her. Und doch habe ich Bewußtseinszustände, die mit eurem Traum insofern verglichen werden könnten, als ich in diesen nicht so involviert bin wie in anderen Bewußtseinszuständen. Wenn ich euch sage: »Ich kontrolliere meinen Traumzustand«, könnt ihr euch vielleicht vorstellen, was ich meine. Und doch kontrolliere ich meine Träume nicht – ich erfülle sie. Was ihr meinen Traumzustand nennen könntet, steht mit den besprochenen Bereichen in Zusammenhang, die jenseits von euren Träumen, deren ihr euch erinnert, existieren.

(Pause.) Ich sagte schon, daß es mehrere Wissensarten gibt. Stellt sie euch besser als Wissenszustände vor. Ihre Wahrnehmung verlangt ein Bewußtsein, das auf jeden von ihnen eingestellt ist. In meinem »wachen« Zustand bin ich gleichzeitig auf vielen Bewußtseinsebenen tätig und befasse mich deshalb mit mehreren Wissenssystemen. In meinem Traumzustand, oder vielmehr in meinen Traumzuständen, bilde ich Bewußtseinsverbindungen zwischen diesen verschiedenen Systemen, indem ich schöpferisch neue Versionen kreiere. Wieder »wach«, werde ich mir jener Aktivitäten bewußt und bediene mich ihrer, um die Dimensionen meines normalen Zustandes und meine Erfahrung der Realität schöpferisch zu erweitern. Meine Erfahrungen werden automatisch an jene weitergeleitet, die mir ähnlich sind, und ihr Wissen wird mir übermittelt.

(Pause um 22.05 Uhr.) Wir alle sind uns dieser Übermittlungen bewußt. Nach euren gewohnten Begriffen redet ihr vom »bewußten Geist«. So gesehen gibt es viele Arten des bewußten Geistes. Ihr seid aber so voreingenommen, daß ihr Informationen ignoriert, von denen ihr gelernt habt, daß sie

nicht bewußt sein können. Eure ganze Erfahrung ist auf euren Glaubensvorstellungen aufgebaut.

Es ist viel natürlicher, sich seiner Träume zu erinnern, als sich ihrer nicht zu erinnern. Es ist zur Zeit Mode zu sagen, daß sich der bewußte Geist mit dem Überleben beschäftige. Dies tut er aber nur, soweit er sich mit Fragen des Überlebens in eurer spezifischen Gesellschaft beschäftigt. Wenn ihr euch aber an eure Träume erinnern könntet und wenn ihr von diesem Wissen bewußt profitieren würdet, wäre selbst euer physisches Überleben besser gesichert.

Eine Ebene des Traumlebens befaßt sich besonders mit den biologischen Bedingungen des Körpers und gibt euch Hinweise nicht nur über eure gesundheitlichen Störungen, sondern auch über deren Ursachen und die Möglichkeiten der Behebung. Ferner empfangt ihr im Traum Informationen über die wahrscheinliche Zukunft, die euch helfen, bewußte Entscheidungen zu treffen. Ihr habt euch jedoch selbst gelehrt, daß ihr in euren Träumen nicht bewußt sein könnt; denn ihr gebraucht den Begriff »bewußt« so eng, daß er sich nur auf eure vorgefaßten Konzepte anwenden läßt. Infolgedessen habt ihr keine brauchbaren Muster, mit denen ihr eure Träume hinreichend nutzen könntet.

Trancezustände, Tagträume und Hypnose weisen auf die vielfältigen Unterschiede hin, die sich im Vergleich zum Wachbewußtsein ergeben können. In jedem dieser Zustände zeigt sich die Realität auf eine andere Weise, und deshalb gelten auch verschiedene Regeln. Im Traumzustand sind viel größere Variationen möglich. Der Schlüssel zum Traumzustand liegt für euch aber im Wachzustand. Ihr müßt eure Vorstellungen und Überzeugungen vom Träumen verändern, bevor ihr damit beginnen könnt, euer Traumleben zu erforschen. Sonst wird euch eure wachbewußte Voreingenommenheit die Türe versperrt halten.

Ihr könnt Pause machen.

(22.24 Uhr bis 22.35 Uhr.)

So wie es ist, drückt ihr sehr wenig von eurer Gesamtpersönlichkeit aus.

Meine Bemerkung bezieht sich nicht auf eure Konzeption des Unbewußten. Eure Vorstellungen vom Unbewußten sind mit euren begrenzten Ideen von der Persönlichkeit derart besetzt, daß sie für unsere Diskussion nichts beitragen können. Es ist, wie wenn ihr nur einen Finger eurer Hand heben und sagen würdet: »Dies ist der Ausdruck meiner Persönlichkeit.« Nicht nur gibt es, wie ihr wissen solltet, andere, ungenutzte Funktionen des Geistes, vielmehr gibt es auch a n d e r e G e i s t e s b e r e i c h e, über die ihr verfügen könntet. Es stimmt, ihr habt bloß ein Gehirn, aber ihr erlaubt ihm nur über einen einzigen Wellenbereich – des Geistes, den ihr gebraucht – zu senden und zu empfangen.

Es scheint euch klar zu sein, daß der Mensch bloß über einen, eben seinen Geist verfügt. Ihr setzt diesen Geist jenem gleich, den ihr gebraucht. Wenn ihr über andere Geistesbereiche verfügtet, schiene es, als wärt ihr jemand anderer. Geist aber ist ein psychisches Muster, durch das ihr die Realität interpretiert und gestaltet. Ihr habt physische Glieder, die ihr sehen könnt. Euer Geist in allen seinen Bereichen ist unsichtbar. Jeder Bereich gestaltet die Realität auf andere Weise und verfügt über die ihm eigene Art des Wissens.

Alle Geistesbereiche arbeiten zusammen, um euch über die physische Struktur des Gehirns am Leben zu erhalten. Erst wenn ihr alle Bereiche eures Geistes benutzt, werdet ihr euch eurer Umgebung richtig bewußt: ihr nehmt die Realität klarer wahr als jetzt, schärfer, deutlicher und umfassender. Gleichzeitig aber versteht ihr sie direkt. Ihr versteht, was da ist, unabhängig von eurer sinnlichen Wahrnehmung. Ihr nehmt auch jene anderen Bewußtseinszustände als Teil eures Geistes an. Ihr erlangt eure wahre Persönlichkeit.

Einige alte Rassen haben dieses Ziel erreicht, aber das liegt – nach euren Begriffen – geschichtlich so weit zurück, daß ihr keinen Hinweis auf ihr Wissen mehr finden könnt.

(Lange Pause.) Im Laufe der Jahrhunderte gab es wohl einzelne, die dem Ziel nahekamen, aber sie verfügten nicht über die Ausdrucksmittel, das ihre Artgenossen zum Verstehen befähigt hätte. Sie besaßen Methoden, doch diese setzten ein Wissen voraus, über das die anderen nicht verfügten.

(22.54 Uhr.) Ende des Diktats. Gebt uns einen Moment Zeit.

(Seth begann sofort mit der Diskussion eines Traumes, den Jane in der vergangenen Nacht gehabt hatte. Sie konnte sich kaum daran erinnern, schrieb aber heute morgen in ihr Notizbuch, daß es um eine neue, eigenartige Art der Wahrnehmung ging, die sie gar nicht ausdrücken könne. Da es in Seths Kapitel paßt, füge ich seinen Kommentar hier an.)

Ruburts fast vergessener Traum der vergangenen Nacht stellt einen Durchbruch dar, indem er wenigstens bewußt wahrnahm, daß er Wissen auf eine unbekannte Art erhielt.

Er konnte es weder verbalisieren, noch hatte er ein passendes Muster, um es festzuhalten. Und doch erhielt er es. Sein letztes Gemälde ist kein Zufall, da er sich mit nichtverbaler Information befaßt, Daten auf andere Weise organisiert und so andere »Bereiche« des Geistes aktiviert.

Das Cézanne-Material, der Traum und das Bild sind Aspekte einer anderen Wahrnehmungsart. Eure gemeinsamen Experimente mit der Bibliothek* halfen mit, die Bühne zu errichten – genau wie deine Ermutigungen. All dies wird Ruburt zu einem nichtverbalen Verstehen verhelfen, das – auf einer anderen Ebene – einige seiner Glaubensvorstellungen verändern wird.

Diese Art der Wahrnehmung kann nicht beschrieben werden, bis er einige passende verbale Muster bildet, was erst mit weiteren Erfahrungen möglich wird. Dabei bin ich eine Hilfsstation. Er beschleunigt geistig in einem bestimmten Ausmaß die Entwicklung, und das bringt ihn mit mir als einer

---

* Jane beschreibt ihre psychische »Bibliothek« in ihrem Buch *»Psychic Politics«*, Prentice-Hall, Inc., Englewood Cliffs, New Jersey, USA, 1976.

zusätzlichen Energiequelle in Kontakt. Er aktiviert gewisse Teile des Gehirns, die ihn mit einem andern Geist verbinden. Die Menschen wissen im allgemeinen nichts davon, daß sie über solche Möglichkeiten verfügen.

(Lauter und humorvoll:) Nun, Ende der Sitzung. *(23.05 Uhr.)* Und einen schönen guten Abend.

(»Vielen Dank, Seth. Gute Nacht.«)

Sitzung 764, Montag, den 26. Januar 1976

(21.12 Uhr.) Nun: Guten Abend.

(»Guten Abend, Seth.«)

Diktat. Ihr erfahrt euch gewissermaßen an der Oberfläche, doch damit ihr Informationen von anderen Bewußtseinsebenen nutzen könnt, müßt ihr jene anderen Organisationssysteme erfahren lernen, mit denen ihr nicht vertraut seid.

Oft ist die scheinbare Bedeutungslosigkeit der Träume das Ergebnis eurer eigenen Unwissenheit in bezug auf die Symbolik und die Organisation der Träume. Ihr könnt beispielsweise auch »offenbarendes« Material falsch auslegen, da ihr es von eurer normalen, bewußten Sicht der Dinge aus zu ordnen versucht. So gehen viele wertvolle und praktische Einsichten verloren, die genutzt werden könnten. Ich werde nun ein paar einfache Übungen vorschlagen, die euch erlauben, euer »Wesensgefühl« direkt und neu zu erfahren.

Zunächst können die verschiedenen Organisationsformen der Psyche – auf einer Ebene wenigstens – mit verschiedenen Künsten verglichen werden. Musik ist, zum Beispiel, nicht besser als die bildenden Künste. Eine Skulptur kann nicht mit einer Musiknote verglichen werden. Ich sage also nicht, die eine Organisationsform sei besser als die andere. Ihr habt euch einfach auf eine von vielen Künsten des Bewußtseins spezialisiert, und diese eine kann durch das Wissen von den anderen und durch Üben derselben stark bereichert werden.

(21.20 Uhr.) Die Organisation der Träume hat nicht mit der Zeit zu tun, sondern mit dem Gefühlsleben und assoziati-

ven Prozessen. Wenn ihr versteht, wie eure Assoziationen ablaufen, werdet ihr viel eher in der Lage sein, eure Träume zu interpretieren und das Träumen schließlich zu einer Kunst zu machen.

Es gibt verschiedene Zugänge zu diesen Übungen. Die Idee dahinter ist, Emotionen und Ereignisse möglichst außerhalb des Zeitablaufs zu erfahren.

Wie ich schon oft erwähnte, beinhaltet das zelluläre Verstehen Wahrscheinlichkeiten, und es umfaßt Zukunft und Vergangenheit. Die Zeit, wie ihr sie versteht, existiert also nicht auf dieser Ebene. Ihr seid euch dieser Tatsachen aber nicht bewußt. Sozusagen am anderen Ende der Skala ist die Psyche ebenfalls zeitlos. Euer Bewußtseinsstrom läßt euch aber oft außerhalb der normalen Ordnung an Ereignisse denken. Ihr erhält beispielsweise von Tante Bessie einen Brief. Innerhalb eines Augenblicks mag dieser Brief Gedanken an eure Kindheit auslösen, so daß viele mentale Bilder durch euren Geist jagen. Ihr fragt euch vielleicht, ob eure Tante im nächsten Jahr die geplante Reise nach Europa machen wird, und dieser Gedanke mag Bilder einer vorgestellten Zukunft hervorrufen. All diese Gedanken und Bilder werden durch die Emotionen gefärbt, die verknüpft sind mit dem Brief und allen Ereignissen, die ihr und eure Tante gemeinsam erlebt habt.

Wenn ihr euch das nächste Mal in einer ähnlichen Situation befindet und die Assoziationen frei fließen, dann werdet ihr euch stärker bewußt, was ihr tut. Versucht, die momentane Mobilität zu spüren. Ihr werdet sehen, daß die Ereignisse nicht unbedingt nach der Zeit geordnet werden, sondern nach ihrem emotionalen Gehalt.

Gedanken an euren kommenden Geburtstag mögen euch beispielsweise an vergangene Geburtstage denken lassen, oder eine Serie von Bildern von eurem zwölften, dritten oder siebenten Geburtstag, die einer euch eigenen Ordnung folgt, mag euch in den Sinn kommen. Diese Ordnung wird durch emotionale Assoziationen bestimmt – genau gleich wie beim träumenden Selbst.

Was habt ihr vor drei Tagen zur Arbeit getragen? Was habt ihr vor einer Woche zum Frühstück gegessen? Wer ist im Kindergarten neben euch gesessen? Was hat euch zuletzt erschreckt? Habt ihr Angst vor dem Schlaf? Haben euch eure Eltern geschlagen? Was habt ihr gestern nach dem Mittagessen gemacht? Welche Farbe hatten die Schuhe, die ihr vor drei Jahren getragen habt? Ihr erinnert euch nur an bedeutsame Ereignisse oder Details. Eure Emotionen lösen eure Erinnerungen aus, und sie organisieren auch eure Assoziationen. Eure Emotionen werden durch eure Überzeugungen geschaffen. Sie binden sich aneinander, so daß gewisse Überzeugungen und Emotionen fast als synonym erscheinen.

(21.40 Uhr.) Wenn sich das nächse Mal eine Gelegenheit ergibt und ihr eine ziemlich starke Emotion in euch erkennt, dann laßt eure Assoziationen fließen. Ereignisse und Bilder werden in einem nichtzeitlichen Zusammenhang im Geist auftauchen. Einige der so erinnerten Ereignisse werden euch sinnvoll scheinen. Ihr werdet die Verbindung zwischen Emotion und Ereignis klar sehen, aber andere Verbindungen werden nicht so offenkundig sein. Wenn ihr damit fertig seid, dann ändert absichtlich die Reihenfolge. Erinnert euch an ein Ereignis und laßt darauf die Erinnerung an ein Ereignis folgen, das eigentlich zeitlich vorher kam. Tut, als ob das Zukünftige vor dem Vergangenen geschehen sei.

Nun zu einer anderen Übung. Stellt euch ein sehr großes Bild vor, auf dem die wichtigsten Ereignisse eures Lebens klar festgehalten sind. Betrachtet es zuerst als eine Serie von Szenen, die in kleinen Quadraten angeordnet sind und die man wie Comic strips anschauen kann. Die Ereignisse müssen für euch von Bedeutung sein. Wenn euch zum Beispiel die Reifeprüfung nichts bedeutet, dann laßt sie weg. Beginnt mit den Bildern in der Ecke links oben und hört rechts unten auf. Dann schaltet die Folge komplett um, so daß die frühesten Ereignisse in der Ecke rechts unten dargestellt sind.

Wenn ihr damit fertig seid, fragt euch, welche Szene die stärkste emotionale Antwort hervorruft. Sagt euch, daß diese

Szene größer und größer wird, und schaut im Geist zu, wie sie ihre Größe verändert. Da eine gewisse Dynamik mitspielt, wird eine solche Szene auch Elemente aus anderen Szenen anziehen. Laßt zu, daß die anderen Szenen aufbrechen. Das Hauptbild wird Elemente von allen anderen Bildern anziehen, bis ihr am Schluß ein ganz anderes Bild habt – eines, das aus vielen kleineren Szenen besteht, die aber auf eine neue Art und Weise miteinander verbunden sind. Ihr müßt diese Übung aber d u r c h f ü h r e n, denn bloß lesend erwerbt ihr euch nicht die gleiche Erfahrung wie durch eigentliches Üben. Und macht die Übung oft.

(21.54 Uhr.) Nun konstruiert bewußt einen Traum. Sagt euch, daß ihr dies tun werdet, und fangt mit dem ersten Gedanken oder Bild an, der oder das euch kommt. Wenn ihr mit eurem Tagtraum fertig seid, dann interpretiert ihn für euch selbst mit Hilfe freier Assoziationen.

Einige von euch werden diesen Übungen gegenüber einen Widerstand verspüren. Ihr genießt es, darüber zu lesen, aber ihr werdet alle möglichen Entschuldigungen finden, um die Übungen nicht selbst auszuprobieren. Wenn ihr ehrlich seid, werden viele ein Zögern spüren, da gewisse Bewußtseinsqualitäten ins Spiel gebracht werden, die eurer gewöhnlichen bewußten Erfahrung zuwiderlaufen.

Ihr mögt ein Gefühl haben, als ob ihr sozusagen eure Drähte kreuzt oder vage gefühlte psychische Muskeln streckt. Der Sinn liegt nicht hauptsächlich in der perfekten Ausführung der Übungen, sondern darin, euch in verschiedene Formen der Erfahrung und der Bewußtheit einzulassen, die sich einstellen, wenn ihr auf die vorgeschlagene Weise vorgeht. Man hat euch gelehrt, Wach- und Traumzustände nicht zu vermischen, nicht zu tagträumen. Ihr habt gelernt, eure ganze Aufmerksamkeit klar, zielbewußt und energisch in eine bestimmte Richtung zu lenken. Tagträumen oder ein Mischen bzw. Anpassen verschiedener Bewußtseinszustände erscheint auf eine herabwürdigende Art passiv, inaktiv, faul. *(Lauter:)* »Der Teufel hat Arbeit für faule Hände.«

Unglücklicherweise wurden zu bestimmten Zeiten gewisse Aspekte des Christentums überbetont; so beruht dieses Sprichwort auf dem Glauben an ein böses Selbst, das gezügelt und in konstruktive Bahnen gelenkt werden muß. Der Glaube an ein so unheilvolles Selbst hindert viele Menschen daran, ihr eigenes Selbst zu erforschen, was natürlich auch Erfahrungen ausschließt, die das Gegenteil nahelegen würden. Wenn ihr vor euch selbst und vor euren eigenen Erinnerungen Angst habt, werdet ihr eure assoziativen Prozesse blockieren, aus Angst zum Beispiel, daß Dinge wieder hervorkommen könnten, die am besten vergessen bleiben – und meistens drehen sich diese um die Sexualität.

(22.08 Uhr.) Sexualität ist oft der einzige starke Energieaustausch, durch den Menschen einander verbunden sind, und deshalb machen sie die Sexualität ganz allgemein zum Brennpunkt ihres ganzen Glaubens über das Selbst. Wenn ihr die empfohlenen Übungen macht, begegnet ihr vielleicht Bildern der Selbstbefriedigung, homosexueller oder lesbischer Liebe oder vielleicht einfach alten sexuellen Phantasien, und dann macht ihr sogleich einen Rückzieher, weil ihr glaubt, daß daran etwas schlecht sei.

Aus dem gleichen Grund könnt oder wollt ihr euch nicht an eure Träume erinnern. Viele Menschen sagen zu sich selbst, sie seien sehr begierig, die Natur und die Weite ihrer Psyche zu entdecken, und sie könnten nicht verstehen, daß sie bei diesem Streben so wenig Erfolg hätten. Gleichzeitig sind sie jedoch von Glaubensvorstellungen überzeugt, denen zufolge das Selbst schlecht sei. Diese Vorstellungen müssen ausgemerzt werden, denn wenn ihr den Dimensionen eurer Wesenheit nicht begegnen könnt, vermögt ihr um so weniger die größeren Dimensionen der Psyche zu erforschen. Dieses Blockieren der Assoziationen ist aber sehr vielen Menschen im Wege. Die Organisation der Psyche ist breiter und auf ihre Art vernünftiger als die meisten eurer bewußten Vorstellungen über das Selbst.

Viele Menschen befürchten, von ihrem inneren Forschen

weggetragen zu werden, ja verrückt zu werden. Doch die physische Struktur des Körpers und der Persönlichkeit ist fest in dieser Organisation der Psyche verwurzelt. Es ist nichts falsch an eurem bewußten Geist. Ihr habt ihn bloß mit einem Deckel versehen und erlaubt ihm nur beschränkt seine Funktion: Bewußtheit bis hierher, aber nicht weiter. Ihr habt euch gesagt: »Hier ist es sicher, bewußt zu sein, und hier nicht.«

Viele von euch halten es für sicher, eine Atombombe herzustellen, denken aber, es sei verrückt, Träume als ein Mittel zu verwenden, um das tägliche Leben zu manipulieren; oder sie glauben, daß es richtig sei, sich der Bakterien, Kriege und Katastrophen bewußt zu sein, daß es aber nicht angehe, sich der anderen Teile des Selbst bewußt zu sein, die solche Probleme lösen könnten.

Es geht nicht darum, das normale Bewußtsein zu verneinen, sondern es buchstäblich zu erweitern, indem man andere Realitätsebenen miteinbezieht, die wirklich innerlich wahrgenommen und genutzt werden können.

In diesem ganzen Buch werde ich viele Übungen vorschlagen. Bei einigen sind Abweichungen vom normalen Bewußtsein notwendig. Ich bitte euch vielleicht, die physischen Reize zu vergessen, oder schlage vor, sie zu verändern, aber ich sage niemals, daß eure Art des Bewußtseins falsch sei. Sie ist begrenzt, aber nicht von Natur aus, sondern wegen eurer eigenen Vorstellungen und Erfahrungen. Ihr habt sie nicht weit genug getragen.

Ihr könnt Pause machen. *(22.27 Uhr bis 22.43 Uhr.)*

Wenn ihr einmal am Einschlafen seid, dann versucht euch zu sagen, daß ihr so tun wollt, als ob ihr während des Schlafes wach wäret.

Suggeriert euch, daß ihr in eine andere Art der Wachheit eintretet, anstatt einfach einzuschlafen. Versucht, euch vorzustellen, daß ihr wach seid, während ihr schlaft. Wenn ihr ein andermal zu Bett geht, dann legt euch bequem hin und stellt euch beim Einschlafen vor, daß ihr am andern Morgen aufwacht. Ich sage euch nicht, wonach ihr suchen sollt. Die

Ausführung dieser Übungen ist wichtig, die Resultate im üblichen Sinn sind nicht wichtig.

Ich sagte, daß es verschiedene Arten des Wissens gibt, und diese Übungen verschaffen euch einen Zugang zu neuem Wissen, glaubt es. Wenn ihr die Übungen eine Zeitlang macht, werden sich euch neue Formen der Wahrnehmung erschließen, so daß ihr eure Erfahrung von mehr als nur einem Standpunkt aus sehen könnt. Dies bedeutet, daß sich eure Erfahrung an sich in ihrer Qualität ändern wird.

Versucht doch manchmal, wenn die Situation gerade günstig ist, euch bei vollem Wachbewußtsein vorzustellen, eure gegenwärtige Erfahrung des Augenblicks sei ein Traum und höchst symbolisch. Und dann versucht, sie als solchen zu interpretieren.

Wer sind die Leute da? Was tun, was stellen sie dar? Wenn sich diese Szene in einem Traum abspielte, was würde dieser dann bedeuten? Und in welches durch diesen Traum beeinflußte Wachleben würdet ihr am Morgen erwachen?

Diese Übungen werden euch neues Wissen und neue Gefühle zu Bewußtsein bringen, die euch bisher nicht bekannt waren. Euer Bewußtsein selbst wird nach den Übungen von einem neuen Gefühl getragen sein. Manche der euch bedrängenden Fragen finden vielleicht in einem solchen Zustand ihre Antwort, aber jedenfalls nicht in einer voraussehbaren und auch kaum in einer in bekannte Begriffe übersetzbaren Weise. Die verschiedenen Bewußtseinszustände, mit denen ich euch vertraut zu machen hoffe, sind euch jedoch nicht fremd. Träumend seid ihr in ihnen heimisch, auch stehen sie als Alternativen eurer gewohnten Bewußtheit immer bereit.

(22.58 Uhr.) Wenn ihr wieder einmal eine Straße abgeht, dann tut so, als ob ihr die Szene vom Himmel beziehungsweise von einem Flugzeug aus sehen würdet, und zwar auch euch selbst.

Wenn ihr im Haus sitzt, stellt euch vor, draußen auf dem Rasen oder auf der Straße zu sein.

Alle diese Übungen sollten mit einem Zurückkommen in die Gegenwart abgeschlossen werden: Ihr richtet eure Aufmerksamkeit so klar wie möglich nach außen auf den gegenwärtigen Moment und laßt Geräusche und Bilder eurer physischen Situation in eure Aufmerksamkeit eintreten.

Tatsächlich werden die anderen Übungen zu einem klareren Bild der Welt führen, da sie den Ablauf eurer Wahrnehmungen erleichtern und euch erlauben werden, Nuancen in der physischen Situation wahrzunehmen, die vorher eurer Aufmerksamkeit entgangen sind. Wir befassen uns hier mit der praktizierten direkten Erfahrung. Es nützt euch nichts, wenn ihr intellektuell versteht, was ich sage, aber praktisch nichts wißt. Die Übungen sind wichtig, weil sie euch über eure eigene größere Perspektive Aufschluß geben.

Vertraut weiterhin auf die bekannten Informationskanäle eurer Sinne, aber bezieht andere mit ein und beginnt, die unbekannten zu erforschen, die euch ebenfalls zur Verfügung stehen. Welche Informationen kommen euch beispielsweise zu über Dinge, die euch im Moment nicht gegenwärtig sind? Versucht, zukünftige Ereignisse vorauszusagen. Am Anfang spielt es keine Rolle, ob eure Voraussagen eintreffen, ob sie »wahr« sind. Ihr werdet euer Bewußtsein in Bereiche ausdehnen, die normalerweise außer Reichweite bleiben. Setzt aber, wie gesagt, keine großen Hoffnungen auf eure Voraussagen, sonst werdet ihr sehr enttäuscht sein, wenn sie nicht eintreten, und die für euch nützliche Übung abbrechen.

Wenn ihr weitermacht, werdet ihr tatsächlich bald erkennen, daß ihr über so manche zukünftige Ereignisse Bescheid wißt, auch wenn solches Wissen nicht auf dem gewohnten Weg zu erhalten ist. Wenn ihr über längere Zeit mit solchen Übungen fortfahrt, werdet ihr entdecken, daß ihr in manchen Fällen Erfolge, in anderen aber Mißerfolge zu verzeichnen habt. Es wird assoziative Muster geben, denen ihr euch mit Erfolg anvertrauen könnt und die euch zu »richtigen« Voraussagen führen. Ihr werdet auch erkennen, daß eure Emotionen bei solchen Vorgängen eine große Rolle spielen: Ihr werdet Informationen erhalten, die aus einem bestimmten gefühlsmäßigen Grund für euch von Bedeutung sind. Diese Bedeutung wird wie ein Magnet die entsprechenden Daten an euch heranziehen.

Im normalen Verlauf der Ereignisse zieht ihr nun auf die gleiche Art Erfahrungen an. Ihr ahnt Ereignisse voraus. Ihr seid euch ihrer bewußt, bevor sie geschehen sind, ob ihr nun mit euren bewußten Voraussagen Erfolg habt oder nicht. Ihr gestaltet schöpferisch euer Leben durch die euch bewußten Ziele und Vorstellungen.

(23.17 Uhr.) Obwohl eure Zukunft gelegentlich durch ein begabtes Medium korrekt vorausgesagt werden kann, ist die Zukunft nichts Feststehendes, sondern variabel. Der freie Wille spielt immer eine große Rolle. Aber viele Menschen haben Angst, sich an Träume zu erinnern, weil sie glauben, daß ein Katastrophentraum notwendigerweise von einem dementsprechenden Ereignis gefolgt sein muß. Die Beweglichkeit des Bewußtseins erlaubt eine viel größere Freiheit. Tatsächlich kann ein solcher Traum, gerade im Gegenteil, Anlaß sein, eine solche Wahrscheinlichkeit zu umgehen.

Erst wenn ihr eure eigene Freiheit in diesen Bereichen des Geistes richtig versteht, werdet ihr wagen, andere Bewußtseinszustände als die gewohnten und somit eure Träume zu erforschen. Solche Übungen sind aber nicht dazu da, die euch bekannte Welt zu verdrängen, sondern sie zu ergänzen, zu vervollständigen und euch zu erlauben, die wahren Dimensionen eurer Welt wahrzunehmen.

Es ist nicht nötig, Wach- und Traumzustand nach der gegenwärtig üblichen Mode zu trennen. Es handelt sich um Komplementärzustände; sie sind sich nicht entgegengesetzt. Eure normalen Alltagserlebnisse hängen in einem großen Ausmaß von eurer Traumerfahrung ab. Eure ganze Vertrautheit mit der Symbolwelt rührt direkt vom träumenden Selbst her.

In einem gewissen Sinn hat die Sprache selbst ihre Wurzeln im Traumzustand – und der Mensch träumte, daß er spreche, *(mit Nachdruck)* lange bevor die Sprache geboren wurde.

Er träumte vom Fliegen, und dieser Impuls führte zu den materiellen Erfindungen, die das mechanische Fliegen möglich machten. Ich meine dies nicht symbolisch, sondern wortwörtlich. Ich habe gesagt, daß das Selbst von Anfang an nicht auf den Körper begrenzt war. Dies bedeutet, daß das Bewußtsein über andere Mittel verfügt, Informationen zu empfangen, nämlich innerlich wahrzunehmen, und daß die Erfahrung im physischen Leben nicht auf das begrenzt ist, was im üblichen Sinne, das heißt sinnlich, wahrgenommen wird. Dies bleibt jedoch schöne Theorie, solange ihr euch nicht genügend Freiheit zugesteht, um mit anderen Formen der Wahrnehmung zu experimentieren.

Ende des Diktats und Ende der Sitzung. Außer wenn ihr Fragen habt . . .

(»Nein, nur wenn du zu einigen Fragen Stellung nehmen möchtest, die Jane beschäftigen.«)

Dann macht eine kurze Pause und gebt uns einen Augenblick Zeit. Entspanne deine Hand . . .

(Die Arbeit zum Buch endete um 23.35 Uhr. Danach sprach Seth über ein paar andere Dinge, die Jane interessierten.)

4
Die Psyche und ihre sexuellen Komponenten: Die Er und Sie – Die Sie und Er

Sitzung 765, Montag, den 2. Februar 1976

(21.23 Uhr.) Guten Abend.

(»Guten Abend, Seth.«)

Diktat: Viertes Kapitel: »Die Psyche und ihre sexuellen Komponenten«, neue Zeile: »Die Er und Sie«, Gedankenstrich, »Die Sie und Er.« Das war die Überschrift.

Verzerrte Vorstellungen über die Sexualität hindern viele Menschen daran, eine echte Beziehung zu ihrer inneren Erfahrung herzustellen, die, ob man will oder nicht, hinter dem gewöhnlichen Bewußtsein existiert. Deshalb ist es wichtig, die Psyche in bezug auf ihre geschlechtlichen Aspekte anzuschauen.

Die Psyche ist nicht männlich und nicht weiblich. Nach euren Überzeugungen wird sie jedoch, nicht zuletzt im Zusammenhang mit den künstlerischen Produkten ihrer Kreativität, oft dem Weiblichen gleichgesetzt. In demselben Kontext werden der Tag, der Verstand und der Wachzustand als männlich angesehen, während die Nacht, die Erde und das Traumbewußtsein für weiblich oder passiv gehalten werden. In ähnlicher Art wird, zum Beispiel, alles Aggressive gewöhnlich als affirmatives männliches Attribut betrachtet, wogegen alles Nährende als weiblich dargestellt wird.

Zunächst einmal kann es weder Männer noch Frauen geben, bevor es nicht Individuen gibt. Ihr seid also vor allem einmal Individuen. Erst in zweiter Linie seid ihr, in biologischer Hinsicht, eines bestimmten Geschlechts. Euer besonderer Brennpunkt ist für die große Bedeutung verantwortlich, die ihr dem Männlichen und dem Weiblichen beimeßt. Eure Hand und euer Fuß haben verschiedene Funktionen.

Wenn ihr die Unterschiede ihrer Funktionen betonen wolltet, könntet ihr aufgrund ihrer verschiedenen Fertigkeiten und Eigenschaften eine ganze Kultur errichten. Hände und Füße gehören aber offensichtlich zur »Ausrüstung« beider Geschlechter. Und doch stimmt dieser Vergleich auf einer anderen Ebene.

Die Psyche ist männlich und weiblich, weiblich und männlich; aber wenn ich dies sage, ist mir klar, daß ihr für diese Begriffe eure eigenen Bedeutungen und Begriffsbestimmungen habt.

(Pause um 21.38 Uhr.) In biologischer Hinsicht ist die sexuelle Gegenüberstellung die gewählte Methode, die das Fortdauern der Spezies sichert. Darüber hinaus gibt es aber keine unterschiedliche psychologische Eigenschaften, die mit diesen biologischen Funktionen verknüpft sind. Ich bin mir völlig bewußt, daß in eurer Erfahrung eindeutig physische und psychologische Unterschiede existieren. Diese Unterschiede sind das Ergebnis einer Programmierung; sie sind nicht notwendige Merkmale der Spezies, nicht einmal in biologischer Hinsicht.

Die Vitalität der menschlichen Spezies war dadurch garantiert, daß sie sich in sexuellen Belangen nicht überspezialisierte. Es gab, zum Beispiel, von jeher keine festgesetzte Paarungszeit. Die Menschheit konnte sich vielmehr frei vermehren, so daß sie auch in kritischen Zeiten nicht an starre Muster gebunden war, die zu ihrer Ausrottung hätten führen können.

(Eine von vielen langen Pausen.) Die Herausforderungen und Probleme der menschlichen Spezies waren verschieden von denen anderer Arten. Sie brauchte zusätzliche Sicherheiten. Eine davon war die flexible Paarungszeit. Das führte zu einer größeren Mannigfaltigkeit von individuellen Eigenschaften und Verhaltensweisen, so daß kein Individuum an eine strikte biologische Rolle gebunden war. Wenn dies nämlich so wäre, hätte sich die Menschheit nie mit etwas anderem als dem physischen Überleben befaßt, und dies

ist nicht der Fall. Rein physisch hätte die menschliche Spezies sehr gut auch ohne Philosophie, Kunst, Politik, Religion, sogar ohne Sprache überleben können. Sie hätte ganz anderen Wegen folgen können, die strikt nur auf das biologische Überleben ausgerichtet gewesen wären.

Dann hätte es keine Probleme gegeben mit Männern, die sogenannte frauliche Aufgaben erfüllen, oder mit Frauen, die sogenannte Männerarbeit leisten, denn dann hätte es keinen Freiraum für individuelles Handeln dieser Art gegeben.

Auch im Verhalten der Tiere gibt es einen viel größeren Freiraum, als ihr glaubt, denn ihr interpretiert das Tierverhalten nach den Vorstellungen, die ihr euch über euch selbst machtet. In gleicher Weise interpretiert ihr auch die Vergangenheit eurer eigenen Spezies. Es scheint euch, daß sich die Frau von jeher den Nachkommen widmen und diese zu pflegen, daß sie in der Nähe des Hauses zu bleiben hatte, während der Mann Feinde abwehren und Nahrung erbeuten mußte. Der ausschweifende Mann scheint deshalb viel neugieriger und aggressiver als die Frau zu sein.

Die tatsächliche Situation war ganz anders. Kinder kommen nicht in einer Sänfte an. Die Familie des Höhlenmenschen war eine viel »demokratischere« Gruppe, als ihr glaubt – Männer und Frauen arbeiteten Seite an Seite, die Kinder lernten das Jagen von beiden Eltern, unterwegs hörten die Frauen auf, die Kinder zu stillen. Die menschliche Spezies unterschied sich von anderen Arten dadurch, daß ihr sexuelles Verhalten nicht ritualisiert war.

(22.00 Uhr.) Außer der Tatsache, daß Männer keine Kinder gebären konnten, waren alle Fähigkeiten der Geschlechter austauschbar. Der Mann war gewöhnlich an Gewicht schwerer, was in mancher Hinsicht ein physischer Vorteil war, aber die Frau war leichter und konnte schneller laufen.

Die Frauen waren auch deshalb leichter, weil sie das zusätzliche Gewicht eines Kindes zu tragen hatten. Dennoch gab es immer auch Abweichungen wie heute; beispielsweise waren und sind große Frauen größer als kleine Männer. Die

Frauen konnten ebensogut jagen wie die Männer. Wenn Mitgefühl, Freundlichkeit und Sanftmut nur weibliche Eigenschaften wären, dann könnte kein Mann freundlich oder mitfühlend sein; dann wären ihm solche Gefühle biologisch nicht möglich.

Wenn eure Individualität durch euer biologisches Geschlecht programmiert wäre, könntet ihr buchstäblich nichts tun, was nicht dieser sexuellen Programmierung entspräche. Eine Frau kann einem Kind nicht Vater sein, ein Mann kann nicht ein Kind gebären. Da ihr aber andere Handlungen, die ihr für geschlechtsspezifisch haltet, ungeachtet eures Geschlechts frei ausführen könnt, ist die Ausrichtung in dieser Hinsicht bloß kulturell bedingt.

Ihr haltet den Mann für aggressiv, aktiv, verstandesscharf, erfinderisch, extravertiert, für den Erbauer der Zivilisationen. Ihr identifiziert das Ego mit dem Männlichen. Das Unbewußte scheint euch demgegenüber weiblich zu sein, und ihr seht die Frau als passiv, intuitiv, gebärend, nährend, kreativ, wenig erfinderisch, immer bemüht, den Status quo zu erhalten, und darum Veränderungen gegenüber abgeneigt. Gleichzeitig schätzt ihr alles Intuitive eher als bedrohlich ein, wie wenn es jederzeit explodieren und etablierte Muster zerreißen könnte (Gedankenstrich) – auf eine unbekannte Weise.

Künstlerisch begabte Männer befinden sich in einem gewissen Dilemma, da ihre aus dem Gefühlsleben schöpfende reiche Kreativität mit ihren Vorstellungen von Männlichkeit in Konflikt gerät. Auf der anderen Seite haben Frauen genau dieselben Probleme, wenn sie über Eigenschaften verfügen, die allgemein für männlich gehalten werden.

Wenn ich mich einer euren Vorstellungen angemessenen Formulierung bediene, so ist die Psyche ein Netzwerk weiblicher und männlicher Eigenschaften in einem gemeinsamen Freiraum. Die menschliche Psyche enthält männliche und weibliche Komponenten, die aber auf die verschiedenste Art und Weise zum Ausdruck kommen können. Ihr habt eure menschlichen Fähigkeiten zu Unrecht kategorisch geordnet, so daß ihr scheinbar insgesamt entweder Männer oder Frauen seid beziehungsweise in erster Linie Männer oder Frauen und erst in zweiter Linie Menschen seid. Eurer menschlichen Persönlichkeit kommt jedoch die primäre Bedeutung zu. Eure Individualität gibt eurem Geschlecht seine Bedeutung, nicht umgekehrt.

Ihr könnt Pause machen.

(22.23 Uhr bis 22.38 Uhr.)

Nun: Es steht im Gegensatz zu den gängigen Theorien über die Vergangenheit, aber zur Zeit der Höhlenmenschen, zum Beispiel, war die geschlechtliche Spezialisierung viel weniger ausgeprägt als heute.

Die Familie war eine kooperative Einheit. Die Zusammenarbeit, nicht der Wettstreit, bildete die Grundlage der Gesellschaft früherer Zeiten. Familien gruppierten sich. In einer solchen Gruppe gab es immer Kinder jeden Alters. Wenn einer Frau eine Geburt bevorstand, verrichtete sie jene Arbeit, die in den Höhlen oder deren Nähe getan werden konnte, wo sie auch andere Kinder beaufsichtigte. Die nichtschwangeren Frauen waren mit den Männern auf der Jagd oder auf Nahrungssuche unterwegs.

Wenn eine Mutter starb, übernahm der Vater ihre Aufgaben, denn die Gefühle der Liebe und Zuneigung waren in ihm genauso lebendig wie in der Frau. Nach der Geburt stillte eine Mutter ihr Kind, nahm es mit auf die Nahrungssuche oder ließ es manchmal auch in der Obhut anderer Frauen der Sippe. Oft stießen die Frauen nach der Geburt des Kindes gleich wieder zur Jägergruppe, und die Väter machten daheim Kleider aus Tierhäuten. Dies erlaubte dem Mann, nach einer langen Jagdperiode auszuruhen, und schloß aus, daß sich ein Familienmitglied zu sehr verausgabte. Die Arbeit wurde also wechselseitig verrichtet.

(Langsam:) Die Kinder – weiblichen und männlichen Geschlechts – begannen mit der Jagd und Nahrungssuche unter der Führung älterer Kinder, sobald sie dazu in der Lage

waren. Je stärker sie wurden, um so weiter entfernten sie sich von daheim. Qualitäten wie Erfindergeist, Neugier und Scharfsinn ließen sich nicht einem Geschlecht allein zuordnen. Die menschliche Spezies hätte eine solche einseitige Festlegung nicht überlebt.

(22.52 Uhr.) Ihr habt euch derart an eure materiell-mechanische Denkweise gewöhnt, daß ihr g l a u b t, ungebildete Menschen könnten den Zusammenhang von Geschlechtsverkehr und Geburt eines Kindes nicht verstehen. Ihr seid eure Erklärung der Geburt so sehr gewöhnt und diesbezüglich derartig festgelegt, daß euch andere Erklärungen als der Gipfel des Unsinns vorkommen. Es scheint euch deshalb richtig zu sein zu glauben, daß der Mensch der Vor- und Frühgeschichte den Zusammenhang von Verkehr und Geburt nicht verstanden habe.

Doch selbst Tiere verstehen ohne Worte, ohne Sprache, wie wichtig ihr sexuelles Verhalten ist. Der frühe Mensch war zweifellos nicht unwissender. Der Mann wußte, was er tat, auch ohne Handbuch über das menschliche Geschlechtsleben. Und die Frau verstand die Beziehung zwischen dem geborenen Kind und dem sexuellen Akt.

(Mit Nachdruck:) Es ist im höchsten Maße dumm zu glauben, die Frau hätte wegen der langen Schwangerschaftsdauer die Empfängnis des Kindes aufgrund des Geschlechtsverkehrs nicht erkennen können. Das Wissen des Körpers bedurfte keiner komplizierten Sprache. Demgegenüber ist sogar eure Erklärung der Geburt höchst begrenzt, wenn wir den Vorgang von einem anderen Standpunkt aus betrachten; sie ist gerade nur rein technisch korrekt.

Ein Kind, das den Eltern entstammt, ist auch ein Sproß der Erde; sein Gewebe ist ebenso ein Teil der Erde wie jeder Baum und jede Blume und die tosende Gischt des Ozeans. Ein Menschenkind ist es, das stimmt, aber ein Sproß, in dem die ganze Erdgeschichte enthalten ist – eine Schöpfung, in der nicht bloß die Eltern, sondern die ganze Natur neue Gestalt annahm, aus der auch die Eltern einmal hervorgingen;

es handelt sich um ein privates und doch öffentliches Geschehen, in dem sich die materiellen Elemente der Erde personifizieren und in dem Psyche und Erde zusammen wirken – in einer Geburt, die menschlich und auch göttlich ist.

Richtig besehen verstand der frühe Mensch diese Zusammenhänge viel besser als ihr. Er bediente sich der neu entwickelten Sprache, um vor allem dieses Wunder der Geburt auszudrücken. Denn er sah, daß er seine Art fortwährend erneuerte, genau wie alle anderen Arten sich ständig fortpflanzten.

Er fand immer mehr Land vor; er konnte laufen, so schnell er wollte, und reisen, so weit er wollte: Land, Bäume, Pflanzen, Tiere, das heißt Nahrungsmittel, waren immer vorhanden. Wenn er zu einer Wüste kam, wußte er immer noch, das fruchtbares Land irgendwo zur Verfügung stand, selbst wenn er es erst finden mußte. Die Erde, die Welt schien kein Ende zu haben. Es war tatsächlich eine unbegrenzte Welt in einer Weise, die ihr nur sehr schwer verstehen könnt; für euch ist die Welt zusammengeschrumpft.

(23.16 Uhr.) Diese unbegrenzte Welt erneuerte sich fortwährend. Kinder wurden geboren. Die Menschen waren mit dem Tod vertraut, denn viele Kinder wurden tot geboren oder auf natürlichem Wege abgetrieben. Aber auch dies gehörte zur natürlichen Ordnung der Dinge, und alles geschah viel leichter als heute. Nicht alle Samen fallen auf fruchtbaren Boden und bringen neue Früchte hervor, und die Samen, die nicht wachsen, bleiben im Boden und bilden die Grundlage für anderes Leben. Biologisch gesehen wächst und gedeiht ein Embryo – ich spreche hier sehr langsam, da ich euch für diese Idee gewinnen will –, und wenn das ihm innewohnende Bewußtsein auf die passende Form stößt, sind die Bedingungen für die Geburt eines gesunden Kindes gegeben. Wenn die Bedingungen nicht stimmen, entwickelt sich das Kind nicht richtig; die Natur treibt es ab. Die physischen Elemente kehren zur Erde zurück und werden zur Grundlage für neues Leben.

Nur jene Kinder überleben, die zeitlich und räumlich auf die Umwelt vollkommen eingestimmt sind. Dies bedeutet jedoch nicht, daß das Bewußtsein eines Kindes vernichtet wird, wenn es physisch nicht überlebt; aber es entwickelte sich nicht.

Immer bestand früher eine enge biologische Beziehung zwischen Mensch und Erde, so daß die Frauen auf natürlichem Weg empfingen, wenn die Bedingungen vom Klima, von der Nahrungsversorgung und anderen Faktoren her günstig waren.

Aufgrund einer Art biologischer Gewißheit wußten die Menschen im voraus, wann eine Trockenheit bevorstand, und zum Ausgleich veränderte sich automatisch die Empfängnisrate. Wenn Tiere sich selbst überlassen sind, reagieren sie auf dieselbe Weise.

Die Menschen der Frühzeit sahen sich der Tatsache gegenüber, daß sich alles in Fülle fortpflanzte, und diese Tatsache erweckte zuerst ihre Aufmerksamkeit. Später benutzten sie das, was ihr als Mythen bezeichnet, um diesen Überfluß zu erklären. Aber diese Mythen enthielten eine Art Wissen, das euren am Wörtlichen und Technischen klebenden spezifischen Interpretationen sexueller Vorgänge entgeht. Solches Wissen ist aber in der Psyche beheimatet. Wenn ihr mit eurer eigenen Psyche direkte Erfahrungen macht, dann werdet ihr sehr wahrscheinlich manchen Vorgängen begegnen, die nicht leicht mit euren Vorstellungen über eure sexuelle Natur zu vereinbaren sind.

Ihr könnt Pause machen.

(23.35 Uhr bis 23.49 Uhr. – Dies war das Ende des Buchdiktats. Seth gab noch ein paar Seiten Material für mich durch und beendete die Sitzung um 00.15 Uhr.)

Sitzung 768, Montag, den 22. März 1976

(Die letzten beiden Sitzungen, die hier ausgelassen sind, waren höchst interessant, gehören aber nicht zum Buchdiktat. Beide enthalten Angaben über den Selbstmord und erfolgten, nachdem wir vom Freitod eines jungen Freundes erfahren hatten. Wir hoffen, das Material bei anderer Gelegenheit veröffentlichen zu können.

Heute abend begann Seth mit der Arbeit an diesem Buch, genau da, wo er vor über einem Monat aufgehört hatte.)

Guten Abend.

(»Guten Abend, Seth.«)

Diktat: Fortsetzung unseres Kaminfeuergesprächs über Sexualität.

(Humorvoll:) Dies als Randbemerkung, die nicht unbedingt zum Buch gehört. Ihr könnt sie aber mit einbeziehen, wenn ihr wollt.

Eure Vorstellungen über die Sexualität und eure dementsprechenden Erfahrungen lassen sie euch als einseitig und sehr begrenzt sehen. Selbstverständlich ist das Wissen der Psyche viel umfassender. Bewußtseinsveränderungen oder Einblicke des einzelnen, der sein inneres Selbst erforscht, lassen allerdings eine Art von Sexualität durchschimmern, die aberriert erscheinen mag.

Auch wenn Sozialwissenschaftler und Biologen die menschliche Sexualität erforschen, erfolgt dies immer aus dem Rahmen heraus, in dem sich die Sexualität in eurem Erscheinungsbild der Welt manifestiert. Es gibt natürliche sexuelle Variationen, auch im Zusammenhang mit der Zeugung, die zur Zeit in keiner unserer Kulturen zu finden sind. Diese Variationen erscheinen jedoch in eurer Welt auf mikroskopischen Ebenen oder im Verhalten von anderen Spezien als der euren.

Neuer Absatz: Wenn die Bedingungen einer Spezies dies erfordern, kann ein Individuum einem Kind auch Vater und

Mutter sein.* In solchen Fällen würde sich das ereignen, was ihr als spontane sexuelle Umwandlungen bezeichnen würdet. Mikroskopisch lassen sich solche Prozesse sehr wohl nachweisen. Selbst in eurer Welt könnten Individuen, die als Frauen gelten, ihren eigenen Kindern Vater sein. Und als Männer geltende Individuen k ö n n t e n ein Kind zur Welt bringen, das von der gleichen Person gezeugt worden ist – wohlgemerkt »könnten«. Den Anlagen nach wäre dies möglich.

Die Verschiedenheit von Mann und Frau ist bei weitem nicht so ausgeprägt, wie es nach eurer Erfahrung zu sein scheint. Sie ist auch, wie schon gesagt, nicht so sehr an psychologische Eigenschaften gebunden, wie ihr denkt. Auch ist sie nicht i n h ä r e n t jenem Altersabschnitt vorbehalten, in dem sie sich im besonderen zeigt. Die Pubertät tritt ein, aber der Zeitpunkt ihres Eintretens verändert sich gemäß den Bedürfnissen, Bedingungen und Vorstellungen der Menschheit. Ein Individuum seid ihr euer ganzes Leben lang, ein sich fortpflanzendes Individuum aber nur für einen Teil eurer Lebzeit.

(Pause um 22.01 Uhr.) Während dieser Zeit der Fortpflanzungsfähigkeit kommen viele Faktoren ins Spiel, die das Geschlechtsleben für die beteiligten Individuen, für den Stamm, die Gesellschaft, die Zivilisation attraktiv machen sollen. Unter diesen Umständen ist die Bewußtheit des Geschlechts wichtig – aber *(lauter)* eine Überbetonung, vorher oder nachher, kann zu einem stereotypen Verhalten führen, durch das den höheren Bedürfnissen und Fähigkeiten des Individuums die Erfüllung versagt bleiben muß.

Das Ganze wird viel komplizierter infolge eurer Werturteile, die oft – ihr verzeiht mir – jeder natürlichen Vernunft

---

* Hier bezieht sich Seth auf Phänomene wie etwa das der Parthenogenese: die Fortpflanzung durch unbefruchtete Keimzellen, wie dies bei einigen Insekten, Algen usw. vorkommt. Es gibt auch eine künstliche Parthenogenese durch die Entwicklung eines Eies, die mechanisch oder chemisch stimuliert wird.

entbehren. Ihr könnt die Biologie nicht von eurem Glaubenssystem trennen. Die Wechselbeziehung ist zu lebendig. Wenn jeder Geschlechtsakt ein Kind hervorbringen müßte, wäre unser Planet schon überbevölkert gewesen, bevor ihr hättet dazu beitragen können. Sexuelle Betätigung ist vielmehr auch zum Vergnügen da, als ein Ausdruck reinen Überflusses. Oft mag sich eine Frau inmitten ihrer Periode sexuell am aktivsten fühlen, gerade dann also, wenn eine Empfängnis am wenigsten wahrscheinlich ist. Alle möglichen Tabus wurden gegen sexuelle Beziehungen während der Monatsblutung errichtet, besonders in sogenannten primitiven Kulturen. In solchen Kulturen sind Tabus dieser Art gewissermaßen berechtigt. Die Naturvölker, denen es ja stets um ihren Fortbestand ging, wußten intuitiv, daß die Bevölkerung anwachsen würde, wenn die sexuellen Beziehungen auf die Zeit beschränkt würden, in der eine Empfängnis am wahrscheinlichsten ist. Das Blut galt ihnen als ein offensichtliches Zeichen, daß die Frau während der Regel relativ unfruchtbar war. Ihre Fülle war dahin. Sie schien ihnen *(mit Nachdruck)* in dieser Zeit wirklich »verflucht» zu sein.

Ich habe bereits über das Entstehen des sogenannten Ich-Bewußtseins gesprochen, das, laßt mich dies wiederholen, seine einzigartigen Verdienste hat; doch die psychologische Orientierung wird die menschliche Spezies zu einem anderen, ebenso einzigartigen Bewußtsein führen.

Zu Beginn des individuellen Bewußtseinsprozesses mußte die Kraft der Natur »gebändigt« werden, so daß sich das wachsende Bewußtsein als von seinem natürlichen Ursprung losgelöst sehen konnte. Aber die Kinder, die für die Menschheit so nötig waren, kamen weiterhin aus dem Schoß der Frauen. So war der natürliche Ursprung präsent, anschaubar und nicht zu leugnen. Aus diesem Grund errichtete unsere Spezies – und nicht nur die Männerwelt – so viele Tabus für das Verhalten und die Sexualität der Frau. Durch diese »Unterwerfung« der eigenen weiblichen Komponenten versuchte der Mensch, Distanz zu gewinnen von der großen natürlichen Quelle, von der er sich aus besonderen Gründen abzusetzen versuchte.

(Pause um 22.25 Uhr.) Wollt ihr einen Unterbruch?

(»Nein.«)

In der Welt eurer Erfahrung nehmen die sexuellen Unterschiede mit zunehmendem Alter ab. Manche Frauen entwikkeln sogenannte männliche Eigenschaften, bekommen Haare im Gesicht, am Kinn, eine tiefere Stimme oder werden eckiger, während Männer mit behenderer und hellerer Stimme sprechen können als zuvor, und ihre Gesichter werden ebenso weicher wie die Konturen ihres Körpers.

Vor der Pubertät besteht die gleiche scheinbare Ambiguität. Ihr betont die Bedeutung der sexuellen Identifikation, weil ihr glaubt, ein Kind müsse wissen, daß es als Mann oder Frau aufwächst, präzise gesagt *(lauter)*: sich an die am wenigsten auffallende Leitlinie hält.

Schon die geringfügigste Abweichung gilt als verpönt, so daß persönliche Eigenart und persönlicher Wert vollkommen mit der Identifikation als Frau oder Mann verbunden sind. Von Frauen und Männern werden gegensätzliche Eigenschaften und unterschiedliche Fähigkeiten und Verhaltensweisen erwartet. Ein Mann, der sich nicht vollkommen als Mann fühlt, zweifelt deshalb an seiner persönlichen Identität. Eine Frau, die an ihrer vollkommenen Weiblichkeit zweifelt, verliert ihr Vertrauen auf die Unversehrtheit ihrer Persönlichkeit.

Lesbische Frauen und homosexuelle Männer befinden sich auf psychologisch sehr unsicherem Grund, da die Fähigkeiten und Interessen, die sie als ihre ureigensten empfinden, sie als sexuelle Exzentriker kennzeichnen.

Diese Beispiele sind einfach genug, daß sie jedermann versteht. Jedenfalls erlebt der Mann, der über Anlagen und Eigenschaften verfügt, die von eurer Kultur für weiblich gehalten werden, und infolgedessen ganz natürlicherweise einen Interessenbereich anstrebt, der als weiblich betrachtet wird, einen drastischen Konflikt zwischen dem Wesen, als das er sich fühlt, und jenem, das er, insbesondere auch hinsichtlich seiner Sexualität, nach den Spielregeln der Gesellschaft sein sollte. Das gleiche gilt natürlich auch für Frauen entsprechender Anlagen.

Infolge eurer übertriebenen Betonung der »Sexualität«, wie ihr sie versteht, werdet ihr für deren andere Aspekte ziemlich blind. Zunächst einmal führt Sexualität an sich nicht notwendigerweise zur geschlechtlichen Vereinigung. Sie kann sich auch ausleben, ohne Kinder hervorzubringen. Lesbische oder homosexuelle Betätigung, wie ihr sie seht, ist, biologisch und psychologisch gesehen, ein natürlicher Ausdruck der Sexualität. In einer »idealeren« Umgebung müßten solche Aktivitäten nicht unterdrückt werden.

Für alle Leser, die dies wörtlich nehmen: Es bedeutet nicht, daß dann derartiges überwiegen würde. Es bedeutet vielmehr, daß nicht jede sexuelle Aktivität zur Geburt eines Kindes führen muß – was eine biologische Unmöglichkeit ist und zu einer Katastrophe führen würde. Die Menschheit verfügt, *(lauter)* wenn ihr wollt, über viele Möglichkeiten, ihre Sexualität auszudrücken. Die zur Zeit vorherrschende Sexbesessenheit behindert das Aufblühen anderer Ausdrucksformen wie echter Freundschaften, die nicht zu sexuellen Abenteuern ausmünden müssen.

In ihrer heutzutage praktizierten Form sind die lesbische Liebe und die Homosexualität übertriebene Versionen natürlicher Neigungen, genau wie die von euch erfahrene Form der Heterosexualität von Übertreibungen gekennzeichnet ist.

Ihr könnt Pause machen oder, wenn ihr wollt, die Sitzung beenden.

(»Dann machen wir eine Pause.«

22.50 Uhr. Nach der Pause kam Seth wieder durch mit ausgezeichnetem Material für Jane und mich. Dabei besprach er auch seine Beziehung zu uns und den Platz, den seine Bücher in unserem Leben einnehmen. Ende um 00.05 Uhr.)

Sitzung 769, Montag, den 29. März 1976

(Jane hatte ihr Buch »Psychic Politics« zu Ende getippt und mehr Material zu dem Manuskript erhalten, das sie jetzt »The World View of Paul Cézanne« nennt. Wie schon den ganzen Winter über stand sie mit der Morgendämmerung auf, um zu schreiben und die ersten Stunden des Tages zu genießen. Vor der heutigen Abendsitzung sprachen wir über die Wichtigkeit von Seths Material über die menschliche Sexualität und gaben der Hoffnung Ausdruck, daß er es noch erweitern würde. – 21.20 Uhr.)

Nun, guten Abend.

(»Guten Abend, Seth.«)

Diktat. Der sogenannte Kampf der Geschlechter in all seinen Abarten ist nicht »natürlich« – genausowenig wie das Kämpfen zwischen Angehörigen des gleichen Geschlechts. Selbst im Königreich der Tiere kämpfen die männlichen Tiere nicht bis zum Tod um ein Weibchen, wenn sie in ihrer natürlichen Umgebung sind.

Ich werde die von mir gemeinte Bedeutung des Wortes »natürlich« später erklären. Selbst wenn ihr nämlich das Verhalten der Tiere in ihrer scheinbar natürlichsten Umgebung beobachtet, entgehen euch die grundlegenden Verhaltensmuster solcher Kreaturen, da ihr sie in den isolierten Bezirken eurer Schutzgebiete studiert, die nur in e u r e r Welt existieren. Ihr könnt nicht einfach eine, zwei oder zwanzig natürliche Regionen offiziell zu Naturschutzgebieten erklären, in denen ihr das Leben der Tiere beobachtet, und erwarten, daß ihr etwas anderes findet als die jeweilige Anpassung jener Geschöpfe – eine Anpassung, die ihren »natürlichen« Reaktionen überlagert erscheint.

Das Gleichgewicht der Biotope, der Wandertrieb der Tiere, die Wetterbedingungen – all dies müßte in Betracht gezogen werden. Die Beobachtung der Tiere in eingezäunten »Naturparks«, in die die Tiere eingesperrt sind, liefert nur ein verzerrtes Bild ihres natürlichen Verhaltens. Die Zivilisation bindet sie fest. Und andere Tiere bleiben ausgeschlossen. Aber Jäger und Beute hängen voneinander ab. In jeder Hinsicht paßt sich das Tierverhalten neuen Bedingungen so gut wie möglich an, auch das Sexualverhalten. Mehr oder weniger sind die Tiere geradezu konditioniert worden, sich an die veränderte Welt anzupassen. Da der Mensch offenlichtlich ein Teil der Natur ist, sagt ihr vielleicht: »Aber die vom Menschen verursachten Veränderungen sind natürlich.« Wenn ihr aber das Verhalten der Tiere studiert und anhand ihrer sexuellen Verhaltensweisen bestimmte Äußerungen der menschlichen Sexualität zu erklären versucht, dann schließt ihr diese Momente nicht in eure Betrachtungen mit ein, sondern tut, als ob das unter solchen Sonderbedingungen beobachtete Tierverhalten einen Hinweis auf die ursprüngliche biologische Natur des Tieres abgäbe.

(21.35 Uhr.) Es ist für Männer nicht natürlich, Frauen zu bekämpfen. Dies ist ein rein kulturbedingtes, angelerntes Verhalten. Nach Kriterien eures Geschichtsverständnisses hätte die menschliche Spezies einen solchen Verschleiß an Energie nicht überstanden, noch hätte die Energie für einen solchen andauernden Streit ausgereicht.

Jede Spezies strebt nach Zusammenarbeit, auf der im Grunde alle irdische Existenz beruht. Ihr projiziert eure gegenwärtigen Vorstellungen zurück in die Vergangenheit und mißdeutet so manches, was ihr in der Natur beobachtet. Die Zusammenarbeit, von der ich spreche, beruht auf Liebe, und diese Liebe hat eine biologische und auch eine spirituelle Grundlage. Eure Überzeugungen lassen euch, zum Beispiel, leugnen, daß auch Tiere ein Gefühlsleben haben, und jede Äußerung der Tierliebe wird »blindem« Instinkt zugeschrieben.

Kirchen und Wissenschaften tragen für diese Fehleinschätzungen weitgehend die Verantwortung, aber Priester und Wissenschaftler sind keine fremden Autoritäten, die euch aufgezwungen werden. Sie verkörpern verschiedene Aspekte von euch selbst. Die Menschheit entwickelte eine eigene Art von Bewußtsein, da sie es für nötig hielt, sich selbst von ihrer Umwelt und den anderen Geschöpfen der Natur zu isolieren. Als Ergebnis davon lehrten die Religionen, daß nur der Mensch über eine Seele verfüge und mit Gefühlen gesegnet sei. Die Wissenschaft ihrerseits postulierte einen Menschen in einer mechanischen Welt, in der jedes Geschöpf von einer einwandfrei funktionierenden Maschine angetrieben wird, die gegen Schmerz und Lust gleichermaßen blind ist.

Liebe und Zusammenarbeit, die Grundlagen allen Lebens, zeigen sich aber auf vielerlei Arten. Die Sexualität stellt einen Aspekt davon dar, einen wichtigen. Im weiten Sinn: Es ist genauso natürlich für einen Mann, einen Mann zu lieben, und für eine Frau, eine Frau zu lieben, wie für das andere Geschlecht Liebe zu empfinden. Deshalb ist es natürlicher, bisexuell zu sein. Dies ist die »natürliche« Natur der menschlichen Spezies.

Statt dessen habt ihr die Liebe in ganz bestimmte Kategorien gezwängt, so daß sie nur unter sehr engen Bedingungen statthaft ist. Die Liebe geht »in den Untergrund« und kommt in verzerrten Formen und übertriebenen Tendenzen wieder zum Vorschein. Diesen Kurs habt ihr in verschiedenen Zeiten aus verschiedenen Gründen verfolgt. Eure sexuelle Situation ist ein weiterer Spiegel eures Bewußtseinszustandes. Eure Gesellschaft setzt Sex der Liebe gleich, zur Zeit wenigstens hier im Westen. Ihr glaubt, daß Sexualität der einzige natürliche Ausdruck der Liebe sei. Demnach müßte sich die Liebe, *(humorvoll und tiefer)* ausschließlich auf die Erforschung der Geschlechtsteile des Geliebten beschränken.

Dies ist jedoch nicht die einzige Diminuierung, der ihr die Liebe unterwerft. Es gibt unzählige Sexaufklärungsbücher, die Methoden vorgeben, wie man es »richtig« macht. Bestimmte Arten des Orgasmus sind »die besten«. Erotische Liebesbezeugung wird zudem nur zwischen Partnern entgegengesetzten Geschlechts erlaubt. Im allgemeinen müssen diese Individuen auch mehr oder weniger gleichen Alters sein. Und es gibt noch viele andere Tabus aufgrund rassischer, kultureller, religiöser, sozialer oder ökonomischer Vorurteile. Wie wenn dies noch nicht genug wäre, glauben weite Kreise der Bevölkerung, daß Sex etwas Schlechtes sei, eine befleckende Sünde wider den Geist, die Gott nur zur Fortpflanzung der Spezies erlaubt.

(Pause um 22.02 Uhr.) Da Liebe und Sex gleichgesetzt werden, ergeben sich natürlich Konflikte. Mutterliebe ist die einzige Ausnahme, die als gesund angesehen wird, da sie unter fast allen Umständen jenseits von Sex steht. Ein Vater kann sich wegen seiner Liebe zu seinen Kindern schuldig fühlen, weil er glauben gelehrt wurde, daß Liebe nur durch Sex ausgedrückt werden könne oder daß, nachdem Sex mit den eigenen Kindern ohnehin tabu ist, solche nichtsexuelle Liebe unmännlich sei.

Auf den Wellen der Liebe reitet nun aber die Kreativität. Wenn sich Liebe nicht natürlich ausdrücken kann, leidet die Kreativität. Eure Überzeugungen führen zur Annahme, daß eine natürliche Bisexualität zum Tod der Familie führen würde, zur Zerstörung der Moral, zu zügellosen Sexualverbrechen und zum Verlust der sexuellen Eigenart. Ich würde aber sagen, daß dieser mein Ausspruch *(mit trockenem Humor)* vielmehr eure gegenwärtige Situation genau beschreibt. Eine Annahme der natürlichen Bisexualität des Menschen würde diese und viele andere Probleme letztlich lösen, so auch das der verbreiteten Gewaltakte jeder Art. Dies wäre jedoch, nach eurem Verständnis und in eurer Situation, kein leichter Übergang.

Die Eltern-Kind-Beziehung, die über eine eigene, einzigartige Gefühlsstruktur verfügt, so daß sie selbst die ihr auferlegten Verzerrungen überlebt, würde in ihrer ursprünglichen Integrität gestärkt, nicht geschwächt, wenn eure bisexuelle Natur stärker betont würde. Die Kinder wären viel besser dran, wenn die traditionellen Elternqualitäten nicht so ausschließlich der Mutter anhafteten. Dies führt bloß zu einer übergroßen Abhängigkeit von der Mutter und zu einer künstlichen Allianz von Mutter und Kind gegen den Vater.

Ihr könnt Pause machen.

(22.16 Uhr bis 22.38 Uhr.)

Nun: Heterosexuelle Liebe ist ein wichtiger Ausdruck der Bisexualität des Menschen und gewährleistet seine Fortpflanzung. Aber auch das auf das andere Geschlecht gerichtete Geschlechtsempfinden ruht auf der bisexuellen Grundlage, und ohne die bisexuelle Natur des Menschen *(mit Nachdruck)* wären die Erweiterungen der Familie – Sippe, Stamm, Gesellschaft, Zivilisation – unmöglich.

Im Grunde bildet also die dem Menschen innewohnende Bisexualität die Basis der Zusammenarbeit, die physisches Überleben und jede Art kultureller Errungenschaften möglich macht. Wenn der »Kampf der Geschlechter« wirklich so sehr im Vordergrund, so natürlich und grausam wäre, wie gemeinhin angenommen wird, dann gäbe es keinen Anlaß für irgendeine Zusammenarbeit von Mann und Frau. Es gäbe auch keine Zusammenarbeit unter Männern oder unter Frauen, da sie in einen ständigen Kampf gegeneinander verstrickt wären.

Im natürlichen biologischen Fluß des Lebens eines Menschen gibt es verschiedene Strömungen, in denen sich die Liebe und ihr Ausdruck in verschiedenen Richtungen hin- und herbewegen, ganz abgesehen vom Wechselspiel der Erfahrungen individueller Art. Diese natürlichen Rhythmen werden aber nur selten bemerkt. Lesbische oder homosexuelle Tendenzen sind bei Kindern ziemlich natürlich. Sie sind jedoch so gefürchtet, daß mit ihnen oft auch die natürlichen Neigungen ihres heterosexuellen Empfindens blockiert werden. Der junge Mensch wird in ein stereotypes Muster gepfercht.

In der Adoleszenz bricht oft der individuelle Hang zur Kreativität durch. Wenn solche Neigungen in beiden Geschlechtern nicht dem vom jungen Mann oder Mädchen erwarteten Ausdruck entsprechen, wird der junge Mensch verwirrt. Der schöpferische Ausdruck scheint in einem direkten Widerspruch zu dem erwarteten sexuellen Aufbruch zu stehen.

Ich sage nicht, lesbische beziehungsweise homosexuelle Liebe seien Stufen, die zur Heterosexualität führen. Ich sage vielmehr, daß lesbische Liebe, Homosexualität und Heterosexualität gültige Manifestationen der bisexuellen Natur des Menschen sind.

(Langsames Tempo um 22.54 Uhr.) Ich betone auch die Tatsache, daß Liebe und Sexualität nicht das gleiche sind. Sex ist ein Ausdruck der Liebe, aber nur e i n e von vielen möglichen Ausdrucksformen der Liebe. Manchmal ist es ganz »natürlich«, Liebe auf eine andere Art auszudrücken. Wegen der Vieldeutigkeit des Wortes »Sex« glauben vielleicht einige von euch, daß ich für eine wahllose sexuelle Beziehung eintrete, in der *(lachend)* »keine Löcher verschlossen sind«. Ihr könnt das streichen.

Ich sage vielmehr, daß tiefere Bindungen der biologischen und seelisch-geistigen Liebe allen persönlichen und kulturellen Beziehungen zugrunde liegen, einer Liebe, die e u r e V o r s t e l l u n g e n von der Sexualität übersteigt. Wie diese Liebe zu verstehen ist, mag euch am Beispiel der Liebe einer Familie von Eltern und Kindern einleuchten, einer wichtigen Zelle, um die sich andere Gruppierungen bilden. Wenn aber die stereotypen Vorstellungen von der Mann-Frau-Beziehung zutreffend wären, dann gäbe es keine solche Bande und keinen Grund, eine Familie an eine andere zu binden. Die Feindschaft zwischen den Männern wäre zu groß, der Wettbewerb zwischen den Frauen zu hart. Kriege würden die kämpfenden Stämme auslöschen, bevor sich überhaupt Traditionen herausbilden könnten.

In unserer Gesellschaft wie in der mikroskopischen Welt ist die Zusammenarbeit von überragender Bedeutung. Nur die zugrunde liegende Bisexualität kann dem Menschen den nötigen Freiraum verschaffen und ihn befähigen, stereotypes Verhalten zu vermeiden, das die Kreativität und die zwischenmenschlichen Beziehungen behindert. Diese grundlegende sexuelle Natur ermöglicht euch erst die Vervollkommnung eurer individuellen Fähigkeiten, so daß die menschliche Spezies nicht ausgerottet werden kann. Es ist deshalb für die Zukunft des Menschen absolut notwendig, daß er seine bisexuelle Natur anerkennt.

Natürlich gibt es offensichtliche Unterschiede zwischen den Geschlechtern. Sie sind jedoch bedeutungslos und erscheinen nur so groß, weil ihr euch so sehr an sie klammert. Die großen menschlichen Qualitäten wie Liebe, Kraft, Mitgefühl, Vernunft und Phantasie sind nicht dem einen oder anderen Geschlecht vorbehalten.

(23.13 Uhr.) Nur ein Verstehen dieser angeborenen bisexuellen Natur wird diese Qualitäten in jedem Individuum ohne Rücksicht auf sein Geschlecht freisetzen. Die Menschen aller Rassen verfügen über die gleichen Fähigkeiten und natürlichen Anlagen; aber ihr habt schon immer dieselben Unterscheidungen im Hinblick auf die verschiedenen Rassen wie in bezug auf die Geschlechter gemacht. Bestimmte Rassen erscheinen euch weiblich, andere männlich. Ihr projiziert eure Vorstellungen nach außen auf die Nationen, und eure Terminologie, die ihr für Nationen und Kriege bereithaltet, entstammt dem gleichen Repertoire, mit dem ihr über Sex redet. So sprecht ihr beispielsweise von Beherrschung und Unterwerfung, vom Herrn und vom Sklaven, von der Vergewaltigung eines Volkes usw. – lauter Begriffe, die gleichermaßen für den Krieg und für den Sex gebraucht werden.

Mann und Frau sind ebenbürtige Träger der Menschheit – oder Spezies, wenn ihr wollt –, so daß das Trennende zwischen Mann und Frau offensichtlich von der Spezies für die Spezies etabliert wurde. Es stellt das Ergebnis von Bewußtseinsexperimenten dar, die eine Trennung zwischen der Menschheit selbst und dem Rest der natürlichen Welt herbeiführten.

Ihr könnt Pause machen.

(23.24 Uhr bis 23.33 Uhr.)

Nun. *(Wieder mit trockenem Humor:)* Vor meinem Kommentar für Ruburt: Ich glaube, meine gewagte Bemerkung über die »nicht verschlossenen Löcher« stimmt ziemlich mit dem Inhalt dieses Materials überein. Es ist schwierig, zimperlich zu sein, wenn man ein solches Thema bespricht – aber wenn ihr glaubt, daß andere Menschen sich verletzt fühlen könnten, dann macht, wie ihr wollt.

(Seth gab noch Material für Jane durch und beendete die Sitzung um 00.09 Uhr.

Bis zur folgenden Sitzung, bei der sie darüber sprach, wußte ich nicht, daß sich Jane wegen Seths Bemerkung über die Löcher leicht nicht wohl fühlte. Bei mir war das anders. Ich glaubte, sie reagiere mit Humor wie offensichtlich auch Seth. Wir beschlossen jedenfalls, die Passage nicht zu streichen.

Wir waren beide sehr froh, daß dieses Material über die Sexualität zutage gefördert wurde, da wir viele Briefe von Männern und Frauen erhalten hatten, die an ihrer sexuellen Eigenart zweifelten und oft von tiefen Schuldgefühlen überwältigt waren, weil sie sich zur lesbischen Liebe oder Homosexualität hingezogen fühlten.)

Sitzung 770, Montag, den 5. April 1976

(21.41 Uhr. Humorvoll und ohne weitere Begrüßung:) Sextat.

(»Gut.«)

Eure Identität hängt ganz einfach nicht von eurer psychologischen oder biologischen Sexualität ab. Eure sexuelle Eigenart stellt einen Teil eurer Persönlichkeit dar. Sie bestimmt wichtige Ausdrucksmöglichkeiten und Schwerpunkte, um die ihr eure Erfahrungen gruppiert. Eure sexuelle Eigenart ist e i n T e i l e u r e r N a t u r, aber sie bestimmt sie nicht.

Eure Überzeugungen strukturieren eure Erfahrung individuell und en masse in einer Weise, daß sich diesen Vorstellungen widersprechendes Material nur selten oder wenn, dann in verzerrter und übertriebener Form zeigt. Biologisch und psychologisch ist es ganz natürlich, sich so zu verhalten, nachdem das den Überzeugungen Widersprechende in eurer Gesellschaft nicht zulässig ist und es eurem eigenen Bild der menschlichen Geschichte zuwiderläuft. Von euren Definitionen her ist es dann für manche Menschen ziemlich natürlich, sich sexuell als Männer, psychologisch aber als Frauen zu verhalten. Für andere ist es ziemlich »natürlich«, sich umgekehrt zu verhalten.

Dies mag schwierig zu verstehen sein, da ihr die psychologischen Charakteristika, gleich welcher Art, den sexuellen zuordnet. Es wird immer Menschen geben, die naturgemäß die Erfahrung der Elternschaft suchen. Nicht alle von ihnen werden jedoch notwendigerweise zu jeder Zeit heterosexuelle Erfüllung suchen.

Das größere Konzept der menschlichen Persönlichkeit setzt eine bisexuelle Ausrichtung voraus, die den sexuellen Bedürfnissen einen Freiraum überläßt – einen Freiraum, der den Rahmen bildet, in dem das Individuum Gefühle, Fähigkeiten und Eigenschaften ausdrücken kann, die auf die natürlichen Neigungen der persönlichen Psyche und nicht auf sexuelle Klischeemodelle abgestellt sind. Ich spreche hier nicht von so simplen Dingen wie dem Aufruf, daß man den Frauen mehr Freiheit geben oder die Männer von ihrer traditionellen Brötchenverdienerrolle entbinden sollte. Und ich spreche sicher gleichfalls nicht von einer »offenen Ehe«, wie sie gegenwärtig propagiert wird. Es geht um viel Größeres. Bevor wir dies aber erörtern können, möchte ich noch ein paar Punkte besprechen.

(21.58 Uhr.) Es gibt biologische Möglichkeiten, die unter den herrschenden Umständen kaum aktiviert werden, die auf unser Thema einen Einfluß haben.

Die Pubertät tritt zu einem, sagen wir einmal, bestimmten Zeitpunkt ein. Sie wird von tiefwurzelnden Mechanismen ausgelöst, die vom Zustand der natürlichen Welt, von der Kondition der Menschheit und jenen kulturell bedingten

Vorstellungen abhängen, die ihr der natürlichen Welt in einer bestimmten Weise übergestülpt habt. In anderer Hinsicht ist eure kulturelle Umwelt ebenfalls natürlich. Die Pubertät stellt sich also zu einer Zeit ein, die variiert. Danach ist es möglich, ein Kind zu zeugen oder zu empfangen. Nach einer gewissen Zeit ist diese Periode wieder vorbei. Während dieser sogenannten sexuell aktiven Zeit werden die größeren Dimensionen der Persönlichkeit streng auf sexuelle Verhaltensklischees eingeengt – und alle zu diesen nicht passenden Identitätsaspekte werden ignoriert oder verleugnet. Tatsächlich passen nur wenige Menschen in die ihnen auferlegten Rollen. Diese Rollen sind weitgehend das Ergebnis religiöser Interpretationen, wie diese im allgemeinen verstanden werden. Und die Wissenschaftler haben trotz all ihrer scheinbaren Unabhängigkeit oft einfach nur neue, intellektuell akzeptable Gründe für unbewußt vorhandene Vorstellungen vom Gefühlsleben gefunden.

Es gibt ein Lebensalter, dessen biologische Möglichkeiten nur selten ausgeschöpft werden. Wir begegnen ihm oft in den »faulen Witzen« über die Senilität und eine zweite Kindheit. Die besonderen latenten biologischen Fähigkeiten zeigen sich nur in den seltensten Fällen – vor allem deswegen, weil es sich um heutzutage kaum als wünschenswert erachtete Möglichkeiten handelt. Dessenungeachtet ist der Körper aber sehr wohl fähig, sich im hohen Alter vollständig zu regenerieren. Tatsächlich ist eine ganz legitime zweite Pubertät möglich, in welcher der Samen des Mannes jugendlich, stark und vital ist und der Mutterleib der Frau geschmeidig und gebärfähig. Nicht zufällig gibt es biblische Erzählungen von Geburten, die auf diese Weise zustande kamen.

In Zeiten der Übervölkerung ist dergleichen nicht wünschenswert. Doch hier ist einfach von einer der kaum aktivierten physischen Fähigkeiten der Natur die Rede. In bestimmten Gebieten der Welt leben die Angehörigen isolierter Völker über hundert Jahre gesund und kräftig, weil sie von euren Glaubensvorstellungen unberührt sind und mit der

Welt, wie sie diese kennen und verstehen, im Einklang leben. Gelegentlich kommt es dann zu einer solchen zweiten Pubertät und der daraus resultierenden Geburt eines Kindes.

(22.18 Uhr.) Gewöhnlich folgt die zweite Pubertät der gleichen sexuellen Ausrichtung wie die erste, jedoch nicht immer. Es ist gut möglich, daß das Gegenteil zutrifft.

Dank eurer medizinischen Mittel werden so manche alte Menschen lange genug am Leben erhalten, daß der Prozeß der zweiten Pubertät einsetzen könnte. Regelmäßig aber läuft er in verzerrter Form ab; er ist bisweilen zwar psychologisch wahrzunehmen, wird biologisch aber vereitelt, und die zweite Pubertät endet dann in einer Sackgasse. Sie kann nirgendwo hinführen. Biologisch ist sie zur Zeit weder wichtig noch notwendig.

Wenn man die alten Leute sich selbst überließe, würden nicht wenige mit einem zufriedenen Gefühl sterben. Infolge der medizinischen Versorgung aktiviert jedoch der physische Mechanismus seine Mittel, den Körper zu revitalisieren und die erwähnte zweite Pubertät herbeizuführen – die auf natürlicher Weise ebenfalls, doch nur unter völlig anderen Bedingungen aktiviert würde: bei einem lebhaften Geist und einem ungebrochenen Willen. Nun besteht in einem gewissen Ausmaß ein Zusammenhang zwischen dieser angeborenen, aber selten beobachteten zweiten Pubertät und der Entwicklung von Krebs, bei der das Zellenwachstum eine übertriebene Form annimmt. . .

(Lange Pause.) Gebt uns einen Augenblick. . . Seitens fast aller Krebspatienten wird seelisch-geistiges Wachstum geleugnet, oder das Individuum hat das Gefühl, daß es in persönlichen, nämlich psychischen Belangen nicht weiterwachsen könne. Das Bemühen zu wachsen aktiviert dann die Körpermechanismen, die zu einer Wucherung bestimmter Zellen führen. Das Individuum besteht auf entweder Wachstum oder Tod und erzwingt auf diese Art künstlich eine Situation, in der das Wachstum selbst physisch zerstörerisch wird.

Dies geschieht, weil eine Blockade eintritt. Das Individuum will im Bereich seiner Persönlichkeit wachsen, aber es fürchtet sich davor. Es gibt selbstverständlich immer individuelle Erfahrungen, die in Betracht gezogen werden müssen. Im allgemeinen aber empfindet sich eine solche Person oft als Märtyrerin ihres Geschlechts, in dieses eingekerkert und unfähig auszubrechen. Dieser Zusammenhang mag offenkundig sein, wenn der Krebs die Sexualorgane befallen hat; er bildet aber oft den Hintergrund aller solchen Krankheiten. Energie wird von Problemen blockiert, die – in eurem Sinne – mit sexuellen Fragen in der Pubertät begannen. Energie wird als sexuell erfahren.

Nun erleben oft alte Menschen, die als senil und eigensinnig angesehen werden, neue Anflüge sexueller Aktivität, für die kein Ventil besteht. Zudem haben sie ihre konventionelle Geschlechtsrolle verloren, durch die sie früher ihre Energie freisetzen konnten.

Oftmals ereigenen sich unbeachtet hormonale Veränderungen. Viele Menschen zeigen dann ein nervöses, fast irritiertes Verhalten, wenn sie – sexuell oder auch intellektuell – erregt sind. Die neue Adoleszenz kommt nie. Die zweite Pubertät stirbt eines langsamen Todes, weil eure Gesellschaft nicht über den Rahmen verfügt, in dem sie begriffen werden könnte. Und sie zeigt sich deshalb auch tatsächlich auf eine verzerrte Weise, die bisweilen groteske Formen annehmen kann.

Ihr könnt Pause machen.

(22.39 Uhr bis 23.02 Uhr.)

Nun: Liebe ist eine biologische Notwendigkeit, eine Kraft, die im biologischen Leben in diesem oder jenem Ausmaß wirksam wird. Ohne Liebe gibt es keine physische Bindung ans Leben und keinen psychischen Halt.

Liebe ist lebendig, ob sie sexuell ausgedrückt wird oder nicht, obwohl es für die Liebe natürlich ist, daß sie sich ausdrücken möchte. Liebe verlangt Loyalität. Sie verlangt Hingabe. Dies gilt für lesbische und homosexuelle Beziehungen genauso wie für heterosexuelle Bindungen. In eurer Gesellschaft ist die Identität dermaßen auf sexuelle Klischeerollen eingeengt, daß nur wenige Menschen sich selbst genügend kennen, um die Natur der Liebe zu verstehen und echte Liebesbedingungen einzugehen.

Wir befinden uns gerade mitten in einer vorübergehenden Ära, in der die Frauen im Zeichen der Promiskuität sexuelle Freiheit suchen, die im allgemeinen eher den Männern zugestanden wird. Man glaubt, Männer seien von Natur aus so geartet, daß sie, angestachelt durch rein sexuelle Reize, die fast gänzlich »tieferer« Bezüge entbehren, Geschlechtsverkehr mit häufig wechselnden Partnern suchen. Vom Mann wird also angenommen, daß er Sex will, ob er nun für die begehrte Frau Liebe empfindet oder nicht – oder sogar gerade weil er keine Liebe für sie empfindet. In solchen Fällen gedeiht Sex nicht zum Ausdruck der Liebe, sondern wird zum Ausdruck des Hohnes und der Verachtung, wenn nicht gar des Hasses.

Die Frauen, die diese Ansichten aufgreifen mit dem Anspruch auf sexuelle Freiheit, möchten sich auch ihrerseits frei fühlen können, ihre sexuellen Wünsche offen zu verwirklichen, ob nun Liebe dabei ist oder nicht. Aber die Treue ist das Unterpfand der Liebe. Schon die Primaten legen davon auf verschiedene Weise Zeugnis ab. Vor allem der Mann wurde gelehrt, Liebe und Sex zu trennen, woraus sich ein geradezu schizophrener Zustand ergibt, der seine Psyche – funktional gesehen – zerreißt, während er sein Leben lebt.

Der Ausdruck der Sexualität wird als männlich erachtet, der Ausdruck der Liebe jedoch nicht. Der Mann fühlt sich daher, immer von Ausnahmen abgesehen, weniger gezwungen, den Ausdruck seiner Liebe von dem seiner Sexualität zu trennen. Für die Frauen wäre es katastrophal, wenn sie allgemein den gleichen Kurs einschlagen würden.

Diese unselige Trennung hat zu euren größten Kriegen geführt. Das heißt nicht, daß die Männer allein für die Kriege verantwortlich waren. Es bedeutet aber, daß sich der

Mann so sehr von der gemeinsamen Quelle von Liebe und Sexualität entfernt hat, daß sich die unterdrückte Energie in Form jener aggressiven Akte kultureller Vergewaltigung und des Völkermordes entlud, anstatt Kinder zu zeugen.

Wenn ihr von Tieren redet, geht ihr davon aus, daß das Männchen blind wähle, vom »dumpfen« Instinkt geführt, so daß im großen und ganzen ein Weibchen durch ein anderes ersetzt werden könnte. Wenn eure Wissenschaftler beispielsweise entdecken, daß ein bestimmter Stoff oder Geruch ein bestimmtes männliches Insekt anzieht, seid ihr davon überzeugt, daß nur dieser Umstand die Anziehung des Männchens durch das Weibchen bewirkt. Ihr seid, mit anderen Worten, sicher, daß individuelle Unterschiede in solchen Fällen, die so weit von eurer eigenen Realität entfernt sind, keine Bedeutung haben.

Ihr seid ganz einfach nicht fähig, die Natur euch fremder Bewußtseinsformen zu verstehen, und deshalb deutet ihr das Verhalten von Tieren aufgrund eurer eigenen willkürlichen Überzeugungen. Das allein wäre schon traurig genug; doch ihr benutzt eure verzerrten Daten auch noch dazu, aus ihnen die Natur des männlichen und weiblichen Verhaltens schlechthin abzuleiten.

Indem ihr eure Vorstellungen von Sex immer mehr verzerrt, schränkt ihr die großen Bewirkungen der menschlichen Loyalität ein; Treue ist Teil der Liebe und deren Ausdruck. Sogar lesbische und homosexuelle Beziehungen sind ohne Treue im besten Fall dürftig, sind überreizt durch verwirrte Gefühle und nur sehr selten von jenem Tiefgang, der ein individuelles Wachstum zuläßt. Auch heterosexuelle Beziehungen brechen ohne Treue zusammen, da sich die Identität der Partner auf sexuelle Rollen stützen muß, die für die betroffenen Individuen stimmen mögen oder nicht.

Da ihr das Gefühl habt, daß Sex der einzige geeignete Ausdruck der Liebe sei, und da ihr auch glaubt, Sex und Liebe seien verschiedene Dinge, seid ihr in einer verzwickten Lage. Diese die Sexualität betreffenden Glaubensvorstellungen spielen auch in internationalen Beziehungen eine weit größere Rolle, als ihr glaubt. Die eine Nation seht ihr als männlich an; dies gilt zum Beispiel für Rußland. Eine andere, wie beispielsweise das heutige Indien, dagegen nimmt – in euren Augen – eine feminine Position ein.

Macht eine kurze Pause.

(23.35 Uhr. »Ich bin immer noch halb in Trance«, sagte Jane, »aber ich glaube, das Buchdiktat ist vorbei. . .« Ich holte ihr ein Bier. Dann, um 23.37 Uhr:)

Eine kleine Anmerkung: Ein Mann, der an Wucherungen irgendeiner Art – Nierensteinen oder Geschwüren zum Beispiel – leidet, birgt Tendenzen in sich, die er als feminin und deswegen als Kriterium einer »Abhängigkeit« verurteilt, und er schämt sich ihrer. In einer Art biologischer Spottzeremonie »gebiert« er, indem er in seinem Körper Material produziert, das vorher nicht da war. Bei Geschwüren wird beispielsweise der Magen zum Mutterleib: er blutet und gebärt etwas Schlimmes. So nimmt er zu einem »grotesken« Versuch Zuflucht, als Mann seine femininen Eigenschaften auszudrücken.

Ende des Diktats.

(23.41 Uhr. Für fünf Minuten gab Seth noch persönliches Material für Jane durch und schloß die Sitzung um 23.46 Uhr.

»Ich bin nicht besonders in Form heute abend«, sagte Jane, »aber da ist noch vieles da, das er gerade jetzt über Geschwüre angeben könnte. Es ist alles da. Vielleicht sollte ich eine kurze Pause machen und sehen, ob er zurückkommt, anstatt die Sitzung zu beenden.«

Aber sie war zu müde, auch erheitert – wie ich sehen konnte.

Wir beschlossen deshalb, die Sitzung zu beenden.)

5
Die Liebe und ihr Ausdruck in der Sexualität und Kreativität

Sitzung 771, Mittwoch, den 14. April 1976

(21.05 Uhr.) Nun –

(»Guten Abend, Seth.«)

– guten Abend.

Eure Vorstellungen von der Sexualität und eure Ansichten über die Natur der Psyche ergeben oft ein widersprüchliches Bild. Die Psyche und ihre Beziehung zur Sexualität beeinflussen eure Vorstellungen von Gesundheit und Krankheit, von Kreativität und allen anderen Belangen des persönlichen Lebens. In diesem Kapitel werden wir deshalb die Folgen anschauen, die sich daraus ergeben.

Überschrift des Kapitels: »Die Liebe und ihr Ausdruck in der Sexualität *(lauter und voller Humor)* und Kreativität.«

Gebt uns einen Augenblick ... Um es euch verständlich zu machen: Wie gesagt, umfaßt die Psyche alle Eigenschaften, die ihr als männlich und weiblich anseht, während sie selbst weder männlich noch weiblich ist.

In diesem Sinn und in dieser Hinsicht ist die Psyche eine Art Datenbank, aus der sich die sexuellen Verbindungen herleiten. Im Grunde gibt es aber keine klaren, festumrissenen menschlichen oder auch nur psychologischen Eigenschaften, die dem einen oder anderen Geschlecht zuzuordnen sind. Dies würde nämlich, wie schon erörtert wurde, einen Lebensplan abgeben, der die Entwicklung der menschlichen Spezies zu sehr einengen und euch überspezialisierte Verhaltensmuster auferlegen würde, mit denen ihr als Spezies nicht bestehen könntet, besonders nicht angesichts der vielen möglichen Arten sozialer Gruppierungen.

Eure psychologischen Tests zeigen euch nur das landläufige Bild von Mann und Frau, das von Kindheit an aufgrund vorgegebener Vorstellungen von der Sexualität aufgebaut wird. Diese Vorstellungen programmieren das Kind von Anfang an, so daß es sich natürlich in einer bestimmten Weise verhält, wenn es erwachsen ist. Der Mann scheint mathematische Aufgaben und sogenannte logische Hirnarbeit besser zu bewältigen, wogegen die Frau im sozialen Bereich, im Entwickeln von Werten und in persönlichen Beziehungen besser abschneidet. Der Mann ist in wissenschaftlicher Hinsicht überlegen, wogegen die Frau als intuitiv befähigter angesehen wird.

(21.20 Uhr.) Es sollte für viele meiner Leser selbstverständlich sein, daß all dies angelerntes Verhalten ist. Ihr könnt nicht einem Jungen beibringen, dem »starken, selbstsicheren, verschwiegenen Mann« nachzueifern, und dann von ihm erwarten, daß er auf der Ebene sprachlicher Verständigung und in seinen zwischenmenschlichen Beziehungen besonders gut abschneidet. Und ihr könnt von einem Mädchen nicht Sonderleistungen in »logischem Denken« verlangen, wenn es gelehrt wurde, daß Frauen intuitiv veranlagt seien und daß Intuition der Logik entgegengesetzt sei – daß es unbedingt weiblich und daher unlogisch sein müsse. Dies ist ziemlich klar.

Das Kind wird jedoch nicht als ein leerer Schwamm geboren, der Wissen aufsaugt. Es ist s c h o n von Wissen durchtränkt. Einiges kommt sozusagen an die Oberfläche und wird bewußt verwendet, anderes nicht. Ich sage hier, daß sich das Kind im Mutterleib der Glaubensvorstellungen und Informationen der Mutter in einem gewissen Ausmaß bewußt ist, und – wohlverstanden – i n e i n e m g e w i s s e n A u s m a ß ist es somit auch bereits »programmiert«, sich in einer bestimmten Weise zu verhalten und sich dementsprechend und nicht anders zu entwickeln.

Im Grunde verfügt die Spezies über soviel Freiheit und über ein solches Potential, daß die Glaubensvorstellungen der Mutter dem Kind notwendigerweise für den Anfang eine Art Rahmen verschaffen sollen, der dem Kind ermöglicht, seine

Fähigkeiten in der gewünschten Richtung zu entwickeln. Es kennt also schon im voraus die biologische, spirituelle und soziale Umgebung, in die es hineingeboren wird. Es ist gleichsam vorbereitet, sich in einer bestimmten Richtung zu entwickeln und zu entfalten.

Glaubensvorstellungen über die sexuelle Natur des Kindes sind natürlich ein Teil seiner fortgeschrittenen Programmierung. Wir sprechen hier nicht von erzwungenen Wachstumsmustern oder von psychischen oder biologischen Richtlinien, die dem Kind aufgezwungen werden, so daß es, wenn es später davon abweicht, unvermeidlich zu seelischen Belastungen oder zu Schmerzen kommt, sondern von der Tatsache, daß das Kind gewisse Verhaltensmuster mitbekommt, die es sanft in bestimmte Wachstumsrichtungen stoßen. Im normalen Lernprozeß dann empfängt das Kind von beiden Elternteilen Anstöße, sich in einer bestimmten Weise zu verhalten. Daneben wird jedoch auch das wirksam, was dem Kind biologisch durch die Gene vermittelt wurde. Es ist Wissen außerhalb des bekannten, das durch die Gene übermittelt wird.

(Pause um 21.35 Uhr.) Gebt uns einen Moment . . . Das Überleben der menschlichen Spezies, wie sie sich entwickelt hat, hat weit mehr mit Glaubensvorstellungen zu tun, als angenommen wird – denn nun sind dem Individuum bestimmte Vorstellungen eingebaut. Sie gehören zur biologischen Ausrüstung des Menschen und werden weitergegeben. Ich meine hier etwas anderes als, zum Beispiel, telepathische Übermittlung; ich meine die Übersetzung von Glaubensvorstellungen in physische Codierungen, die zu biologischen Schlüsseln werden. Deshalb ist es für ein Kind leichter, im biologischen Bereich in einer vorgegebenen Weise zu handeln als in anderen Bereichen.

Wenn Frauen gefühlt haben, daß ihr biologisches Überleben beispielsweise von der Kultivierung bestimmter Eigenschaften abhängt, dann wurde diese Information in den Chromosomen gespeichert als etwas, das für die Entwicklung des neuen Organismus so lebenswichtig war wie jede andere über die zelluläre Struktur vermittelte physische Information.

Dem männlichen Nachkommen übermittelt die Mutter dieselben Informationen wie dem weiblichen. Der Vater trägt in jedem Fall seinen männlichen Teil bei. Über Generationen hinweg scheinen daher bestimmte Eigenschaften männlich oder weiblich zu sein. In einem bestimmten Ausmaß tragen sie allerdings auch den Stempel der besonderen Zivilisationen und Umweltbedingungen. Jedes Individuum ist aber trotz all dem in hohem Maße einzigartig, so daß sich die Verhaltensmodelle gleichwohl voneinander unterscheiden. Sie können sich sogar innerhalb einer einzigen Generation entscheidend ändern, da die individuelle Erfahrung jedes Menschen die ursprünglich empfangenen Informationen verändert. Dies ergibt die für den Menschen notwendige Freiheit.

Das Kind benutzt solche Informationen auch nur als Anhaltspunkte, als Prämissen, auf der es sein frühkindliches Verhalten aufbaut. Wenn sich sein Geist entwickelt, beginnt das Kind sogleich, die ursprünglichen Annahmen in Frage zu stellen. Dieses In-Frage-Stellen der grundlegenden Prämissen ist einer der größten Unterschiede zwischen euch und der Tierwelt.

Wie ihr es versteht, enthält also, um das nochmals zu wiederholen, die Psyche weibliche und männliche Eigenschaften. Diese kommen aber im Ganzen der menschlichen Persönlichkeit in größter Verschiedenheit und in den verschiedensten Proportionen zur Geltung.

Neuer Absatz: Möglichst einfach ausgedrückt ist die Liebe die Kraft, aus der das Sein kommt. Liebe strebt nach ihrem Ausdruck und nach Kreativität. Eine Art, wie sich Liebe kreativ verwirklicht, ist ihr sexueller Ausdruck. Dies ist aber nicht die einzige Möglichkeit. Liebe drückt sich beispielsweise kreativ auch in den Künsten, der Religion, in Spiel und Hilfsbereitschaft anderen gegenüber aus. Sie kann keineswegs auf den sexuellen Ausdruck eingeengt werden, noch gibt es Regeln, wie oft sich »normale« Erwachsene sexuell betätigen sollten.

Viele Männer, die von sich selbst und anderen als homosexuell bezeichnet werden, wollen Väter sein. Ihre Glaubensvorstellungen und diejenigen der Gesellschaft geben ihnen das Gefühl, daß sie immer entweder heterosexuell oder homosexuell sein müßten. Manche empfinden, ungeachtet ihrer erklärten Homosexualität, Verlangen auch Frauen gegenüber, das dann zwangsläufig unterdrückt wird. Euer männlich und weiblich trennendes Entweder-Oder limitiert euch in einer Weise, die verhängnisvoll ist. In vielen Fällen trägt beispielsweise der sanfte, »homosexuell« angehauchte Vater die tauglicheren Vorstellungen von Männlichkeit in sich als ein eindeutig heterosexueller Mann, der glaubt, Männer müßten brutal, gefühllos und ständig im Wettstreit sein. Beides sind jedoch Klischeebilder.

Liebe kann höchst legitim in der Kunst ausgedrückt werden. Dies bedeutet nicht, daß ein Künstler in irgendeiner Weise seine Sexualität unterdrücken und seine Energie für die künstlerische Arbeit »sparen« soll, obwohl dies natürlich der Fall sein kann. Tatsächlich gibt es manche große Künstler, die ihre Liebe durch ihr künstlerisches Schaffen und nicht durch sexuelle Erfüllung zum Ausdruck bringen.

(22.05 Uhr.) Gleichwohl mögen solche Künstler ebenfalls bisweilen vergnügliche oder auch dauerhafte sexuelle Beziehungen haben. Nur gilt eben ihre Liebe im großen und ganzen ihrer künstlerischen Arbeit, durch die ihre Liebe eine Möglichkeit findet, sich anders als in körperlichen Erfahrungen auszudrücken.

In allen Kunstsparten und zu jeder Zeit haben große Künstler eine eigene Persönlichkeit in sich gefühlt, die weit größer ist als ihre spezifisch sexuelle Eigenart. Solange ihr Identität mit Sexualität gleichsetzt, beschränkt ihr die Potentiale des Individuums und der ganzen Menschheit.

Viele gute nichtsexuelle Beziehungen werden in eurem Leben unterdrückt wegen der Bedeutung, die ihr der lesbischen und homosexuellen Liebe beimeßt. Auch bleiben manche wünschenswerte Beziehungen zu Personen des anderen Geschlechts in der Sackgasse stecken, weil diese von sich selbst oder der Gesellschaft als nichtheterosexuell bezeichnet werden. So gebrandmarkte Menschen fühlen sich oft aus bloßer Verwirrung heraus gezwungen, ihre Liebe nur im Geschlechtsakt auszudrücken. Sie empfinden einen Zwang, so zu sein, wie ihrer Ansicht nach »Vollmänner« und »Vollfrauen« sind, und werden deshalb oft zu lächerlichen Karikaturen der von ihnen Imitierten, wobei sie diese mit ihrem Gebaren noch erzürnen, weil in ihrem grotesken Verhalten sehr viel Wahres zutage tritt und die übertriebene Männlichkeit und Weiblichkeit, die viele Heterosexuelle über ihre eigene Natur gestülpt haben, schonungslos entlarvt wird.

Ihr könnt Pause machen.

(22.29 Uhr bis 22.37 Uhr.)

In bestimmten Zeiten der Geschichte war es praktisch und wünschenswert, daß ein Mann mehrere Frauen hatte, damit sein Samen im Schoß vieler Frauen wuchs, wenn er im Kampfe starb; dies war auch in Gegenden opportun, in denen die Bevölkerung von Hungersnöten, Seuchen und anderen Krankheiten heimgesucht wurde. Ungünstige Umweltbedingungen fanden in dieser Art oft ihren kulturellen Niederschlag.

In Zeiten der Übervölkerung kommen verstärkt homosexuelle Neigungen auf, aber auch vermehrte Tendenzen, Liebe auf nichtkörperliche Weise auszudrücken, beispielsweise in Form großer Sozialwerke. Es gibt übrigens »verlorene« Bibelstellen über die Sexualität und die Vorstellungen von Christus zu diesem Thema, die als Blasphemie betrachtet wurden und deshalb nicht den Weg durch die Geschichte zu euch fanden.

Nochmals: Es ist natürlich, Liebe durch geschlechtliche Betätigung auszudrücken – natürlich und gut. Es ist aber nicht natürlich, Liebe nur auf die Sexualität einzuengen. Viele von Sigmund Freuds Ideen geben nicht den natürlichen Zustand des Menschen wieder. Die von ihm definierten Komplexe und Neurosen sind Produkte eurer Traditionen und Glaubensvorstellungen. Daß ihr seine Ideen im menschlichen Verhalten, das ihr beobachtet, weitgehend bestätigt findet, ändert nichts an der Richtigkeit meiner Feststellung. Manche eurer Vorstellungen gehen übrigens auf die großen altgriechischen Dramatiker zurück, die auf schöne und tragische Weise die Psyche darstellten, wie sie sich im Licht der griechischen Traditionen zeigte.

Der Knabe hat von Natur aus keinen Grund, den Vater »entthronen« zu wollen. Er versucht, es ihm gleich zu tun: er versucht, so sehr sich selbst zu sein, wie es ihm scheint, daß sein Vater sich selbst war. Er hofft, um seiner selbst und um seines Vaters willen, über sich selbst und seine Fähigkeiten hinauszuwachsen.

Als Kind glaubte er einmal, sein Vater sei, im menschlichen Sinne, unsterblich und könne keine Fehler machen. Der Sohn versucht, den Vater zu rechtfertigen, indem er selbst auch keine Fehler zu machen sich bemüht und indem er vielleicht versucht, den Vater dort zu übertreffen, wo dieser versagt hat. Es ist viel natürlicher für den Mann zu versuchen, den Vater zu rechtfertigen als ihn zu zerstören oder unter einem negativen Aspekt zu beneiden.

(22.54 Uhr.) Das Kind ist einfach das männliche Kind. Der Junge ist nicht wegen der Mutter auf den Vater eifersüchtig, wie dies, im Anschluß an Freud, gemeinhin angenommen wird. Die Identität des männlichen Kindes ist nicht besonders auf seine Männlichkeit ausgerichtet. Ich sage nicht, daß Kinder nicht von Geburt an über eine sexuelle Natur verfügen. Vielmehr steht ganz einfach ihre Männlichkeit oder Weiblichkeit nicht in dem Maß im Mittelpunkt, wie angenommen wird.

Für das männliche Kind ist der Penis ein Glied, das wie ein Arm oder ein Bein oder wie sein Mund oder sein Anus ihm persönlich gehört. Es betrachtet *(humorvoll)* den Penis nicht als Waffe. Es ist nicht eifersüchtig auf die Liebe des Vaters zur Mutter, denn es weiß sehr gut, daß ihre Liebe zum Vater an der Liebe zu ihm, dem Kind, nichts ändert. Der Knabe will seine Mutter nicht sexuell besitzen, wie so viele von euch zur Zeit vermuten. Er versteht davon nichts. Er mag manchmal auf ihre Aufmerksamkeit eifersüchtig sein, aber dies ist keine Eifersucht im gängigen Sinn, nämlich in sexueller Hinsicht. Eure Vorstellungen machen euch blind für die wahre sexuelle Natur der Kinder. Sie haben Freude an ihrem Körper. Sie sind sexuell wach. Doch die psychologischen Bedeutungen von all dem sind nicht die, die ihnen die Erwachsenen beimessen.

Die Glaubensvorstellungen von der inhärenten Rivalität des Sohnes gegenüber dem Vater, von seinem Willen, ihn zu zerstören, folgen viel eher traditionellen und kulturellen, ökonomischen und sozialen Mustern als biologischen und psychologischen. Diese Vorstellungen dienen zur Erklärung eines Verhaltens, das weder angeboren noch biologisch bedingt ist.

(23.05 Uhr. Dies war das Ende des Diktats. Nachdem er noch eine Seite für Jane und mich diktiert hatte, schloß Seth die Sitzung um 23.18 Uhr.)

Sitzung 772, Montag, den 19. April 1976

(21.18 Uhr.) Diktat.

(»Gut.«)

Um es so zu sagen: Die Menschheit befaßt sich zu verschiedenen Zeiten mit unterschiedlichen Themen: jenen, die jeweils vorherrschen, einschließlich der aus ihnen dann hervorgehenden vorherrschenden Thesen. Lebens- und Wissensgebiete wie die Natur der Persönlichkeit, Familie, Religion, Philosophie, Politik, die Kunst und so weiter werden dann im Licht dieses prädominierenden Themas betrachtet.

Historisch gesehen hat die Menschheit mit ihrem eigenen, einzigartigen Bewußtsein experimentiert, und dies machte, um das nochmals zu erwähnen, eine willkürliche Trennung von Gewährender und Empfänger – von Natur und Mensch – notwendig und führte zu einer Situation, in der sich die menschliche Spezies losgelöst sah von allem übrigen Leben.

Was ihr für männliche, egozentrische Eigenschaften halt e t, sind einfach jene menschlichen Attribüte, welche die Spezies ermutigten, voranbrachten und anspannten. Indem ihr diese als Leitbilder benutztet, habt ihr dementsprechend euer Weltbild und eure Kulturen hervorgebracht. Es gibt einige bemerkenswerte Ausnahmen; doch hier spreche ich historisch von der westlichen Welt mit ihrem griechisch-römischen Erbe. Eure Götter wurden männlich und standen miteinander im Wettstreit. Ihr habt gesehen, wie sich eure Spezies mit der Natur maß und der Mensch mit dem Menschen. Ihr haltet die griechischen Tragödien für so großartig, weil sie eure eigenen Vorstellungen treffend wiedergeben. Der Mann wird in unmittelbarer Opposition zum Vater gesehen. Die Familienbeziehungen werden zum Spiegel solcher Vorstellungen und werden dann natürlich als Tatsachen, die die menschliche Situation schlechthin kennzeichnen, angesehen. Deshalb habt ihr euer Konzept eines so stark polarisierten Mann-Frau-Verhältnisses.

Diejenigen Eigenschaften, die ihr als weiblich a n s e h t, sind jene nicht vorherrschenden, da sie der Quelle der Natur erfließen, von der sich ja die menschliche Spezies zu befreien suchte. In einer gewissen Weise spielte sich da ein wahres, ein schöpferisches, ein sexuelles Drama ab – eine große Täuschung, denn das Bewußtsein der Spezies spielte mit großem Einsatz, und das Drama mußte glaubhaft erscheinen.

(Pause um 21.34 Uhr.) Das Bewußtsein nahm bei der Vervielfältigung seiner selbst Zuflucht, bildete aus seiner eigenen Quelle Ausläufer. Es mußte diese Quelle mißbilligen oder sich ihrer in derselben Art entledigen, wie sich ein Heranwachsender vorübergehend von seinen Eltern abwenden muß, um seine Unabhängigkeit zu bekräftigen. Vor der Hochblüte der griechischen und römischen Kulturen hatte

sich das Bewußtsein noch nicht in dieser Weise festgelegt. Es gab massenhaft neben Göttern auch Göttinnen sowie Gottheiten, in denen feminine und maskuline Eigenschaften verschmolzen erschienen. Es gab Gottheiten, die halb Mensch, halb Tier waren. Die menschliche Spezies hatte damals noch nicht das Thema aufgenommen, das für die westliche Kultur vorherrschend werden sollte.

Die Veränderungen bahnten sich zuerst in den Mythen der Menschen an. Da sich die menschliche Spezies immer mehr von der Natur abwandte, ja sich mit ihr entzweite, begannen die Tiergötter zu verschwinden. Der Mensch änderte zuerst durch seine Mythen das Pantheon seiner Götter und dann die Realität, die diese widerspiegelte.

Vor dieser Entwicklung hatte es zwar bereits viele Arten der Arbeitsteilung, dabei aber einen großen Freiraum für den sexuellen Ausdruck gegeben. Die Kinder bildeten einen wesentlichen Teil der Familie, denn eine Familie war eine Gruppe von zusammengehörigen Menschen, die bei der Sicherung von Nahrung und Unterkunft zusammenarbeiteten.

Neben der Liebe zwischen Mann und Frau gediehen auch homosexuelle und lesbische Beziehungen, wie ihr dies nennt, in freier Weise. Mit oder ohne sexuellen Ausdruck gehörten sie zum Leben und trugen als starke Bande von Brüderlichkeit und Schwesterlichkeit zum Zusammenhalt der Menschen bei.

Wenn ihr das Tierreich betrachtet, tut ihr auch dies durch die Brille eurer festgelegten sexuellen Vorstellungen. Ihr erforscht männliches und weibliches Verhalten und findet geschlechtstypische Verhaltensmuster der Aggressivität und des Territorialinstinkts, der Passivität und des Mutterinstinkts und so weiter. Eure spezifischen Interessen machen euch blind für die größeren Dimensionen des tierischen Verhaltens. Der sogenannte Mutterinstinkt ist in einem gewissen Ausmaß nicht nur der Frau, sondern auch dem Mann eigen – in jeder Spezies, die als solche bezeichnet werden kann. Tiere pflegen enge »Freundschaften« mit Mitgliedern des gleichen Geschlechts – mit oder ohne sexuellen Ausdruck. Liebe und Hingabe sind nicht das Vorrecht eines Geschlechts oder einer Spezies.

Ihr könnt Pause machen.

(21.52 Uhr bis 22.19 Uhr.)

Daraus folgt, daß ihr in der Natur nur das seht, was ihr sehen wollt, und daß ihr ein Modell der Natur hegt, das mit euren Glaubensvorstellungen übereinstimmt.

Liebe und Hingabe werden weitgehend als weibliche Eigenschaften betrachtet. Gesellschaften der Wirtschaft und Politik gelten ebenso wie kirchliche und staatliche Organisationen als männliche Domänen. Es geht nicht so sehr darum, daß Mann und Frau gleichgestellt werden; es geht darum, daß die männlichen und weiblichen Komponenten in jedem Menschen freigesetzt werden und frei ausgedrückt werden können. Einige von euch werden nun sogleich verstimmt oder alarmiert sein, weil sie glauben, ich meine den sexuellen Ausdruck. Dieser ist Teil der vielfältigen menschlichen Eigenschaften und immensen Fähigkeiten, die in jedem Individuum der Anlage nach vorhanden sind und denen oft der Ausdruck verwehrt wird, da sie als dem anderen Geschlecht vorbehalten gesehen werden.

In eurem etablierten Bezugssystem mit seiner Mann-Frau-Polarisierung gilt das Ego als männlich, die Psyche als weiblich, wodurch ihr euch verhängnisvolle Trennungen aufzwingt; so seht ihr den Intellekt abgetrennt und unabhängig von der Intuition funktionieren. Ihr schafft damit eine Situation von scheinbaren Gegensätzen, die es gar nicht gibt. Wenn ihr euch einen Wissenschaftler denkt, wird sich die Mehrheit einen Mann, einen Intellektuellen, einen »objektiv« denkenden Forscher vorstellen, der sich alle Mühe gibt, jegliche Gefühlsbeteiligung auszuschalten und sich nicht mit dem untersuchten Gegenstand zu identifizieren.

Es scheint eine unüberwindbare Kluft zwischen Wissenschaft und Religion zu geben, weil die Religion – selbst die organisierte – auf einer intuitiven Grundlage beruht. Der männliche Wissenschaftler schämt sich, seine Intuition zu gebrauchen, da diese nicht nur einen unwissenschaftlichen, sondern auch einen femininen Anstrich hat. Der Mann befaßt sich mit dem, was die anderen für männlich halten. »Unlogisch« zu sein gilt als ein wissenschaftliches »Verbrechen« – nicht so sehr, weil es sich dabei um eine wissenschaftsuntaugliche Eigenschaft handelt, sondern weil unlogisch als ein weibliches Attribut angesehen wird. Die Wissenschaft ist der männlichen Ausrichtung gefolgt und zu ihrer Domäne und zugleich Epitome geworden. Bis zur Gegenwart hat die Wissenschaft immer versucht, ohne die sogenannten femininen Qualitäten auszukommen. Sie hat Wissen von Gefühl geschieden, das Verstehen von der Einsicht und hat die Sexualität als maßgebend und trennend der Persönlichkeit übergestülpt.

Einigen Männern der Wissenschaft gelingt es heutzutage, in ihrer Arbeit gewissermaßen sogenannte männliche und weibliche Eigenschaften zu verwerten, und sie vermögen dadurch zum Abbau scheinbarer Gegensätze und Widersprüche beizutragen. Psychologisch freier als ihre Zeitgenossen, nicht länger geblendet vom Spiel sexueller Rollen, sind sie fähig, Vernunft und Emotion, Intellekt und Intuition verbindend einzusetzen, und indem sie dies tun, entwickeln sie Theorien, die frühere Widersprüche überbrücken und Scheingegensätze in Einklang bringen. Sie vereinen und erweitern, anstatt zu diversifizieren.

Albert Einstein war ein solcher Mann der Wissenschaft. Obwohl er von den konventionellen Vorstellungen über die Sexualität nicht frei war, spürte er trotzdem seine eigene Persönlichkeit in einer Weise, daß er sich gern aller Ressourcen, auch jener Eigenschaften bediente, die für weiblich gehalten werden. Schon als Junge rebellierte er gegen das rein intellektuell angelegte, also männlich aufgezogene Lernen. Es war eine psychologische Rebellion – das heißt, er behielt seine männliche Einstellung im Bereich der sexuellen Aktivität, ohne seinen Geist und seine Seele durch maskuline Prädominanten einzuschränken. Die Welt erfuhr das Ergebnis seiner überragenden intuitiven Fähigkeiten und seiner großen Hingabe.

(22.47 Uhr.) Infolge der gegebenen Weltlage und der verbreiteten männlichen Ausrichtung der Wissenschaft wurden die Ergebnisse seiner Arbeit weitgehend zu Zwecken der Manipulation und der Beherrschung mißbraucht.

Im allgemeinen werden Vernunft und Intellekt zweifellos als männliche Attribute betrachtet. Auf ihrem Boden erwuchsen die Zivilisation, die Wissenschaft, das organisierte Leben. Intuitionen und Impulse werden als unberechenbar, als nicht vertrauenswürdig und feminin betrachtet; es gilt, sie unter Kontrolle zu halten. Die Welt existiert aber infolge spontaner Ordnungskräfte. Jede Zivilisation entstand aus einem Impuls der Menschen heraus, zusammensein zu wollen, und was sich spontan anbahnte, wurde zu einer Ordnung. Von vielen Prozessen seht ihr nur das Äußere, weil euch euer objektivierender Standpunkt die Identifikation nicht erlaubt, die euch mehr zeigen würde. Deshalb scheint es euch, daß alle Systeme einmal zusammenbrechen – aus ihrer Ordnung brechen, im Chaos untergehen.

Ihr wendet diese Vorstellung auf physische und psychologische Systeme an. In sexueller Hinsicht besteht ihr auf einem Bild, das euch ein Hineinwachsen in eine sexuelle Eigenart mit einem klaren Schwerpunkt aufzwingt und dann, im Alter, eure so klare sexuelle Identifikation in Frage stellt, weil »sexuelle Unordnung« herrscht. Es wird euch nicht bewußt, daß die ursprüngliche Prämisse, die Identifikation eurer persönlichen Eigenart mit eurer sexuellen Natur, »unnatürlich« ist. Ihr selbst baut also das ganze Bezugssystem auf, von dem aus ihr eure Urteile fällt. In vielen Fällen lebt ein Mensch in der Kindheit oder im Alter näher bei seiner echten Eigenart, weil in diesen Lebensphasen mehr individuelle Freiheit möglich ist und die Geschlechtsrolle weniger rigid gespielt werden muß.

Jede tiefergehende Erforschung des Selbst wird euch in Bereiche führen, die eure konventionellen Vorstellungen von Sexualität umstoßen. Ihr werdet eine Eigenart entdecken, eine psychologische und psychische Identität, die, wie ihr es versteht, männlich und weiblich ist, in der die Fähigkeiten beider Geschlechter vorhanden sind und freigesetzt und ausgedrückt werden. Im Alltagsleben mögen sie nicht so offenkundig werden, aber ihr werdet auf dem Weg zum Selbst den größeren Dimensionen eurer eigenen Realität begegnen und zumindest im Traumzustand einen Schimmer des Selbst erhaschen, das die willkürliche Festlegung auf Attribute nur eines Geschlechts übersteigt.

Eine derartige Begegnung mit der Psyche findet sich oft bei großen Künstlern und Schriftstellern oder bei Mystikern. Diese Art der Erfahrung ist notwendig, wenn ihr je den Rahmen der scheinbaren Gegensätze sprengen wollt, der eure Welt beengt.

Die übertriebene sexuelle Festlegung widerspiegelt eine grundlegende Spaltung des Bewußtseins. Sie trennt den Mann nicht nur von seinen eigenen Intuitionen und Emotionen beziehungsweise die Frau von ihrem eigenen Intellekt ab, sondern sie führt effektiv zu einer Zivilisation, in der Kopf und Herz, Erkenntnis und innere Wahrnehmung ein vollständig isoliertes Dasein führen müssen. Gewissermaßen führt jeder Mensch als Persönlichkeit gegen die eigene Psyche Krieg, weil alle individuellen menschlichen Eigenschaften geleugnet werden müssen, soweit sie nicht zu der als normal betrachteten sexuellen Eigenart als Mann oder Frau passen.

Ihr könnt Pause machen.

(23.12 Uhr bis 23.33 Uhr.)

In eurem Alltagsleben seid ihr alle mehr oder weniger Karikaturen eurer sexuellen Verpflichtung.

Ihr versteht einfach nicht, was echte Weiblichkeit oder echte Männlichkeit ausmacht. Statt dessen seid ihr gezwungen, euch auf den oberflächlichen Unterschied zu konzentrieren. Als Folge davon färbt die Rückwirkung eures sexuellen Schismas auf alle eure Handlungen ab, vor allem aber schränkt sie eure psychologische Realität ein.

Da ihr sexuelle Leistung im engsten Sinn als wichtig einschätzt und vor allem Sexualität als Identitätsschwerpunkt anseht, leiden eure jungen und alten Mitmenschen an den Folgen, die nicht durch ihr Alter, sondern vielmehr durch eure sexuellen Vorurteile verursacht sind. Es ist interessant festzustellen, daß sowohl die Jungen als auch die Alten außerhalb eures organisierten Systems leben. Die Jungen haben geistig-seelisch mehr Freiraum, solange sie die ihnen zugedachten sexuellen Rollen noch nicht akzeptieren, die Alten haben mehr Freiraum, weil sie ihre sexuellen Rollen abgelegt haben. Ich habe nicht gesagt, Alte und Junge hätten keine sexuellen Ausdrucksmöglichkeiten; vielmehr setzen beide Gruppen ihre persönliche Eigenart noch nicht beziehungsweise nicht mehr mit ihren sexuellen Rollen gleich. Natürlich gibt es Ausnahmen. Wenn der Mann oder die Frau gelehrt wird, ihre Identität sei eine Frage der sexuellen Leistung und daß diese Leistung im Alter abnehmen müsse, dann wird im Alter das Selbstwertgefühl und damit das Bewußtsein der Identität Einbußen erleiden. Wenn Kinder glauben, daß ihre Identität nur auf dem Weg sexueller »Bewährung« zu finden sei, dann fangen sie möglichst früh damit an. Sie werden ihre Identität in den Zuschnitt sexueller Kleider zwängen; und die Gesellschaft wird darunter leiden, weil die großen kreativen Aufbrüche des sich entfaltenden Intellekts und der intuitiven Einsichten, die sich in der Pubertät vollziehen, gespalten werden – gerade in dem Augenblick, in dem sie mehr denn je gebraucht werden.

Idealerweise würden sich der erwachsene Mann und die erwachsene Frau über den Ausdruck ihres Wesens im Geschlechtsleben freuen und darin eine umfassende Erfüllung finden, aber sie würden sich auch einer höheren psychologischen Einheit ihrer Identität erfreuen, die alle großen menschlichen Fähigkeiten des Geistes und des Herzens erfährt und zum Ausdruck bringt.

Ende des Diktats. Gönnt uns einen Augenblick . . .

(23.49 Uhr). Seth gab noch ungefähr eine Seite Material für Jane durch und beendete die Sitzung um 00.12 Uhr.)

Sitzung 773, Montag, den 26. April 1976

(21.28 Uhr.) Nun: Diktat.

Ihr habt Intellekt und Gefühl mit sexuellen Etiketten versehen, so daß sie euch wie Gegensätze vorkommen.

Ihr habt versucht, mentale und emotionale Eigenschaften unter den beiden Geschlechtern aufzuteilen, und dadurch ein stereotypes Verhalten erzwungen. Nochmals: Der intuitiv oder künstlerisch begabte Mann hat sich oft für homosexuell gehalten, ob er es nun war oder nicht, nur weil seine geistigen und gefühlsmäßigen Eigenschaften besser zum weiblichen als zum männlichen Geschlecht zu passen schienen. Wenn eine Frau andere als die als weiblich akzeptierten Interessen hatte, war sie oft in derselben Lage. Da Intellekt und Gefühl für so unvereinbar gehalten wurden, führten Versuche, intuitive Fähigkeiten zu entfalten, meist zum Vorwurf »unvernünftigen« Verhaltens.

In gewissen Kreisen ist es zur Zeit Mode, die intellektuellen Fähigkeiten zu Gunsten des Gefühls, der Empfindung und intuitiven Handelns geringzuschätzen und intellektuelles Streben als suspekt, die »Zuflucht« bei der Vernunft als Versagen hinzustellen. Statt dessen sollten sich natürlich intellektuelle und intuitive Fähigkeiten wunderbar ergänzen.

In derselben einseitigen Weise habt ihr versucht, den Ausdruck der Liebe auf eine weitgehend – oder ausschließlich – sexuelle Lebensäußerung einzuengen. Eine herzliche Liebkosung oder ein Kuß zwischen Personen gleichen Geschlechts gilt im allgemeinen schon als unangebracht. Die Berührung des menschlichen Körpers ist tabu.

Die Berührung wird grundsätzlich sexuell verstanden, so daß die unschuldigste Berührung irgendeines Körperteiles durch eine andere Person für »sittengefährdend« gehalten wird. Auf der einen Seite seid ihr mit dem Begriff »Sexualität« engherzig; aber andererseits und in diesem Zusammenhang glaubt ihr, daß jede Art von Zuneigung »selbstverständlich« ihren sexuellen Niederschlag finden muß, sofern die Möglichkeit dazu offensteht. Eure Glaubensvorstellungen lassen die Möglichkeit als vollzogene Tatsache erscheinen.

Auch dies zwingt euch also, euer Gefühlsleben streng zu überwachen. Deshalb werden Liebesbezeugungen unterdrückt, wenn sie nicht legitimerweise einen sexuellen Ausdruck finden können. In vielen Lebenslagen scheint die Liebe selbst fehl am Platz zu sein, da sie auch dort noch durch dic Brille der Sexualität gesehen wird, wo solche nicht möglich oder nicht erwünscht ist. Viele Menschen sind zu Liebe, Hingabe und Treue befähigt und könnten diese Qualitäten natürlicherweise verwirklichen in dauerhaften Freundschaften, in der Hingabe an eine Sache, an die sie glauben, im Sozialdienst, um anderen zu helfen. Sie sind vielleicht sexuell nicht »ambitioniert«. Dies muß nicht heißen, daß sie ihre Sexualität unterdrücken. Pathetisch und lächerlich ist übrigens zu glauben, daß man in der Jugend oft Geschlechtsverkehr haben müßte, oder Normen für die »Normalität« aufzustellen, an denen man seine sexuellen Erfahrungen messen müsse.

(21.51 Uhr.) Tatsächlich hat dic westliche Gesellschaft versucht, jeden Ausdruck menschlicher Liebe und Hingabe entweder dem Zwang sexuellen Auslebens zu unterwerfen oder diesen Ausdruck der Liebe mit Gewalt zu unterdrücken. Sexuelle Erfüllung wird als die einzige sichere Möglichkeit betrachtet, das immense Potential des menschlichen Gefühlslebens zu nutzen. – Wenn euch eine Gesellschaft unzüchtig zu werden scheint, dann erweist sie sich einfach als gehemmt und beschränkt.

Dies bedeutet nämlich, daß jeder Gefühlsanspruch außer jener auf sexuelle Freiheit geleugnet wird. Die große Kraft der Liebe und der Hingabe wird dem Feld individueller Kreativität und gezielter Arbeit entzogen. Sie kann sich nicht durch

Regierung und Gesetz ausdrücken. Sie darf sich aber auch nicht in bedeutungsvollen persönlichen Beziehungen ausdrücken. Sie wird vielmehr in den engen Kanal der Sexualität gezwungen, der die Sexualität selbst bedeutungslos machen muß. Da ist eure Gesellschaft angelangt.

Frauen, die sich für »gleiche Rechte« einsetzten, haben gesagt, die von den Männern beherrschte Menschheit habe nur ihr halbes Potential genutzt, indem sie die Fähigkeiten der Frau unterdrückte. Im weiteren Sinn leidet aber jedes Individuum, auch der Mann, darunter, wenn die persönliche Identität vor allem als eine Sache der sexuellen Etikettierung verstanden wird.

Es gibt eine spezifische und umfassende sexuelle Orientierung biologischer Art, aber die geistigen und emotionalen menschlichen Eigenschaften sind nicht diesem oder jenem Geschlecht vorbehalten. Eine derartige Simplifizierung schneidet das Individuum entzwei, so daß jeder Mensch nur die Hälfte seines Potentials benutzt.

(22.05 Uhr.) Gebt uns einen Augenblick ... Einerseits mögen viele von euch gelernt haben, daß geschlechtliche Befriedigung falsch, schlecht oder entwürdigend sei. Andererseits hat man euch wahrscheinlich auch gesagt, ihr würdet, wenn ihr eure Sexualität nicht ausdrückt, sie auf unnatürliche Weise unterdrücken. Und zum dritten solltet ihr euch dann noch zwingen, in dieser zweideutigen Lage eure Sexualität zu genießen! Wobei das alte Gerücht, Frauen, die »gut« und wertvoll seien, fänden nichts am Sex, noch lange nicht verschwunden ist. Den Frauen wird auch eingeredet, der natürliche Ausdruck der Liebe, der sich in spielerischen Zärtlichkeiten äußert, sei unangebracht, wenn diesen nicht der sexuelle Höhepunkt in Form des Orgasmus folge. Den Männern wird suggeriert, ihren Wert an der Stärke ihres Geschlechtstriebes, ihren Leistungen und ihren Eroberungen auf diesem Gebiet zu messen und den Ausdruck der Liebe ohne sexuelle Entladung als schwächlich anzusehen. Kein Wunder, daß euch ein solches Klima verwirrt.

Ihr könnt Pause machen.

(22.13 Uhr. »Ich war nicht besonders in Form heute abend«, sagte Jane, nachdem ich feststellte, daß die Pause ein wenig früh kam. Wiederaufnahme des Diktats um 22.44 Uhr.)

Das sexuelle Schisma bereitet sich von frühester Kindheit an vor. Das männliche Kind wird gelehrt, sich nur mit dem Vaterbild zu identifizieren – das weibliche Kind mit dem Bild der Mutter –, und das ist eure Schuld. So greift ihr heimtückisch in den Wachstumsprozeß ein.

Kinder beiderlei Geschlechts identifizieren sich, wenn es natürlich zugeht, mit beiden Elternteilen. Jede Art von Druck, das Kind ausschließlich auf den Vater oder die Mutter auszurichten, bedeutet eine Einschränkung. Unter solchen Umständen entstehen sogleich Schuldgefühle, wenn immer das Kind eine natürliche Neigung zum anderen Elternteil empfindet.

Je stärker diese natürlichen Neigungen sind, um so mehr wird das Kind in unserer Gesellschaft angehalten, sie zu verdrängen. Einmal mehr wirkt sich die Tatsache aus, daß bestimmte Eigenschaften ausschließlich Männern, andere ausschließlich Frauen vorbehalten werden. Das Kind wird also gezwungen, jene Teile der Persönlichkeit zu verleugnen, die mit dem anderen Geschlecht zusammenhängen, mit dem es sich – so wurde es ihm beigebracht – nicht identifizieren soll. Diese Einengung der Persönlichkeit auf sein Geschlecht setzt schon früh ein. Ein anhaltendes Schuldgefühl ist die Folge, da das Kind im Grunde weiß, daß seine eigene Natur eine so einseitige Festlegung ablehnt.

Je mehr das Kind in der Lage ist, die ihm angelernte künstliche Identifikation zu erzwingen, um so zwiespältiger ist sein Gefühl, um so heftiger die innere Rebellion. Das Fehlen eines »passenden« Vater- oder Mutterbildes hat mehr Kinder »gerettet« als anderen Kindern geschadet. Die Psyche mit ihrer vielfältigen Begabung fühlt sich hintergangen und trifft Gegenmaßnahmen. In euren Schulen setzt sich jedoch der Prozeß fort. Die Richtung des Lernens und die Entfaltung der Neugier trennen Jungen und Mädchen immer mehr. Die »Frau« im Mann wohnt aber wirklich seiner Persönlichkeit inne. Diese seine Komponenten können nicht ausgedrückt werden – nicht infolge einer natürlichen Überlegenheit bestimmter mentaler und emotionaler Eigenschaften über andere, sondern wegen der künstlich herbeigeführten Spezialisierung. Das gleiche gilt für den »Mann« in der Frau. Wieder habt ihr eine einseitig aufgefaßte Version der Persönlichkeit in Übereinstimmung mit euren Vorstellungen von der Natur des Bewußtseins akzeptiert. Diese Ideen verändern sich allerdings, und im Zuge dieser Veränderungen muß der Mensch seine wahre Persönlichkeit annehmen. Wenn dies geschieht, wird euch euer Verstehen einen Schimmer von der Wirklichkeit der Götter vermitteln, die ihr während Jahrhunderten anerkannt habt. Ihr werdet sie nicht mehr länger in einengende, sexuell verbrämte Verkleidungen stecken müssen.

Eure religiösen Konzepte werden sich stark verändern, ebenso die Bilder, die mit ihnen zusammenhängen. Religion und Staat sind eine unheimliche Verbindung eingegangen. Männer haben beide gelenkt (sie tun es immer noch), und doch haben wenigstens die Oberhäupter der führenden religiösen Gemeinschaften deren intuitive Grundlage erkannt. Infolge dieser Erkenntnis versuchten sie fortwährend, die die Religion tragenden Massen zu manipulieren, und zwar auf genau jene auf den Mann hin orientierte Art, deren sich die politischen Führer bedienen, um die Emotionen der Massen einzuschränken und zu manipulieren.

(Lange Pause um 23.07 Uhr.) Die Häresie wurde als etwas Weibliches und Subversives betrachtet. Sie drohte den Rahmen des zulässigen Ausdrucks religiöser Inbrunst zu zerstören. Die weiblichen Elemente in den Kirchen waren immer suspekt. In der Frühzeit des Christentums gab es eine gewissen Unruhe aus der Furcht heraus, die Jungfrau könnte zur Göttin werden. Es gab Zweige des Christentums, in

denen dies der Fall war; sie überlebten nicht. Parallele Entwicklungen in Religion und Politik geben immer den Bewußtseinszustand und die Ziele der Menschheit wieder. »Heidnische« Praktiken, die der sexuellen Identifikation und ihrem Ausdruck viel größeren Freiraum ließen, hielten sich bis weit ins sechzehnte Jahrhundert hinein, und im sogenannten okkulten Untergrund hielten sich häretische Lehren, die die Entwicklung der intuitiven Anlagen des Menschen zu fördern suchten.

Jede echte verinnerlichte Entwicklung der Persönlichkeit muß jedoch zu einem Verstehen der wahren Natur der Psyche führen. Eure Psyche ist für die Verkennung eurer grundlegenden Identität und die Überschätzung der Sexualität viel zu umfassend. Die um sich greifende Idee der Reinkarnation zeigt klar die Veränderung bezüglich der sexuellen Ausrichtung. Und sie verweist auf die Existenz eines Selbst, das jenseits von eurer sexuellen Ausrichtung existiert, auch wenn sich euer Selbst durch eine in ihrem Geschlecht vorgegebene Körperlichkeit ausdrückt. Andererseits sind eure Glaubensvorstellungen über eure Sexualität weitgehend für die Ausschaltung des wiedergeburtlichen Bewußtseins verantwortlich. Ein solches »Gedächtnis« würde euch natürlich mit Erfahrungen konfrontieren, die mit euren gegenwärtigen sexuellen Rollen nur sehr schwer zu vereinbaren wären. Dessenungeachtet sind aber die früheren Erfahrungen der Existenzen anderen Geschlechts unbewußt in der Psyche präsent. Sie sind ein Teil eurer Persönlichkeit. Indem ihr euch so ausgeprägt mit eurem Geschlecht identifiziert, blockiert ihr alle Erinnerungen, die diese eure künstliche Identifikation gefährden oder zerstören könnten.

Ihr könnt Pause machen.

(23.28 Uhr bis 23.57 Uhr.)

In früheren Jahrhunderten hat die Kirche die Sexualität ihrer Priester beziehungsweise den Ausdruck ihrer Sexualität nicht so sehr eingeschränkt; sie hat versucht, den Ausdruck ihrer Liebe und Hingabe von ihrer Sexualität zu trennen.

Sehr viele Priester hatten im Mittelalter zum Beispiel illegitime Kinder. Diese wurden als Produkte des »lustvollen und schwachen Fleisches« angesehen. Das war schlimm genug, aber wenn man den Fall des Menschen in Betracht zog, dann handelte es sich um verständliche Fehltritte. Über solche Situationen wurde hinweggesehen, solange die Liebe und Hingabe eines Priesters weiterhin der Kirche gehörten und nicht an die Mutter eines solchen Bastards »verschwendet« wurden.

Die Nonnen wurden in untergeordneten Stellungen gehalten. Aber Nonnenklöster dienten zugleich auch als Refugien für viele Frauen, die sich im klösterlichen Schutz bilden wollten.

Viele dieser Nonnen trugen die Samen jener »im Fleisch schwachen« Priester aus und brachten Kinder zur Welt. Die Nonnen rebellierten wiederholt, und diese Frauen wußten sich trotz ihrer minderprivilegierten Situation recht gut zu helfen. Zeitweise stellten sie das ganze System der Kirche und deren Position in Frage. Einige traten in Gruppen aus, besonders in Frankreich und in Spanien, und bildeten ihre eigenen Gemeinschaften.

Die Kirche fand jedoch nie eine passende Methode, mit ihren Frauen – dem intuitiven Element des Glaubens – umzugehen. Ihre Furcht vor »einer Göttin« wurde jedesmal erneuert, wenn die Jungfrau in der einen oder anderen Ecke der Welt erschien.

Es gab auch Frauen, die als Mönche lebten und während Jahren in der Abgeschiedenheit ein einsames Leben führten. Kein Werk trägt ihren weiblichen Namen; sie benutzten männliche. Es versteht sich von selbst, daß lesbische und homosexuelle Beziehungen in solchen Umgebungen blühten. Die Kirche schloß die Augen, solange die Beziehungen bloß sexueller Natur waren. Erst wenn Liebe und Hingabe der Kirche verlorenzugehen drohten, gab sie sich betroffen. So entfernten sich Intellekt und Emotion noch weiter voneinander. Das alles führte natürlich zu einer Überbetonung der

Dogmen, der Gesetze, der Rituale, die farbig und reich sein mußten, weil sie die einzige erlaubte Möglichkeit darstellten, in der sich die Kreativität ausdrücken konnte. Die Kirche postulierte, daß die sexuelle Erfahrung zu den sogenannten niedrigen »tierischen Instinkten« gehöre – genau wie »gewöhnliche« menschliche Liebe. Andererseits durften spirituelle Liebe und Hingabe nicht durch den sexuellen Ausdruck beschmutzt werden, und so haftete jeder normalmenschlichen starken Beziehung eine Bedrohung für den Ausdruck der Frömmigkeit an.

Ende des Diktats. Ende der Sitzung und einen fröhlichen guten Abend.

(»Vielen Dank, Seth. Es war sehr interessant. Gute Nacht.« 00.17 Uhr.)

Sitzung 774, Montag, den 3. Mai 1976

(Seit Seth mit den Sitzungen über die menschliche Sexualität begonnen hatte, schienen wir mit der Post noch mehr Fragen zu diesem Thema zu erhalten als zuvor. Wir bedauern nur, daß es so lange dauert, bis diese Informationen der Öffentlichkeit zugänglich sind.

Das warme Wetter erlaubt uns nun, mittags am »Picknicktisch« zu essen, den wir in die Einfahrt unserer Doppelgarage gestellt haben. Jane schreibt hier oft bei offenem Garagentor und genießt auf der Rückseite des Hauses die herrliche Sicht auf die Hügel.)

Guten Abend.

(»Guten Abend, Seth.«)

Diktat: Ihr seid von sexuellem Wahn besessen, wenn ihr das Geschlechtsleben für schlecht, widerlich oder entwürdigend haltet, wenn ihr es verheimlicht und, obwohl ihr es auslebt, so tut, als ob es »tierisch« wäre. Ihr seid genauso von sexuellem Wahn besessen, wenn ihr die Wohltaten der Sexualität und eure Leistungen auf diesem Gebiet in übertriebener Form auf dem Marktplatz verkündet. Ihr seid von sexuellem

Wahn besessen, wenn ihr dem Ausdruck der Sexualität unrealistisch enge Schranken setzt, und wenn ihr ebenso unrealistische »Leistungsnormen« aufstellt, nach denen sich eure Mitmenschen richten sollten.

Sexuelle Freiheit beinhaltet also nicht eine erzwungene Promiskuität, die beispielsweise junge Menschen als sehr unnatürlich empfinden, weil ihre Beziehungen mit dem anderen Geschlecht oft nicht ins Bett führen.

Ihr programmiert euer Geschlechtsleben, indem ihr es von Liebe und Hingabe getrennt seht. So findet ihr euch dann mit dem Ausdruck einer Sexualität zurückgelassen, die ihrer tiefsten Bedeutung beraubt ist.

Ich sage hier nicht, jede beliebige sexuelle Abreaktion sei »falsch«, bedeutungslos oder erniedrigend, wenn sie nicht von Gefühlen der Liebe und Hingabe begleitet sei. In der Jugend und noch während einer längeren Zeit danach und für manche Menschen ein für allemal wird der Ausdruck des Sex jedoch der Neigung des Herzens folgen. Diese Neigungen färben auf den sexuellen Ausdruck ab. In diesem Sinn ist es »unnatürlich«, wenn ihr jemanden sexuell begehrt, obwohl ihr sie oder ihn nicht mögt oder auf den Partner hinabschaut. Eure sexuell verstellten Vorstellungen von Dominanz und Unterworfensein haben keinen Platz im natürlichen Leben eurer Spezies oder in denen der Tiere. Nochmals: Ihr interpretiert das Verhalten der Tiere nach euren eigenen Vorstellungen.

Der Trieb, zu beherrschen, zu unterwerfen, spielt immer dort eine so große Rolle, wo Liebe mit der Sexualität unvereinbar erscheint. Vereinbar schienen sie euch nur in religiösen Erfahrungen, denn nur die Liebe Gottes konnte als »gut genug« gelten, um eine Sexualität zu rechtfertigen, die für tierisch gehalten wurde. Tatsächlich aber sind das alles Züge, die mit eurem Bewußtsein und seiner Entwicklung zu tun haben. Wie ich in diesem Buch schon erwähnt habe, saht ihr, beherrscht von der Idee, die Notwendigkeit, den in eurem Bewußtsein vorherrschenden Kurs zu verfolgen, der darauf abzielte, die Natur zu beherrschen. Dies hieltet ihr im wesentlichen für eine Männersache. Das weibliche Prinzip wurde demgegenüber mit der Erde und all jenen Elementen des Lebens gleichgesetzt, über die ihr als Spezies die Herrschaft zu erlangen hofftet.

(21.47 Uhr.) Gott mußte deshalb ein Mann sein. Liebe und Hingabe – die eigentlich mit den Aspekten der Natur und dem weiblichen Prinzip hätten leicht verbunden werden können – mußten jeder natürlichen Sexualität »entkleidet« werden. In dieser Weise gibt die Religion euren Bewußtseinszustand wieder: Sie konnte die Liebe zügeln und für ihre Herrschaftsabsichten nutzbar machen. Sie wurde staatsorientiert. Die Liebe und Hingabe eines Mannes waren effektiv ein politischer Gewinn. Die Inbrunst der Gefolgsleute war so wichtig wie der Staatsschatz. Auf solche Offiziere konnte man zählen – genauso wie übrigens Fanatiker auch ohne Lohn für eine Sache arbeiten.

(Lange Pause.) Gebt uns einen Moment ... *(Eine einminütige Pause um 21.56 Uhr.)*

Manche Menschen sind von Natur aus einsam. Sie wollen ein einsames Leben führen und sind zufrieden. Die meisten Menschen haben aber ein Verlangen nach dauerhaften, engen zwischenmenschlichen Beziehungen. Diese bilden einen Rahmen für persönliches Wachstum, für das Verstehen des anderen und die eigene Entfaltung. Es ist zu billig, in die Wolken zu schreien: »Ich liebe meine Mitmenschen«, wenn ihr andererseits nicht zu starken, dauerhaften Beziehungen zu euren Mitmenschen finden könnt. Es ist billig, gleiche Liebe für alle Menschen zu verkünden. Echte Liebe setzt das Verstehen des Partners voraus, das wiederum auf direkter Erfahrung beruht. Ihr könnt nicht jemanden lieben, den ihr nicht kennt – es sei denn, ihr verwässert den Begriff der Liebe dermaßen, daß sie bedeutungslos wird.

Um jemanden zu lieben, müßt ihr anerkennen, wie sich dieser Mensch von euch selbst und von anderen unterscheidet. Ihr müßt diesen Menschen in eurem Geist behalten, so daß die Liebe gewissermaßen Inhalt einer Art Meditation wird, durch die euch ein ständiges und lebendiges Eingehen auf ein anderes Individuum gelingt. Wenn ihr diese Liebe an euch einmal erfahren habt, könnt ihr sie auf andere Ebenen übersetzen. Eure Liebe weitet sich aus, so daß ihr auch andere Menschen – nicht nur den einen geliebten – im Licht der Liebe sehen könnt.

Liebe ist von Natur aus schöpferisch und forschend und entdeckend immer neugierig am Werk. Ihr möchtet alle Wesenszüge der Geliebten beziehungsweise des Geliebten erforschen. Selbst Züge, die ihr sonst nicht schätzt, gewinnen an dem geliebten Menschen noch eine liebenswerte Note. Sie werden gebilligt. Denn es sind und bleiben die Attribute des Geliebten. Sogar offensichtliche Fehler werden entschuldigt. Das geliebte Wesen überragt alle anderen Menschen.

Nur die Liebe Gottes könnte wohl in der Vision eines Augenblicks die Existenz aller Individuen in einem einzigen, unendlich liebenden Blick einfangen, der jeden Menschen in all seinen individuellen Besonderheiten festzuhalten vermöchte. Ein solcher Gott würde sich beim Anblick der Verschiedenheit und Einzigartigkeit eines jeden Menschen freuen. Dies wäre keine simple Liebe, kein suppiger Brei eines Anblicks, in dem sich jede Individualität verlöre, sondern eine Liebe, die auf dem vollen Verstehen eines jeden einzelnen beruht. Das Gefühl der Liebe bringt euch am nächsten zu einem Verständnis von der Natur des All-Einen. Liebe spornt an zu Hingabe, sie ist Verpflichtung. Sie s p e z i f i z i e r t. Ihr könnt deshalb nicht ehrlich darauf bestehen, die Menschheit und alle Menschen zu lieben, wenn ihr nicht einen einzigen anderen Menschen liebt. Wenn ihr übrigens euch selbst nicht liebt, ist es ziemlich schwierig, jemand anderen zu lieben.

Ihr könnt Pause machen.

(22.22 Uhr bis 22.41 Uhr.)

Nicht unbedingt ist also Liebe sexuell ausgerichtet. Aber die Liebe sucht sich selbstverständlich auf natürliche Weise auszudrücken, und ein solcher Ausdruck schlägt sich im Geschlechtsleben nieder – oder auch nicht.

Wenn Liebe und Sexualität künstlich entzweit und als einander entgegengesetzt betrachtet werden, dann eben gibt es Probleme. Unter solchen Umständen sind dauerhafte Beziehungen nur sehr selten zu erreichen. Die Liebe findet kaum Wege des Ausdrucks, da einer ihrer natürlichsten Kanäle verstopft ist. Viele Kinder verschwenden ihre Liebe an Spielzeuge, an Puppen oder imaginäre Spielgefährten; sie müssen es, weil so viele Verhaltenszwänge andere Ausdrucksformen der kindlichen Liebe bereits unterbunden haben. Infolge der Identifikationsvorgänge, denen Kinder unterworfen sind, werden ihre Gefühle, die sie gegenüber den Eltern hegen, zwiespältig. Liebe, Sexualität, Spiel, Neugierde und Forschergeist verbinden sich im Kind auf natürlichste Weise. Aber es lernt bald, daß sein Forschen in bezug auf den eigenen Körper unstatthaft ist. Das Kind ist nicht frei, seiner eigenen Körperlichkeit innezuwerden. Der Körper wird zum früh schon verbotenen Territorium, so daß sich das Kind fehlgeleitet oder sogar schuldig fühlt, wenn es sich selbst in irgendeiner Weise liebt.

Die Vorstellungen über die Liebe und auch ihr Ausdruck werden dann in hohem Maße verzerrt. Ihr führt beispielsweise – hört nur, wie das klingt – keine »Kriege zur Verbrüderung der Menschheit«. Menschen, die in ihren Beziehungen mit nichtverzerrten Versionen der Liebe vertraut sind, würden eine solche Vorstellung für unmöglich halten – nicht ihr. Doch ihr könnt von Männern, die dazu erzogen wurden, sich der »femininen« Seiten ihrer Natur zu schämen, nicht erwarten, daß sie die Frauen lieben. Sie werden in den Frauen vielmehr die verachteten, gefürchteten und doch sehr belastenden Aspekte ihrer eigenen Realität suchen und finden und sich in ihren Beziehungen zum anderen Geschlecht entsprechend verhalten.

Genauso könnt ihr von Frauen, die sich vor den »maskulinen« Seiten ihrer Natur zu fürchten gelernt haben, nicht erwarten, daß sie die Männer lieben – was zum gleichen Verhalten führt.

Der sogenannte »Krieg der Geschlechter« hat seinen Ursprung in den von euch erfundenen künstlichen Unterscheidungen, die ihr der Natur des Selbst auferlegt habt. Die Realität der Psyche findet sich jenseits solcher Mißverständnisse. Ihre eigentliche Sprache ist euch nicht zugänglich. Sie ist eng mit dem verbunden, was frei als die Sprache der Liebe bezeichnet werden kann.

Ende des Kapitels.

6
Die »Sprache der Liebe«, Bilder und die Entstehung des Wortes

Fortsetzung der Sitzung 774 vom 3. Mai 1976

(22.59 Uhr.) Überschrift des nächsten Kapitels: Die »Sprache der Liebe«, Bilder und die Entstehung des »Wortes.«

Es ist fast ein Gemeinplatz, wenn wir sagen, daß Liebende einander ohne Worte verstehen. Es gibt eine Fülle an Literatur, die sich auf die innere Kommunikation beruft, die Mutter und Kind, Bruder und Schwester und Liebende miteinander verbindet.

Die Liebe scheint die physischen Sinne zu schärfen, so daß selbst die kleinsten Gesten zusätzliche Bedeutung erhalten. Mythen und Sagen entstanden, denen zufolge Liebende einander verbunden bleiben und Erfahrungen austauschen, obwohl der eine Partner tot, der andere noch am Leben ist. Das Erleben der Liebe vertieft auch die Freude am Augenblick, auch wenn es die Kürze der sterblichen Erfahrung zu betonen scheint. Obgleich der Liebesausdruck den Augenblick hell erleuchtet, trägt diese momentane Helligkeit eine Intensivität in sich, die sich der Zeit widersetzt und irgendwie ewig ist.

In eurer Sicht der Welt identifiziert ihr euch nur mit euch selbst, aber die Liebe kann diese Identifikation in einem Ausmaß erweitern, daß der innerste Gedanke eines anderen Menschen zu einem bedeutsamen Teil eures eigenen Bewußtseins wird. Mit euren Augen schaut ihr hinaus in die Welt in einer gewissen Weise aber auch durch die Augen des anderen. Es stimmt deshalb zu sagen, daß ein Teil von euch mit dem geliebten Partner geht, wenn er unabhängig von euch durch den Raum schreitet.

In einem unterschiedlichen Ausmaß gilt dies auch für die Tiere. Bei vielen Tierarten können wir beobachten, daß es dem einzelnen Tier nicht nur um sein persönliches Überleben, sondern auch um das seiner »Familienmitglieder« geht. In einer Gruppe von Tieren ist sich jedes Individuum der Situation des anderen bewußt. Der Ausdruck der Liebe ist nicht auf eure Spezies begrenzt, genausowenig wie jener der Zärtlichkeit, der Treue oder des Verantwortungsgefühls. Die Liebe verfügt wirklich über ihre eigene Sprache, eine im Grunde nichtverbale, von tiefen biologischen Zusammenhängen getragene Sprache. Sie ist die ursprüngliche Grundsprache, aus der alle anderen Sprachen, die ihr als solche bezeichnet, erst hervorgegangen sind, denn jede Sprache dient einfach den natürlichen Qualitäten, die der Sprache der Liebe eigen sind: dem Wunsch, zu kommunizieren, sich schöpferisch zu entfalten, zu erforschen und mit dem Geliebten vereint zu sein.

(Lange Pause um 23.22 Uhr.) Gönnt uns einen Augenblick ... Nach euren historischen Begriffen fühlte sich der Mensch zuerst eins mit der Natur und liebte sie, da er sie als Erweiterung seiner selbst betrachtete, auch wenn er sich als einen Teil ihres Ausdrucks empfand. Indem er sie erforschte, erforschte er auch sich selbst. Er identifizierte sich nicht nur mit sich selbst, denn wegen seiner Liebe identifizierte er sich auch mit all jenen Teilen der Natur, mit denen er in Berührung kam. Diese Liebe war biologisch in ihm eingepflanzt, und sie gehört heute noch zur biologischen Ausrüstung des Menschen.

Physisch und psychisch ist die menschliche Spezies mit der gesamten Natur verbunden. Der Mensch lebte weder in Angst, wie heute angenommen wird, noch in einem idealisierten natürlichen Himmel. Er lebte auf einem intensiven Höhepunkt psychischer und biologischer Erfahrung und freute sich seiner schöpferischen Erregung, die in diesem Sinn nur damals existierte, als die menschliche Spezies noch neu war.

Dies ist schwer zu erklären, denn diese Konzeption existiert jenseits jeder Verbalisierung. Einige scheinbare

Widersprüche müssen notgedrungen auftauchen. Im Vergleich mit jener Zeit werden die Kinder heute uralt geboren, da sie auch biologisch die Erinnerungen ihrer Vorfahren in sich tragen. In jenen urtümlichen Zeiten erwuchs die Menschheit selbst, nach den Begriffen jener Zeiten neu aus dem Schoß der Zeitlosigkeit in die Zeit.

(Lange Pause.) Neuer Absatz: In einem tieferen Sinn dauert ihre Existenz immer noch fort, auch wenn sie sich in allen Richtungen erweitert. Eure bekannte Welt ist eine Entwicklung in der Zeit, die einzige, die ihr anerkennt. Die menschliche Spezies schlug tatsächlich auch viele andere Wege ein, die in eurer Geschichte nicht festgehalten sind. An diesem »Punkt« kommt es zu einer immer neuen Kreativität. *(Eine von vielen langen Pausen.)* In eurer bekannten Zeitrechnung erlebte die Menschheit ihr Selbst am Anfang ganz anders, als ihr dies heute tut. Da diese Erfahrung eurer heutigen Sicht der Welt so fremd ist und da sie sich vor der Sprache ereignete, wie ihr diese erfahrt, ist sie äußerst schwer zu beschreiben.

(23.39 Uhr.) In eurer Erfahrung ist das Selbst im allgemeinen von der Natur isoliert und vor allem in eurer Haut eingeschlossen. Der frühe Mensch fühlte sich nicht wie eine leere Muschel, denn sein Selbst existierte genauso außerhalb seines Körpers wie innerhalb davon. Es bestand eine ständige Wechselwirkung. Man kann leicht sagen, daß sich diese Menschen, sagen wir, mit Bäumen identifizieren konnten. Aber es ist etwas ganz anderes, erklären zu wollen, wie es für eine Mutter war, zu einem Teil des Baumes zu werden, unter dem ihre Kinder spielten, so daß sie ihnen vom Standpunkt des Baumes aus folgen konnte, obwohl sie selbst weit weg war.

Ihr könnt Pause machen.

(23.46 Uhr bis 23.59 Uhr.)

Das Bewußtsein ist viel mobiler, als ihr glaubt. Der Schwerpunkt eures Bewußtseins liegt vor allem im Körper. Ihr könnt subjektives Verhalten nicht »von außen« erfahren.

Damit bleibt die natürliche Mobilität des Bewußtseins, welche zum Beispiel die Tiere behalten haben, für euch psychologisch unfaßbar.

Ihr denkt gern in einheitlichen Begriffen und Definitionen, und selbst wenn ihr euer Bewußtsein betrachtet, denkt ihr an ein »Ding« oder eine Einheit – ein unsichtbares Etwas, das vielleicht von unsichtbaren Händen gehalten werden kann. Statt dessen ist Bewußtsein eine besondere Seinsqualität. Jeder Teil von »ihm« schließt das Ganze mit ein. Was also euch betrifft, könnt ihr theoretisch gleichzeitig im Körper und außerhalb des Körpers sein. Ihr seid euch kaum solcher Erfahrungen bewußt, weil ihr sie nicht für möglich haltet, und es scheint euch auch, daß ein Bewußtsein, besonders wenn es individualisiert ist, an diesem oder jenem Platz sein müsse.

Ich versuche, dies möglichst einfach auszudrücken: Ein Vogel muß ein Nest haben, auch wenn er es oft verläßt und nie sich und seinen Nistplatz durcheinander bringt. Dies habt aber ihr sozusagen getan, obwohl euer Körper beseelter ist als das Nest des Vogels.

In jenen frühen Zeiten war das Bewußtsein also mobiler. Die Identität war gleichsam demokratischer. Eigenartigerweise bedeutet dies nicht, daß die Individualität schwächer war. Sie war vielmehr stark genug, um in ihrem Bereich viele divergierende Erfahrungen zuzulassen. Wenn ein Individuum in die Welt der Bäume, Gewässer und Felsen, der Flora und Fauna hinaussah, fühlte es buchstäblich, daß es materialisierte subjektive Bereiche des persönlichen Selbst anschaute.

Diese äußere Welt zu erforschen hieß, die innere zu erkunden. Wenn ein solcher Mensch durch einen Wald ging, fühlte er sich auch als ein Teil des inneren Lebens eines jeden Felsen und Baumes, der sich materialisierte. Und doch widersprachen sich die Identitäten nicht.

(00.19 Uhr.) Ein Mensch konnte sein Bewußtsein mit einem Bach oder Strom verbinden und so meilenweit reisen und das Land erforschen. Dabei wurde er zu einem Teil des

Wassers in einer Art Identifikation, die ihr kaum verstehen könnt – aber so wurde das Wasser auch zu einem Teil des Menschen.

Es fällt euch nicht schwer, euch vorzustellen, wie Atome und Moleküle Objekte bilden. In gleicher Weise können sich auch Teile des identifizierten Bewußtseins mischen und verbinden und in diesem Verbund existieren.

Ende des Diktats. Ende der Sitzung.

(»Gut. Sehr schön.«)

Euch beiden von Herzen einen guten Abend.

(»Danke. Gute Nacht.« 00.26 Uhr.)

Sitzung 776, Montag, den 17. Mai 1976

(Unsere letzte Sitzung, die 775ste, betraf nicht das Buchdiktat. Seth widmete sie den »Bewußtseinsfäden« – und erklärte, warum Jane das William-James-Material auffing, das in ihrem Buch »Psychic Politics« erwähnt wird. Immer wieder hat sie das Gefühl, als ob mehr Material »von James« verfügbar wäre; aber bis heute ist nichts mehr durchgekommen.)

Guten Abend.

(»Guten Abend, Seth.«)

Diktat. Es gibt Kanäle für Wechselbeziehungen, die alle physische Materie verbinden – Kanäle, durch die das Bewußtsein fließt.

In den Begriffen, in denen ich gerade spreche, erlaubte dem Menschen seine Identifikation mit der Natur, diese inneren Kanäle zu verwenden. Er konnte sein eigenes Bewußtsein sozusagen durch viele Kanäle schwimmen lassen, in denen andere Arten des Bewußtseins verschmolzen. Ich sagte, daß die Sprache der Liebe die grundlegende Sprache war, und ich meinte dies wörtlich. Der Mensch liebte die Natur, identifizierte sich mit ihren vielen Aspekten und fügte sein eigenes Existenzgefühl hinzu, indem er sich mit der Macht der Natur verband und sich mit ihrer Kraft identifizierte.

Es war nicht so, daß er nur die Elemente der Natur personifizierte. Vielmehr stürzte er seine Persönlichkeit in ihre Elemente und ritt sie sozusagen. Wie erwähnt, erweckt die Liebe das Bedürfnis, den Geliebten zu kennen, zu erforschen und mit ihm zu kommunizieren. Die Sprache begann also damit, daß der Mensch versuchte, seine Liebe zur natürlichen Welt auszudrücken.

Ursprünglich hatte Sprache nichts mit Worten zu tun. Tatsächlich ergab sich die verbale Sprache erst, als der Mensch einen Teil seiner Liebe verloren und einen Teil seiner Identifikation mit der Natur vergessen hatte, so daß er ihre Stimme nicht mehr als auch die seine verstand. In jenen Tagen der Frühzeit besaß der Mensch eine gigantische Arena, um seine Gefühle auszudrücken. Er wütete symbolisch mit den Stürmen der Natur, und ziemlich bewußt identifizierte er sich so sehr mit ihnen, daß er und seine Stammesgefährten sich mit Wind und Blitz vereinigten und zu einem Teil der entfesselten Kräfte wurden. Sie fühlten und wußten auch, daß die Stürme das Land erfrischten, ganz gleich wie wild sie tobten.

Wegen dieses Sicheinsfühlens mit der Natur wurde die Todeserfahrung, w i e i h r s i e v e r s t e h t, in keiner Weise als ein Ende betrachtet. Die Beweglichkeit des Bewußtseins war eine Erfahrungstatsache. Das Selbst wurde nicht so betrachtet, als ob es in der Haut stecken würde. Der Körper wurde mehr oder weniger als freundliches Heim oder als Höhle verstanden, die dem Selbst Unterschlupf gewährte, es aber nicht einengte.

(Pause um 21.35 Uhr, eine von vielen.) Die Sprache der Liebe hatte a m A n f a n g auch nichts mit Bildern zu tun. Geistige Bilder, w i e s i e v e r s t a n d e n w e r d e n, bildeten sich in der gegenwärtigen Form erst, als der Mensch, einmal mehr, einen Teil seiner Liebe und seines Einsseins mit der Natur verloren hatte und vergaß, wie er sich mit einem Bild von dessen Innerem her identifizieren konnte, und es deshalb von außen zu betrachten begann.

Ich möchte betonen, wie schwer es ist, eine solche Sprache verbal zu erklären. Die Sprache der Liebe folgte gewissermaßen molekularen Wurzeln – einer Art biologischem Alphabet, obwohl »Alphabet« ein viel zu enger Begriff ist.

(Eine Pause von einer Minute.) Jedes natürliche Element hatte sein eigenes Schlüsselsystem, das es mit anderen verband und Kanäle bildete, durch die das Bewußtsein von einer Lebensform zu anderen fließen konnte. Der Mensch verstand sich als individuelles Wesen, das aber mit der gesamten Natur verbunden war. Die emotionale Ausdehnung seines Lebens ging also weit über eure sogenannte persönliche Erfahrung hinaus. Jeder Mensch, der, zum Beispiel, einen Sturm mitmachte, tat dies auf seine eigene Weise. Den Emotionen wurde ihr ungehemmter Ausdruck zugestanden, die Jahreszeiten der Erde und der Welt wurden gemeinsam empfunden.

Die Sprache oder die Methode der Kommunikation kann vielleicht am besten als direktes Wissen beschrieben werden. Direktes Wissen hängt von einer Art Gleichsetzung in Liebe ab: es wird einfach gewußt, was gewußt wird. Auf dieser Stufe sind weder Worte noch Bilder nötig. Die Menschen fühlten, daß der Wind draußen und der von innen gesteuerte Atem ein und dasselbe waren, so daß der Wind das Ausstoßen des Atems vom Mund des Lebenden war, der sich über den Körper der Erde ausbreitete. Ein Teil des Menschen verließ ihn mit seinem Atem – deshalb konnte das Bewußtsein des Menschen überall hinreisen und zu einem Teil eines jeden Ortes werden.

(Lange Pause.) Die Identität einer Person war insoweit persönlich, als ein Mensch jederzeit wußte, wer er war. Er war sich seiner persönlichen Eigenart so sicher, daß er sie nicht beschützen mußte und sein Bewußtsein in einer Weise erweitern konnte, die euch jetzt fremd ist.

(Pause um 22.00 Uhr.) Gönnt uns einen Moment . . .

Nehmt den Satz: »Ich betrachte den Baum.« Wenn jene ursprüngliche Sprache Worte hätte, wäre das Gegenstück: »Als ein Baum betrachte ich mich selbst.«

(Lange Pause um 22.03 Uhr.) Oder: »Wenn ich meine Baumnatur annehme, ruhe ich in meinem Schatten.« Oder gar: »Im Schatten meiner Baumnatur ruhe ich von meiner Menschennatur aus.« Ein Mensch stand weniger am Ufer und schaute auf das Wasser hinab, als daß er vielmehr sein Bewußtsein darin versenkte. Die ursprüngliche Neugier des Menschen bezog sich weniger auf das Sehen, Fühlen oder Berühren des Objektes als vielmehr auf ein freudiges psychisches Erforschen, indem er eher sein Bewußtsein eintauchte als bloß seinen Fuß – in das Wasser eines Stroms –, obwohl er beides tat.

Wenn diese Sprache, von der ich spreche, verbal gewesen wäre, hätte der Mensch nie gesagt: »Das Wasser fließt durch das Tal.« Der Satz hätte sich vielmehr wie folgt gelesen: »Über Steine fließt mein Wasser mit anderen in schlüpfriger Vereinigung. D i e s e Übersetzung ist auch nicht die beste. Der Mensch bezeichnete sein Bewußtsein nicht mit allen Mitteln als das einzige. Er dankte zum Beispiel dem Baum für den gespendeten Schatten, und er wußte, daß der Baum seine besondere Eigenart behielt, auch wenn er seinem Bewußtsein erlaubte, sich mit ihm zu verbinden.

In eurem Sinn begann der Gebrauch der Sprache damit, daß der Mensch diese Art der Identifikation, das Gefühl des Einsseins, verlor. Ich muß nochmals betonen, daß die Identifikation nicht symbolisch, sondern ein praktischer, alltäglicher Ausdruck war. Die Natur sprach für den Menschen und der Mensch für die Natur.

(Pause um 22.18 Uhr.) In einer bestimmten Weise waren Hauptwort und Zeitwort eins. Das Hauptwort verschwand nicht, sondern drückte sich selbst als das Zeitwort aus.

(Lange Pause um 22.20 Uhr.) In einer Art emotionaler Vergrößerung, die euch unbekannt ist, wurden den persönlichen Gefühlen eines jeden Menschen durch die Veränderungen der Natur ein Ausdruck und eine Befreiung ermöglicht – eine Befreiung, die verstanden und für selbstverständlich hingenommen wurde. Letztlich hängen Wetterbedingungen

und Gefühlsleben immer noch eng zusammen. Die inneren Bedingungen verursachen die äußeren klimatischen Veränderungen, obwohl es euch heute umgekehrt zu sein scheint.

(Lange Pause um 22.26 Uhr.) Da ihr euch nicht mehr länger mit den Kräften der Natur identifizieren könnt, seid ihr einer der wichtigsten Ausdrucksarten beraubt – oder ihr beraubt euch ihrer vielmehr selbst. Der Mensch wollte ein bestimmtes Bewußtsein verfolgen. Während einer langen Periode zog er sozusagen seine Aufmerksamkeit in sich hinein; er identifizierte sich nicht mehr wie früher, sondern begann die Objekte durch das Objekt seines Körpers zu sehen. Er vereinigte nicht mehr sein Bewußtsein wie früher, indem er es mit einem Baum verband und vielleicht seinen eigenen, stehenden Körper vom Standpunkt des Baumes aus sah, sondern er lernte, den Baum als Objekt zu betrachten. Da wurden die geistigen Bilder im üblichen Sinne wichtig – vorher hatte er sie verstanden, aber auf eine andere Art, nämlich von innen nach außen.

Nun begann er, zu zeichnen und zu skizzieren, er lernte, in seinem Geist Bilder aufzubauen, die mit den realen äußeren Objekten in der neu aufgenommenen Art in Verbindung standen. Nun ging er nicht nur zu seinem Vergnügen spazieren, sondern um die gewünschten Informationen zu sammeln, um Distanzen zu überwinden, die sein Bewußtsein vorher frei durchreist hatte. Er brauchte also primitive Karten und Zeichen. Statt ganzer Zeichen benutzte er partielle, Fragmente von Kreisen oder Linien, um die natürlichen Objekte darzustellen.

Er hatte immer schon Laute von sich gegeben, um Gefühle, Absichten oder einfach Überfluß mitzuteilen. Da er sich jetzt mit Skizzen und gezeichneten Bildern befaßte, begann er, ihre Form mit seinen Lippen nachzumachen. Das »O« war perfekt, es stellt einen der ursprünglichen spontanen Laute der verbalisierten Sprache dar.

Ihr könnt Pause machen.

(22.41 Uhr bis 23.08 Uhr.)

Nun: Unabhängig von der Sprache, die ihr sprecht, hängen die Töne, die ihr machen könnt, von eurer physischen Struktur ab, so daß sich die menschliche Sprache aus einer bestimmten, begrenzten Anzahl von Lauten zusammensetzt. Eure physische Konstruktion ist das Ergebnis innerer molekularer Vorgänge, und die Laute, die ihr von euch gebt, hängen mit diesen zusammen.

Ich habe gesagt, daß der Mensch der Frühzeit eine gewisse emotionale Vergrößerung empfand, indem er beispielsweise die Stimme des Windes als seine eigene spürte. In einer bestimmten Weise stellen eure Sprachen, indem sie eure individuellen Absichten und Mitteilungen ausdrücken, auch eine Art Erweiterung dar, die aus euren molekularen Verbindungen hervorgeht. Der Wind macht bestimmte Laute, die von den Eigenschaften der Erde abhängen. Der Atem macht bestimmte Laute, die von den Eigenschaften des Körpers abhängen. Es besteht ein Zusammenhang zwischen den Alphabeten und der Molekularstruktur, aus der euer Gewebe besteht. Alphabete sind also natürliche Schlüssel. Solche natürliche Schlüssel haben eine molekulare Geschichte. Ihr formt diese Schlüssel zu bestimmten Klangmustern, denen eine besondere Bedeutung zukommt.

(23.26 Uhr.) Es gibt »innere Laute«, die wie Schichten zwischen den Geweben sind, die Moleküle »einmanteln«, und diese dienen als Grundlage für die äußeren Klangprinzipien. Diese sind also mit Rhythmen im Körper selbst verbunden.

Gewissermaßen ist die Interpunktion ein Klang, den ihr nicht hört, eine Pause, die die Gegenwart des zurückgehaltenen Tones impliziert. Die Sprache hängt also zu einem gewissen Grad vom Ungesprochenen wie vom Gesprochenen ab, vom Rhythmus der Stille genauso wie vom Klang. In diesem Kontext beinhaltet das Schweigen aber bloß eine Klangpause, in welcher der Ton vorhanden ist, aber zurückgehalten wird. Bei den inneren Lauten geht es vor allem um derartige Beziehungen. Die Sprache ist nur wegen dieses Rhythmus der Stille, auf dem sie reitet, von Bedeutung.

(23.33 Uhr.) Ihre Bedeutung kommt ebenso von den Pausen zwischen den Lauten wie von den Lauten selbst. Der Atemfluß ist natürlich wichtig, weil er den Rhythmus und den Zwischenraum der Wörter reguliert. Die Integrität des Atems ergibt sich direkt aus einem geordneten Geben-und-Nehmen zwischen den Zellen, aus dem Funktionieren der Gewebe. Und all dies ist der Ausdruck der molekularen Kompetenz. Diese Zuständigkeit ist offensichtlich für die Sprache verantwortlich; aber darüber hinaus ist sie mit den Sprachmustern selbst unmittelbar verbunden, mit dem Aufbau der Syntax, ja sogar mit den Zeichen, die in der Sprache gebraucht werden.

Ihr sprecht für euch selbst, aber dazu benutzt ihr eine Sprache, die nicht allein die eure ist, sondern das Ergebnis innerer Kommunikationen, die zu schnell ablaufen, als daß ihr ihnen folgen könnt, an denen gleichermaßen körperliche und seelische Realitäten beteiligt sind. Aus diesem Grund sind eure Sprachen auf mehreren Ebenen von Bedeutung. Die Laute, die ihr von euch gebt, wirken auf euren eigenen und auf andere Körper. Jede Sprache verfügt deshalb neben dem Bedeutungswert auch über einen Klangwert.

Die Worte, die ihr an jemand anderen richtet, werden vom Empfänger in einer bestimmten Weise in ihre Grundkomponenten zerlegt und auf verschiedenen Ebenen verstanden. Psychologische Interpretationen werden fixiert und auch molekulare. Die Laute und ihre Pausen drücken emotionale Zustände aus, und als Reaktion darauf verändert der Körper seinen Zustand in beliebigem Ausmaß.

Der Zuhörer zerlegt tatsächlich die Sprache. Er baut seine eigene Antwort auf. Ihr habt Worte und Bilder so eng miteinander verknüpft, daß die Sprache aus einem Klang zu bestehen scheint, der ein Bild hervorruft. Es gab auch Sprachen mit Lauten für Gefühle und rein psychische Zustände, aber ohne Subjekte und Prädikate oder gar eine Satzstruktur, die ihr hättet erkennen können.

Eure Sprache muß eurer Wahrnehmung folgen, die darunterliegende Klangstruktur nicht unbedingt. Ihr sagt: »Ich bin heute, ich war gestern, und ich werde morgen sein«; aber in anderen Sprachen würde eine solche Aussage nicht verstanden und dafür auf jeden Fall das Wort »Ich bin« verwendet.

Ihr könnt Pause machen oder die Sitzung beenden, wie ihr wollt.

(»Wir machen eine Pause und sehen, was passiert.«)

(23.55 Uhr. In der Pause fand Jane, daß sie zu müde sei, und wir beschlossen, die Sitzung nicht fortzusetzen.)

Sitzung 777, Montag, den 24. Mai 1976

(21.45 Uhr.) Nun – guten Abend.

(»Guten Abend, Seth.«)

Diktat. Anfänglich, jedenfalls vor der Entstehung der mentalen Bilder und Worte – wie ihr sie versteht (gesperrt) –, existierte die Welt in einem anderen Sinn, als ihr ihn heute kennt. Die Bilder, wie ihr sie heute seht, hatten noch nicht die Form, die ihr erkennt. Es scheint euch beispielsweise, daß die natürliche Welt auf eine bestimmte Art visuell wahrgenommen werden oder aufgebaut sein müsse.

Welches auch eure Sprache ist, ihr nehmt Bäume, Berge, Meere und Menschen wahr. Ihr seht, zum Beispiel, nie, wie ein Mann mit einem Baum verschmilzt. Dies würde von euch als Halluzination bezeichnet. Eure visuellen Daten werden gelernt und interpretiert, als ob sie die einzig möglichen Ergebnisse äußerer Informationen wären. Innere Visionen können euch verwirren, da ihr in eurem Geist oft klare Bilder seht, die euch entgingen, wenn eure Augen offen wären. Nach den Begriffen, in denen wir sprechen, machte aber die Menschheit der Frühzeit in weit größerem Maße von den »inneren Sinnen«, wie ich dies nenne, Gebrauch als ihr. Visuell haben jene Menschen die gegenständliche Welt nicht so wahrgenommen, wie es euch heute erscheint.

Gönnt uns etwas Zeit . . . *(Eine von vielen Pausen.)*

Wenn sich das Bewußtsein eines Menschen, zum Beispiel, mit dem eines Baumes verband, konnte dieses Faktum auch von anderen visuell wahrgenommen werden. Und wenn sich das Bewußtsein eines Menschen mit dem eines Tieres verband, wurde auch dies zu einer sichtbaren Tatsache.

Man kann sagen, daß das menschliche Gehirn visuelle Informationen zusammenstellte, wodurch der visuell wahrnehmbare Gehalt der Welt nicht so statisch festgelegt war wie heute. Ihr habt gelernt, bei eurem sinnesbedingt gegenständlichen Sehen und Interpretieren sehr spezifisch zu sein. Eure innere Schau speichert hingegen visionäre Daten, die physisch wahrgenommen werden könnten, aber nicht sichtbar sind. Ihr habt euch darauf trainiert, auf bestimmte visuelle Reize zu reagieren, die eure mentalen Interpretationen auslösen, und andere Varianten zu ignorieren.

Die Daten innerer Schau können als allzu subtil bezeichnet werden. Tatsächlich sind sie aber nicht subtiler als die Reize, die ihr wahrnehmt.

(Lange Pause um 22.05 Uhr.) Ihr sagt, daß Daten in den Chromosomen gespeichert werden, die auf eine bestimmte Art aneinandergereiht sind. Biologisch ist dies nun direktes Wissen. In gleicher Weise nehmen die inneren Sinne direkt wahr. Für euch bedeutet Sprache Wörter und Worte. Beides sind immer Symbole für Gefühle, Absichten und Bedürfnisse. Das direkte Wissen bedurfte keiner Symbole. Die erste Sprache, die urtümliche Sprache, enthielt weder Bilder noch Worte, sondern beschäftigte sich mit einem freien Fluß direkt kognitiven Materials.

Ein Mensch, der neugierig war, wie ein Baum sei, w u r d e zu einem solchen und verleibte sein Bewußtsein dem Baum ein. Das Bewußtsein des Menschen vermischte und verband sich mit anderen Bewußtseinsformen aus der großen Neugier der Liebe. Ein Kind betrachtete nicht einfach ein Tier, sondern ließ sein Bewußtsein mit dem des Tieres verschmelzen. Damit sah das Tier gewissermaßen auch durch die Augen des Kindes.

(Lange Pause.) Es ist äußerst schwer zu erklären, wie der Mensch den Geist eines Tieres »absorbierte«, bevor er dieses tötete, so daß sich der Geist des Tieres mit seinem eigenen verband. Indem er das Fleisch des Tieres aß, glaubte der Jäger, dem Tier zu einem neuen Schwerpunkt der Existenz zu verhelfen. Er konnte die Stärke des Tieres an sich nehmen, und das Tier konnte sich mit dem menschlichen Bewußtsein verbinden. Natur und Geist waren deshalb eins.

(Zweiminütige Pause um 22.22 Uhr. Der letzte Abschnitt mag auf das heutige Verhalten der Menschen hinweisen: Der Mensch tötet Tiere und ißt sie aus Gründen, die er vergessen hat. Sein heutiges Töten würde wenigstens auf einer intuitiven Grundlage beruhen ... Man fragt sich, ob die gleichen Gründe gelten, wenn Menschen Menschen töten ...)

Euer eigener Brennpunkt ging aus einem solchen Hintergrund hervor, so daß in euch Myriaden von Bewußtheiten enthalten sind, deren ihr euch nicht bewußt seid. Die Bewußtseinsformen der natürlichen Welt verschmelzen zu eurem eigenen besonderen Schwerpunkt in einer Synthese, in der, zum Beispiel, Symphonien entstehen können. Ihr handelt nicht nur für euch selbst, sondern auch für andere Bewußtseinsrealitäten, die ihr absichtlich vergessen habt. Indem ihr Ziele verfolgt, die von euch abgesteckt werden, dient ihr auch den Zielen anderer Bewußtseinsrealitäten, die ihr vergessen habt.

Wenn ihr eure persönlichen Gedanken denkt, trägt ihr zu einer größeren psychischen und mentalen Realität bei, an der ihr teilhabt. Eure Sprachen programmieren eure Erfahrungen und engen in einem gewissen Sinn eure Kommunikation ein. Andererseits wird die Kommunikation durch die Sprachen natürlich stark erleichtert.

(Pause.) Ein Musiker, der eine Symphonie komponiert, verwendet aber nicht alle Noten, die ihm zur Verfügung stehen. Er unterscheidet und wählt. Seine Auswahl beruht jedoch auf seinem Wissen um die ihm zur Verfügung stehende Information. In gleicher Weise beruhen eure Sprachen

auf einem inneren Wissen von größeren verfügbaren Kommunikationen. Die »Geheimnisse« der Sprachen sind also nicht in den verfügbaren Lauten, Akzenten, Grundwörtern oder Silben zu finden, sondern in den Rhythmen zwischen den Wörtern, den Pausen und Verzögerungen, im Fluß, in dem die Wörter aneinandergefügt sind, und in den unausgesprochenen Folgerungen, die verbale und visuelle Daten verbinden.

(Lange Pause um 22.37 Uhr.) Als Spezies suchtet »ihr« bestimme Arten der Erfahrung. Individuell und als Stämme oder Nationen folgt ihr bestimmten »Progressionen« – und indem ihr dies tut, handelt ihr auch als Teil der gesamten Natur. Ihr nehmt das Bewußtsein all dessen, was ihr eßt, in verwandelter Form in eure Körper auf.

Diese Bewußtseinsformen verschmelzen, um die Welt auf eine Weise wahrzunehmen, die ihr die eure, eure eigene nennt. Durch eure Augen nehmen Tiere, Pflanzen und Staub die Dämmerung und das Sonnenlicht wahr, genau wie ihr – wie ihr, und doch ist eure Erfahrung vor allem eure eigene.

(22.44 Uhr.) Man kann sagen, daß die Sprachen entstanden, als ihr die direkte Kommunikation mit eurer eigenen Erfahrung und mit derjenigen anderer zu verlieren begannt. Die Wortsymbole stehen für eure eigene Erfahrung oder für die von anderen, während sie gleichzeitig euch und andere vor Erfahrungen schützen.

Visuelle Daten, die ihr wahrnehmt, häufen sich zu einer visuellen Sprache an; die wahrgenommenen Bilder sind wie visuelle Worte. Ein Gegenstand wird eurer visuellen Wahrnehmung dargeboten, so daß ihr ihn sicher von außen erfassen könnt. Die Gegenstände, die ihr seht, sind aber ebenfalls Symbole.

Ihr könnt Pause machen.

(22.50 Uhr. Jane hatte »eigenartige Gefühle«, welche die heutige Sitzung betrafen. Sie fühlte sich irgendwie verwirrt, konnte aber nicht sagen warum. Sie hatte viele Pausen benötigt, um das Material hervorzubringen – einige davon

habe ich erwähnt –, aber im Trancezustand hatte sie sich überhaupt nicht darum gekümmert. Sie sagte, in solchen Momenten warte sie darauf, daß das Material »sich sammle und selbst übersetze«. Ursprünglich war es überhaupt nicht verbal. Wiederaufnahme um 23.13 Uhr.)

Nun: Ruburts eigenartiges Gefühl hat tatsächlich mit dem Material des heutigen Abends zu tun. Er befand sich, wenn auch nur kurz, in einem Prozeß, der ihn befähigte, über die verbale oder bildhafte Sprache hinauszugehen.

Er näherte sich sozusagen anderen Schwellen der Wahrnehmung und übersetzte jene Daten mit meiner Hilfe in das vorliegende Material. Er hat das Gefühl, als ob er auf einer langen Reise gewesen wäre – und er war es, obwohl es sich in dem euch bekannten Sinn nicht um eine bewußte Reise handelte. Die Gewohnheit, die eure visuell und verbal abgestellte Kultur bindet, verhindert eine volle Übersetzung der Erfahrung, aber mit meiner Hilfe stellte Ruburt Informationen zusammen, die gewöhnlich nicht verfügbar sind. Es gibt »Lücken« in eurem Bewußtsein, die tatsächlich mit Daten gefüllt sind, und Ruburt schloß sozusagen diesen Ring. Er wird noch geschickter werden, und aus diesem Grund will ich die Sitzung nun beschließen.

Er hat das Gefühl, als ob sein Bewußtsein gewissermaßen aus seiner Form gestreckt worden wäre, wie dies mit Muskeln geschehen könnte, wenn ihr sie in einer neuen Weise benutzen würdet.

Laß ihn ausruhen. Er ist sich irgendwie der Distanzen in seinem Bewußtsein gewahr geworden, was schwer zu beschreiben ist. Neurologisch wurde er in einem gewissen Maß mit der Materie jenseits der Sprache vertraut, den unausgedrückten inneren Rhythmen, und er spürte die eigenartigen Verbindungen, die zwischen Worten und eurem Zeitgefühl bestehen. Dies verwirrte ihn, da dieses Material direkt gespürt wurde, verbal aber nicht ausgedrückt werden kann. Er wird im Nu wieder zurückfinden.

Ende der Sitzung.

(»Danke, Seth.«)

(23.25 Uhr. »Ich habe ein lustiges Gefühl«, sagte Jane, »wie wenn es da, wo ich war, für mein Bewußtsein zu glatt gewesen wäre, um irgend etwas zu erfassen.« Es fiel ihr nicht leicht, ihre Gefühle in Worte zu fassen. »Und doch habe ich das Gefühl, dort aktiv gewesen zu sein – Dinge auf eine andere Art wahrgenommen zu haben, während Seth die Sitzung abhielt.« Sie hatte auch das Gefühl, daß Seth einige seiner jetzt vergessenen Erfahrungen in das Sitzungsmaterial übertragen habe.

Als Jane zu Bett ging, waren ihre eigenartigen Gefühle vorbei. Am nächsten Morgen erzählte sie von Traumerfahrungen, die kristallklar gewesen seien. Darin habe sie »Bilder und Gegenstände als Sprache wahrgenommen«.)

7
Die Psyche, die Sprache und Götter

Sitzung 779, Montag, den 14. Juni 1976

(In der 778sten Sitzung diktierte Seth nicht für sein Buch. Statt dessen erörterte er die Anwendung von Röntgenstrahlen in Verbindung mit der Gesundheit. Wir möchten diese Information gern einmal veröffentlichen.

Wie schon in anderen Seth-Büchern erwähnt wurde, hat Jane ihre eigenen körperlichen Schwierigkeiten. In diesem Frühjahr begann sie sich nach einer längeren Entspannungsperiode einer besseren Gesundheit zu erfreuen. In der vergangenen Woche hielten wir keine Sitzung ab, da sie sich diese wohltuende Entspannung noch etwas länger gönnen wollte.

In der vergangenen Nacht hatte sie in ihrem Bett eine »Heilsitzung« abgehalten, wobei sie, nach ihrer Aussage, während mehr als zwei Stunden in einem fast ekstatischen Zustand, »in Ohnmacht«, war und fühlte, wie die heilende Wirkung sie durchströmte. Ich sagte ihr heute morgen, sie möge doch einen Bericht über diese Erfahrung schreiben, aber die Nachwirkungen und die gefühlsmäßigen Erregungen waren so stark, daß sie sich nicht genügend auf ihre Arbeit konzentrieren konnte; so schrieb sie nur wenig darüber.

Vor der heutigen Abendsitzung war Jane ziemlich »außer Form«, aber sie wollte es trotzdem versuchen.)

(21.17 Uhr.) Guten Abend.

(»Guten Abend, Seth.«)

Diktat, während Ruburt mit seiner Erholung weitermacht. Wir beginnen ein neues Kapitel, das den Titel trägt: »Die Psyche, die Sprache und Götter«.

Fast jede Frage, die ihr über Gott stellen könnt, trifft ganz legitim auch auf die Psyche zu. Ihr habt das Gefühl, euch gut zu kennen, obwohl ihr die Existenz eurer Psyche nur aufs Geratewohl annehmt. Im besten Fall scheint es euch, daß ihr alles seid, was ihr von eurer Psyche kennt, und dann beklagt ihr euch im gleichen Atemzug, daß ihr euch nicht kennt. Wenn ihr sagt: »Ich will mich selbst finden«, dann haltet ihr es für sicher, daß es eine vollständige, abgeschlossene und vollkommene Version von euch selbst gibt, die gleichsam irgendwo verlegt wurde. Wenn ihr daran denkt, Gott zu finden, geschieht dies oft im gleichen Sinne.

Nun seid ihr die ganze Zeit »um euch selbst herum«. Ihr werdet fortwährend euch selbst. Ihr seid sozusagen aus euren Mustern »zusammengesetzt«, die überall zusammenkommen. Ihr könnt nur euch selber sein. Biologisch, intelektuell und spirituell unterscheidet ihr euch von allen anderen Menschen, und kein Mantel der Konventionen kann je diese unaussprechliche Einzigartigkeit verdecken. Ihr könnt euch also nicht anders helfen, als daß ihr euch selbst seid.

(Lange Pause um 21.27 Uhr.) Physisch gesehen stellt ihr gewissermaßen eine molekulare Sprache dar, die mit anderen kommuniziert, eine Sprache, die ihre eigenen Besonderheiten hat, wie wenn ihr eine bekannte Sprache mit einem biologischen Akzent sprechen würdet, der seinen eigenen Geschmack und seine eigene Bedeutung in sich trägt.

Wenn ihr fragt: »Was ist meine Psyche oder meine Seele, wer bin ich?«, dann sucht ihr nach einer weiteren Bedeutung von euch selbst, die ihr zusätzlich zu der euch schon bekannten habt. In diesem Zusammenhang ist euch Gott so bekannt und so unbekannt, wie dies auf euch selbst zutrifft. Beide, Gott und die Psyche, erweitern sich fortwährend – mit Worten nicht faßbar, sind sie immer im Werden begriffen.

Höchst wahrscheinlich fragt ihr euch, was sie denn werden, da euch für gewöhnlich jede Bewegung auf einen Zustand der Vervollständigung dieser oder jener Art hinauszulaufen scheint. Ihr denkt in Begriffen einer Freiwerdung oder Vervollkommnung. Das Wort »werden« scheint euch in der Luft hängen zu lassen, wenn ihr keine weiteren Definitionen dazu erhält. Wenn ich sage: »Ihr werdet, was ihr schon seid«, dann klingt diese Aussage bedeutungslos, denn wenn ihr schon s e i d, könnt ihr ja nicht werden, was schon vollendet ist. In einem weiteren Sinn ist jedoch das, was ihr seid, immer größer als euer Wissen von euch selbst, denn in eurem physisch-materiellen Leben könnt ihr nicht mit euren psychischen Aktivitäten Schritt haten.

Eure Körper sprechen eine biologische Sprache, aber in diesem Sinn seid ihr mindestens zweisprachig. Ihr befaßt euch mit bestimmten Organisationsformen. Sie können biologischen Verben, Adjektiven und Substantiven gleichgesetzt werden. Diese führen zu bestimmten Zeitfolgen, die mit Sätzen verglichen werden können, die sozusagen von einer Seite zur anderen geschrieben werden.

Nehmt einmal an, eure Lebenserfahrung wäre eine Seite in einem Buch, die ihr von oben nach unten vollschreiben, lesen und erfahren könntet – von links nach rechts, Satz für Satz, Abschnitt für Abschnitt. Dies wäre das Ihr, das ihr kennt – das Weltbild, das ihr versteht. Aber andere Ihr, die genauso legitim sind, könnten die gleiche Seite rückwärts schreiben, lesen und erfahren, oder sie könnten die Buchstaben von oben nach unten lesen und umgekehrt, wie eine Zahlenreihe. Andere mögen sogar die Buchstaben mischen und auf ganz neue Arten wieder zusammenfügen, wodurch ganz andere Sätze gebildet würden. Noch ein anderes, größeres Ihr wäre sich all dieser verschiedenen Methoden bewußt und könnte alle Seiten erfahren, die euer Leben darstellt.

Ihr denkt, daß euer Bewußtsein die einzig logische Kulmination eurer körperlichen Realität sei. Ihr lest euch selbst auf eine bestimmte, von eurer Kultur akzeptierte Weise. Im gesamten »Buch des Lebens« gibt es jedoch, nur schon physisch gesehen, Wechselbeziehungen zu den angrenzenden Ebenen, die ihr nicht wahrnehmt, so wie sich andere Teile eures biologischen Bewußtseins oder der biologischen Sprache auf die gesamte lebendige Struktur der Welt beziehen. Im physischen Sinn existiert ihr dank eurer psychischen, spirituellen und biologischen Substrukturen, von denen ihr so gut wie keine Ahnung habt.

Diese liegen jedoch in der Natur eures Bewußtseins begründet, das nicht anders existieren könnte, als ihr es kennt. Wie die Sprache ihre Bedeutung nicht nur durch ihren Inhalt gewinnt, sondern auch durch das Ausgeschlossene, so gewinnt auch euer Bewußtsein durch Ausschließungen an Stabilität.

(21.55 Uhr.) Was ihr seid, ist in der Natur dessen impliziert, was ihr nicht seid. In gleicher Weise seid ihr das, was ihr seid, wegen dem, was ihr nicht seid.

(Lange Pause.) Ihr lest euch selbst von oben nach unten, oder vom Anfang zum Ende – wie ihr euch das so denkt. Eure größere Realität liest jedoch nach Intensitätsbegriffen, so daß euch die Psyche auf eine andere Weise „komponiert". Die Psyche folgt keiner Zeit. Für sie existieren die intensiven Erfahrungen eures Lebens gleichzeitig. In eurem Sinn würden sie die Gegenwart der Psyche bilden. Die Psyche befaßt sich aber auch mit wahrscheinlichen Ereignissen, so daß für sie bestimmte, von euch wenig beachtete Ereignisse sehr real sind – zum Beispiel solche, die ihr geträumt und nicht verwirklicht habt. Sie sind für die Psyche bedeutend realer als harmlose materielle Ereignisse wie zum Beispiel das gestrige Frühstück.

Die inneren Ereignisse der Psyche stellen die größere Erfahrung dar, und von dieser gehen die physischen Ereignisse aus. Sie werfen eine Aura voraus, die euer Leben auf fast magische Art zu eurem eigenen macht. Selbst wenn zwei Menschen zur genau gleichen Zeit in ihrem Leben dasselbe erfahren würden, wären ihre Erfahrungen der Realität nach nicht annähernd die gleichen.

Ihr könnt Pause machen.

(22.09 Uhr bis 22.30 Uhr.)

Ihr lest eure Eigenart, eure Identität, in einer besonderen, spezialisierten Weise.

Innerhalb eurer biologischen Erfahrung findet sich pflanzliches mineralisches, tierisches und menschliches Bewußtsein. In der Sprache des Selbst, die ihr sprecht, sind diese

Begegnungen mit den implizierten Pausen in eurer verbalen Sprache vergleichbar. Diese anderen Bewußtseinsarten bilden also innere Rhythmen, denen überlagert ihr eure eigenen entfaltet.

Diese Begegnungen des Bewußtseins sind immer in Gang. Sie bilden ihre eigenen Formen von zugehörigen Identitäten. Ihr würdet sie vielleicht als Substrukturen des Bewußtseins bezeichnen, aber es sind vielmehr Identitäten, die »transspeziell« funktionieren.

Wenn ihr euch selbst seitwärts lesen würdet, könntet ihr entdecken, daß sich Teile eures Bewußtseins über die ganze Konstruktion der Erde, so wie ihr sie seht, erstrecken und zu einem Teil des irdischen Materials werden, genau wie dieses Material zu einem Teil des von euch erkannten Selbst wird. Dann wäre euer Bewußtsein nicht so sehr eingeschlossen. Die Zeit würde sich entsprechend ausdehnen. Ihr glaubt, daß ihr physisch besonders entwickelt, aber von den anderen Spezien und Lebensformen getrennt existent seid, wodurch ihr in Wirklichkeit die Erfahrung eurer Psyche einengt.

Wenn ihr auf die vorher dargelegte Weise denken und fühlen würdet, könntet ihr die Tatsache schätzen, daß ihr euren Körper dem Leben der Mineralien, Pflanzen und Tiere verdankt, durch das er erhalten wird. Ihr würdet euch nicht in e i n e körperliche Form eingesperrt fühlen, wie dies jetzt der Fall ist. Ihr würdet verstehen, daß der Körper seine relative Stabilität dank dem beständigen Geben-und-Nehmen mit den Materialien der Erde aufrechterhält, die ihrerseits Bewußtseinsträger sind.

Ihr könntet in einem gewissen Grade fühlen, wie euer Körper ständig zusammenkommt und auseinanderstrebt, und ihr könntet verstehen, wie ihr darin wohnt, ohne eure Vernichtung oder Zerstörung zu fürchten.

(Lange Pause um 22.47 Uhr.) Wenn ihr fragt: »Wer bin ich?«, versucht ihr euch zu lesen, als ob ihr einfach ein Satz wärt, der bereits geschrieben ist. Statt dessen schreibt ihr selbst, während ihr weitergeht. Der Satz, den ihr erkennt, ist

nur eine von vielen wahrscheinlichen Variationen. Ihr selbst und niemand anderer wählt, welche Erfahrungen ihr aktualisieren wollt. Ihr tut dies so spontan, wie ihr Worte sprecht. Ihr nehmt für selbstverständlich, daß ein begonnener Satz beendigt wird. Ihr seid mitten im Sprechen begriffen. Das Sprechen, das euer Leben ist, scheint von selbst zu geschehen, da ihr euch nicht bewußt seid, wie ihr euch am Leben erhaltet. Euer Herz schlägt, ob ihr nun eure Anatomie verstanden habt oder nicht.

(Lange Pause um 22.55 Uhr.) Gönnt uns einen Augenblick . . . Ihr lest euch selbst in allzu engen Begriffen. Ein großer Teil der Schmerzen im Gefolge von ernsthaften Krankheiten und Tod geschieht, weil ihr kein Vertrauen in eure kontinuierliche Realität habt. Ihr bekämpft den Schmerz, weil ihr nicht gelernt habt, ihn zu transzendieren oder vielmehr zu gebrauchen. Ihr vertraut nicht auf das natürliche Bewußtsein des Körpers; und wenn es zu seinem Ende kommt – und dieses Ende ist unvermeidlich –, vertraut ihr nicht auf die Signale, die euch der Körper gibt und die dazu da sind, euch zu befreien.

Bestimmte Arten des Schmerzes heben automatisch das Bewußtsein des Körpers auf. Solcher Schmerz läßt sich nicht verbalisieren; er ist eine Mischung aus Schmerz und Vergnügen, ein Losreißen, und er führt automatisch zu einer fast erheiternden Entspannung des Bewußtseins. Dieser Schmerz ist von sehr kurzer Dauer. Nach eurem Behelfsystem werden jedoch in einem solchen Fall Drogen verabreicht, wodurch dieser Schmerz etwas verringert, aber verlängert wird – wobei er die natürlichen Entspannungsmechanismen nicht mehr auslöst.

Wenn ihr euer Selbst entsprechend lesen würdet, könntet ihr in euren Körper Vertrauen fassen und auch in jene kooperativen Bewußtseinsformen, die ihn ausmachen. Ihr wärt euch auch der Heilungsprozesse des Körpers unmittelbar bewußt. Ihr würdet weder Tod noch Vernichtung fürchten, und ihr würdet fühlen, wie sich euer Bewußtsein sanft von den andern lösen würde, die es in so verdienstvoller Weise versteckt halten.

Macht eine kurze Pause, dann fahren wir fort.

(23.09 Uhr. Seth machte hier eine Pause, weil unser Telefon zu läuten begann. Wir hatten vergessen, es vor der Sitzung abzustellen. Um 23.23 Uhr kam er zurück, um noch ungefähr eine Seite für Jane und mich zu diktieren. Die Sitzung schloß um 23.45 Uhr.)

Sitzung 780, Dienstag, den 22. Juni 1976

(Als wir für die Sitzung bereitsaßen, erinnerte mich Jane daran, daß sie hoffte, Seth würde heute abend eine Einführung zu ihrem Buch über Paul Cézanne diktieren. Sie hatte dieses Gefühl schon früher an diesem Tag gehabt.

»Wäre das nicht schön?« lachte sie. »Ich habe schließlich auch schon Einführungen für Seths Bücher geschrieben – warum sollte er also nicht für mich dasselbe tun?« Tatsächlich hatte sich das Cézanne-Material zu einem eigenen Buch ausgeweitet.

Eine interessante Anmerkung: Die Umgebung von Elmira war heute von Überschwemmungen heimgesucht worden, wobei die Stadt selbst nicht besonders betroffen worden war. Jedenfalls waren Jane und ich diesmal sicher und trocken auf unserem Hügel – im Unterschied zu der großen Überschwemmungskatastrophe von 1972, die in »The Nature of Personal Reality« beschrieben ist. Nach diesem Ereignis hatten wir gefunden, daß eine Überschwemmung eine Erfahrung ist, die wir entbehren können!)*

(21.19 Uhr.) Guten Abend.

(»Guten Abend, Seth.«)

Diktat. *(Lange Pause.)* Ihr seid ein Teil der Welt, und doch seid ihr euch selbst. Dies verwirrt euch nicht, und ihr folgt

* Dieses umfangreiche Werk befindet sich derzeit unter dem Arbeitstitel *Die Natur der persönlichen Realität* in Übersetzung und wird 1983 im Ariston Verlag erscheinen.

ohne Mühe eurem Identitätssinn, auch wenn ihr überall von anderen Individuen umgeben seid.

Wenn ich dies als Analogie nehme, dann seid ihr ein Teil eurer Psyche oder Seele, ihr handelt in ihr und folgt mit Leichtigkeit eurem Identitätsgefühl, auch wenn diese Psyche andere Identitäten enthält als die, welche ihr für eure eigene haltet. Ihr zieht Nahrung aus der Welt und wachst mit ihrer Hilfe. Ihr steuert mit euren Fähigkeiten und Erfahrungen zur Errichtung der Zivilisation und Kultur auf dieser Welt bei. Zu einem bestimmten Grad habt ihr zu eurer Psyche eine ähnliche Beziehung.

Mit Hilfe der gewöhnlichen Kommunikationsmethoden könnt ihr erfahren, was in andern Ländern geschieht, auch ohne sie zu bereisen. Fernsehsendungen machen euch mit der aktuellen Lage rund um die Welt vertraut.

Nun sind ständig auch innere »Sendungen« im Gange, auf die ihr jedoch nicht immer bewußt eingestimmt seid. Diese stellen für euch eine permanente Verbindung mit den anderen Teilen eurer Psyche her. Ihr seid so sehr ein Teil der Welt, daß eure unscheinbarste Handlung zu ihrer Realität beiträgt. Euer Atem verändert die Atmosphäre. Eure Begegnung mit anderen ändert ihr Leben und das Leben derer, die mit ihnen in Kontakt kommen.

Ihr könnt leicht sehen, wie die Zellen den Körper bilden – das heißt, ihr versteht wenigstens die kooperative Natur der Aktivitäten der Zellen. Eine Änderung auf der Seite einer Zelle führt sogleich zu Veränderungen in den anderen und hat körperliche Folgen. Ihr habt etwas mehr Mühe zu verstehen, auf welche Art eure Handlungen mit denen von anderen zusammenwirken und Weltereignisse hervorbringen. Einerseits ist jeder meiner Leser nur e i n Individuum, das zu einer beliebigen »Zeit« auf der Erde lebt. Es mag so aussehen, wie wenn das Individuum nur wenig Macht hätte. Andererseits ist jedes lebende Individuum notwendig. Es stimmt zu sagen, daß die Welt mit jedem Menschen anfängt und endet. Das heißt, jede von euren Handlungen ist wichtig und trägt zur

Erfahrung von anderen bei, die ihr nicht kennt, so daß jedes Individuum ein Zentrum ist, um das herum sich die Welt entfaltet.

Wenn ihr, zum Beispiel, nicht getan hättet, was ihr heute getan habt, wäre die ganze Welt irgendwie anders. Eure Handlungen kräuseln sich wie Wellen nach außen in einer Weise, die ihr nicht versteht, sie beeinflussen die Erfahrungen von anderen Menschen und bringen so die Ereignisse der Welt hervor. Die berühmteste Persönlichkeit und das anonymste Wesen sind durch ein solches System miteinander verbunden, und eine scheinbar kleine und harmlose Handlung kann dazu führen, die Geschichte, wie ihr sie versteht, zu verändern.

(21.41 Uhr.) Kinder haben das Gefühl, daß die Welt und die Zeit mit ihrer Geburt begannen. Sie akzeptieren die Vergangenheit der Welt bloß im guten Glauben. In einem sehr wichtigen Sinn ist dies ein ganz legitimes Gefühl, da niemand die Welt von einem anderen Standpunkt aus erfahren kann als von dem seinen aus, noch sie anders berühren kann als durch persönliches Handeln. En masse zusammenwirkend bringen die individuellen Handlungen Weltereignisse hervor.

Metaphysisch gesprochen existiert euer Sein in gleicher Weise in eurer Psyche oder Seele. Bestimmend sind vor allem psychische und nicht materielle Umwelten. Materielle Objekte, also Gegenstände, können nicht durcheinander hindurchgehen, ein Tisch kann nicht durch einen Stuhl hindurchgehen. Geistige Ereignisse spielen sich anders ab. Sie können sich vermischen und verbinden, sich durcheinander hindurch bewegen und dabei immer noch ihren Mittelpunkt behalten. Sie können auf psychischen Ebenen einen Austausch pflegen, wie dies im Fall von Ereignissen auf materieller Ebene geschieht, aber ohne physische Beschränkungen. Obwohl ihr also ein Teil eurer Psyche seid, ist eure Identität integer und unverletzt. Sie wird nicht von einem größeren Selbst überschwemmt oder vernichtet. Sie trägt ein Zeichen –

eine göttliche Markierung – ihrer eigenen Integrität. Sie ist in ihrem eigenen Brennpunkt zentriert und kennt sich als sich selbst, als Seele, auch wenn ihre eigene Existenz als sie selbst nur ein Teil einer anderen »Identität« ist.

Außerdem gibt es nichts, was sie daran hindern könnte, diese andere größere Identität zu erforschen oder sich in ihr zu bewegen. Wenn dies geschieht, sind beide Identitäten verändert. In einem größeren Sinn existiert die Psyche oder die Seele nirgendwo als ein fertiges Produkt oder eine fertige Ganzheit. Sie ist vielmehr immer im Werden begriffen, und dieses Werden geschieht von seiten aller ihrer Teile her.

Eure physische Existenz hängt ab von den Teilrealitäten eurer Psyche oder von der Existenz der Seele, deren ihr euch normalerweise nicht gewahr seid. Jene Teilrealitäten hängen jedoch auch von eurer physischen Existenz ab.

(Lange Pause um 22.01 Uhr.) Ihr haltet euer Atmen und eure Bewegungen für selbstverständlich, zumal sie unbewußt vor sich gehen. In einem gewissen Sinne mußtet ihr jedoch »einmal« lernen, wie ihr diese Dinge bewerkstelligt, mit denen ihr euch nicht bewußt befaßt. Auf anderen Ebenen der Realität setzen sich umgekehrt Handlungen, die ihr hier und jetzt bewußt als eure eigenen bezeichnet, ins Unbewußte ab und stellen dann eine psychische Geschichte her, aus der eine neue Identität hervorgeht, genau wie eure Identität auch von unbewußten Handlungen geprägt wird.

Ihr könnt Pause machen.

(22.05 Uhr. »Das Material ist schwer zu bekommen«, sagte Jane. »Dies ist eines von den Dingen, das sich fortwährend entfaltet. Es ist sehr schwer zu formulieren . . .« Wiederaufnahme in gleicher Weise um 22.25 Uhr.)

In einem ganz bestimmten Sinn impliziert die Existenz eines Menschen die Existenz von allen anderen, die gelebt haben oder leben werden. Eure eigene Existenz liegt deshalb in derjenigen von allen anderen begründet – und die ihre in der euren.

Ich sagte, daß die Sprachen ihre Bedeutung nicht nur aufgrund ihres Wortlautes, sondern auch aufgrund der in den Wortlaut eingeschalteten Pausen und Verzögerungen haben. Offensichtlich erhalten sie ihre Bedeutung auch noch durch alle die *nicht* verwendeten Laute, so daß jede einzelne Sprache die Existenz auch aller anderen bedingt. So wohnen alle Sprachen stumm jeder beliebigen gesprochenen Sprache inne. Das gleiche gilt für die geschriebene Sprache. Die geschriebenen Zeichen ergeben einen Sinn aus ihrer Anordnung heraus und weil sie aus anderen Zeichen, die nicht vorkommen, ausgewählt wurden.

Auf ähnliche Art und Weise hängt eure im Psychischen zentrierte Existenz von all den anderen Existenzen ab, die ihr nicht seid. Ihr seid ein Teil von ihnen. Ihr reitet auf ihrer Existenz, obgleich ihr vor allem euch selbst und niemand anderer seid.

Das gilt für jeden Menschen. Ein jeder wird zu einem primären Brenn- oder Mittelpunkt und damit zu einer Identität, die alle andern bedingt. Im gewöhnlichen Sinn »macht ihr nicht euch selbst«. Ihr seid wie eine lebende Sprache, die von jemandem gesprochen wird, der sie nicht erfunden hat – die Sprache war für euch da, um benutzt zu werden. In diesem Fall ist die Sprache eine molekulare, die euer physisches Wesen spricht. Die Komponenten dieser Sprache oder die Elemente der Erde, die den Körper bilden, waren schon da, als ihr geboren wurdet, so wie das Alphabet eurer Sprache auf seine Verwendung wartete.

Euer eigentliches physisches Leben bedingt also eine »Quelle«, aus der das physische Leben hervorgeht – die implizierte, unausgesprochene, nichtmaterialisierte Vitalität, welche die Ingredienzen für das physisch-körperliche, das molekulare »Alphabet« bereitstellte. Euer physisches Leben bedingt deshalb nichtphysisches Leben. Ihr haltet eure besondere Sprache für selbstverständlich und gebraucht sie so ohne jede Anstrengung, daß ihr keinen Gedanken auf die Tatsache verwendet, daß sie auch andere Sprachen bedingt oder daß sie ihre Bedeutung auch aus den inneren Annahmen und Vorbehalten gewinnt, die nie ausgesprochen werden, oder aufgrund der Verwendung von Pausen, in denen kein Laut, kein Wort, kein Wortlaut produziert werden. Ihr lebt euer Leben in ähnlicher Weise.

(22.49 Uhr.) Es gibt viele Sprachen. Daran ändert die Tatsache nichts, daß Menschen nur eine oder zwei, höchstens deren drei sprechen. Jede Sprache hat auch die ihr eigentümlichen Akzente. Ihr könnt lernen, sozusagen zu euch selbst mit neuen Akzenten zu sprechen – sag, daß ich lächelte –, wobei ihr euch, immer noch als ihr selbst, erlaubt, einige der Attribute einer anderen »Sprache« anzunehmen.

Ihr könnt die Welt auf eine neue Art lesen und gleichwohl eure Eigenart, eure Identität behalten. Oder ihr könnt ein anderes Land aufsuchen, in dem man eure Muttersprache mit anderen Akzenten spricht. Genau dies tut ihr mehr oder weniger auch, wenn ihr euch auf Sendungen einstellt, auf die ihr gewöhnlich nicht achtet: die Neuigkeiten sind etwas anders, werden aber immer noch durch die Sprache wiedergegeben, die ihr kennt. Ihr bekommt eine Übersetzung der Realität.

Die Psyche, die sich immer in einem Zustand des Werdens befindet, hat offensichtlich keine präzisen Grenzen. Die Existenz der einen Psyche impliziert die Existenz aller andern, und so erlangt jede beliebige Psyche auch wegen der Existenz aller anderen, auf denen ihre Realität begründet ist, Bedeutung.

Das innere Kommunikationssystem erstreckt sich in allen Richtungen nach außen. Innerhalb der höheren Realität der Psyche besitzt jede Seele ewige Gültigkeit. A u f e i n e r b e s t i m m t e n E b e n e kann ein Mensch, der mit seiner eigenen Seele in Kontakt tritt, im Grunde genommen jede andere Seele kontaktieren. Das Leben bedingt den Tod, und der Tod bedingt das Leben – wenigstens nach den Kriterien eurer Weltsicht. In diesem Sinn ist das Leben ein gesprochenes Element, der Tod ist ein ungesprochenes und doch gegenwärtiges Element, auf dem das Leben »reitet«. Beide sind gleichermaßen präsent.

Um bewußt anderes Wissen als das für gewöhnlich verfügbare zu erhalten, achtet ihr auf die Pausen, auf die der Sprache innewohnenden Qualitäten, auf jede gefühlte oder empfundene Qualität, in der die erkennbaren Erfahrungen des Lebens zu finden sind. Es stehen euch alle Arten von Informationen zur Verfügung, aber sie müssen immer doch durch euren eigenen Brennpunkt, in dem ihr zentriert seid, durch eure eigene Seele, wahrgenommen werden.

Ich habe gesagt, daß alle Ereignisse gleichzeitig sind. Diese Aussage ist nur schwer zu verstehen. Auch alle Identitäten sind stets gleichzeitig vorhanden. Jedes Ereignis verändert jedes andere. Gegenwärtige verändern vergangene. Jedes einzelne Ereignis bedingt aber auch die Existenz wahrscheinlicher Ereignisse, die nicht »hervortreten«, die nicht »gesprochen« werden. Die materiellen Ereignisse der Welt beruhen deshalb auf der Existenz von implizierten wahrscheinlichen Ereignissen. Die verschiedenen Sprachen verwenden Laute auf ihre eigene besondere Art, mit ihren eigenen Rhythmen, und die eine betont, was die andere vernachlässigt. Andere Wahrscheinlichkeiten betonen deshalb Ereignisse, die in eurer Realität nur implizit (als Pausen) vorhanden sind, so daß eure physisch-materiellen Ereignisse zu implizierten Wahrscheinlichkeiten werden, auf denen andere Welten beruhen.

Ihr könnt Pause machen.

(23.13 Uhr bis 23.23 Uhr)

Nun: Ein neues Diktat – für Ruburts Buch. Wir werden eine Einführung beginnen.

(Seth ging nun mit Leichtigkeit und Begeisterung von seinem Buch zu dieser neuen Aufgabe über, Janes »The World View of Paul Cézanne«. Es war das erste Mal, daß er in einer Nacht Material zu zwei verschiedenen Büchern diktierte. Er beendete aber seine Arbeit zu Cézanne heute nicht mehr. – Die Sitzung schloß um 23.41 Uhr.)

SITZUNG 781, MONTAG, DEN 28. JUNI 1976

(Seth widmete den ersten Teil der Sitzung, die um 21.15 Uhr begann, der Fortsetzung seiner Einführung für Janes »Cézanne-Buch« – die damit noch nicht abgeschlossen ist. Dann, um 22.01 Uhr:)

Nun: Diktat zum Buch – m e i n e m Buch.

Ihr verwendet also sozusagen die Sprache der Atome und Moleküle auf eure eigene, private Weise. Ihr markiert das Universum. Ihr prägt oder »stempelt« es mit eurer eigenen Identität. Deshalb (oder in diesem Sinn) erkennt es euch immer als was ihr seid. Ihr seid also bekannt.

Während ihr so im weiteren Sinn eure eigene Sprache sprecht, spricht auch das Universum »eure« Sprache, da es sich fortwährend in eure persönliche Wahrnehmung übersetzt. Denkt an meine Worte, daß ihr in eurer Psyche in der gleichen Weise lebt, wie ihr in eurer materiellen Welt handelt.

Diese Welt verfügt über viele Sprachen. Physisch betrachtet seid ihr wie ein Land innerhalb eurer Psyche, das über eine eigene Sprache verfügt. Die Leute suchen immer nach einer Grundsprache, besonders nach einer solchen, aus der alle andern Sprachen hervorgegangen sind. Latein ist gewissermaßen eine Grundsprache. In gleicher Weise suchen die Menschen nach Göttern oder einem Gott, aus dem alle Psychen hervorgegangen sind. Dabei sucht ihr nach der impliziten Quelle, der unausgesprochenen, unsichtbaren »Pause«, der inneren Organisation, die der Sprache oder dem Selbst ein Ausdrucksmittel verleiht. Die Sprachen werden schließlich archaisch. Einige Wörter werden in der einen Sprache vollständig vergessen, tauchen aber in einer anderen in veränderter Form wieder auf. Alle Sprachen der Erde bilden aber eine Einheit wegen der charakteristischen Pausen und Verzögerungen, auf denen die verschiedenen Töne »reiten«.

Selbst die Unterschiede der offensichtlichen Pausen, die zwischen Sprachen bestehen, ergeben nur wegen eines implizierten unausgesprochenen inneren Rhythmus einen Sinn. Die historischen Götter wurden gleichermaßen archaisch. Ihre Unterschiede sind oft klar erkennbar. Wenn ihr eine Sprache lernt, scheint ein großes Unbekanntes mitzuspielen. Wenn ihr die Natur der Psyche kennenlernt, umgibt euch eine noch viel größere Aura des Unbekannten. Die unbekannten Teile der Psyche und ihre weiteren Horizonte sind deshalb oft als Götter oder als Höherpsychisches wahrgenommen worden, aus denen das Selbst hervorging – so wie zum Beispiel Latein der Ursprung der romanischen Sprachen ist.

(22.40 Uhr.) Gebt uns einen Augenblick . . . Wenn ihr mit euren Mitmenschen sprecht, benutzt ihr die gewöhnliche Sprache. Ihr übermittelt Informationen und trachtet euch in der Kommunikation mit anderen Menschen zu verständigen. Viele Bücher wollen gelesen werden; sie sind aber nicht dazu da, laut gesprochen zu werden. Die geschriebene Sprache hat für weltweite Kommunikation gesorgt. Im Umgang mit Menschen begegnet ihr aber nicht nur der gesprochenen Sprache des Gesprächspartners, sondern ihr seid auch mit dessen Persönlichkeit konfrontiert. Die gesprochene Sprache wird ausgeschmückt durch ein Lächeln, Stirnrunzeln oder hundert andere Gesten, die zur Bedeutung des gesprochenen Wortes beitragen.

Oftmals, wenn ihr ein Buch lest, formt ihr mit euren Lippen stumm die Worte nach, wie wenn ihr deren symbolischen Gehalt mit einem größeren Gefühlsausdruck versehen wolltet. Die Sprache der Psyche ist noch viel reicher und vielfältiger.

Ihre »Worte«, ihre Wörter werden lebendig. Ihre »Verben« bewegen sich wirklich und stehen nicht nur für die Bewegung; sie *(mit Nachdruck)* bezeichnen nicht nur. Ihre »Substantive« werden zu dem, was sie bezeichnen. Ihre Deklinationen sind multidimensional. Verben und Nomina können austauschbar werden. Die Psyche ist gewissermaßen ihre eigene Sprache. Ihre Zeiten sind »zu jeder beliebigen Zeit« Gegenwart. Sie hat, mit anderen Worten, zahllose Zeiten, alle in der Gegenwart, oder sie hat zahllose Gegenwarten. In ihr wird kein »Wort« archaisch oder stirbt.

Diese Sprache ist Erfahrung. Aus eurer Weltsicht könnt ihr dann sagen oder nicht sagen, daß eine Quelle da ist. Die Tatsache, daß ihr fragt: »Gibt es einen Gott oder einen Ursprung?«, zeigt, daß ihr die Dinge mißversteht.

Auch wenn ihr fragt: »Gibt es eine Grundsprache?«, wird offensichtlich, daß ihr nicht versteht, was Sprache an sich ist. Sonst würdet ihr verstehen, daß jede Sprache vom Vorhandensein anderer Sprachen abhängt und daß die zwei Sprachen, oder alle, sich selbst und doch untrennbar sind. Sie sind so eng miteinander verbunden, daß es unmöglich ist, sie zu trennen, auch wenn euer Interesse auf eine Sprache allein gerichtet sein mag.

Genauso sind die Psyche und ihr Ursprung, oder das Individuum und Gott, untrennbar und verbunden, so daß ein Versuch, das eine außerhalb des andern zu finden, das Ergebnis verfälscht.

Ihr könnt Pause machen.

(23.01 Uhr. Janes Wiedergabe war recht intensiv gewesen. In der Pause griff sie auf, daß Seths Cézanne-Material in zwei Teilen erfolgte – einer davon über Weltanschauungen, der andere mehr über Cézanne und Weltanschauungen. »Wie soll ich also das Buch betiteln?« fragte sie. 23.25 Uhr.)

Die materielle Welt impliziert die Existenz Gottes. Die Existenz Gottes impliziert auch die Existenz einer materiellen Welt.

Diese Aussage impliziert das Nichtgesagte, und auch das Umgekehrte trifft zu.

Die Gültigkeit und den Wert des Individuums zu leugnen, heißt deshalb auch, Wichtigkeit und Wert Gottes zu leugnen, da beide, eines im anderen, existieren und ihr sie nicht trennen könnt.

Von einem Ende der Realität ruft ihr: »Wo ist Gott?«, und vom anderen Ende kommt die Antwort: »Ich bin Ich.«

Schreibt »Ich« groß. Vom andern Ende der Realität ruft Gott: »Wer bin Ich?«, und er findet sich in euch. Ihr seid deshalb ein Teil des Ursprungs, genau wie alles andere, das sich manifestiert. Weil Gott ist, seid ihr. Weil ihr seid, ist Gott.

Auf bewußter Ebene seid ihr gewiß nicht alles, was Gott ist, denn das ist der unausgesprochene, nichtmanifestierte Teil eurer selbst. Euer Sein reitet auf dieser unausgesprochenen Realität, wie ein Buchstabe des Alphabetes auf den inneren Strukturen reitet, die in seiner Existenz impliziert sind. In diesem Sinn reichen eure unausgesprochenen Teile »zurück zu einem Ursprung, der Gott genannt wird«, so wie verschiedene Sprachen zu ihren Quellen zurückverfolgt werden können. Grundsprachen können mit den historischen Göttern verglichen werden. Jeder lebende Mensch ist ein Teil des lebendigen Gottes, der im Leben von der großartigen Macht der Natur getragen wird, die auch Gott ist, der in die Elemente der Erde und des Universums übertragen ist.

Ende des Diktats. Gebt uns einen Augenblick . . .

(23.40 Uhr. Nun gab Seth noch Material für Jane und mich durch und beendigte die Sitzung um 00.09 Uhr.)

Sitzung 782, Montag, den 5. Juli 1976

(21.56 Uhr.) Nun: Diktat.

Eure alltägliche Sprache befaßt sich mit Unterscheidungen, Abgrenzungen, Trennungen. In einem bestimmten Ausmaß organisiert eure Sprache eure Gefühle, eure Emotionen. Die Sprache der Psyche hat nun aber viel mehr Symbole zu ihrer Verfügung, die auf ungleich mehr Arten verbunden werden können, als dies bei den bloßen Buchstaben eines Alphabets der Fall ist.

In eurer alltäglichen Sprache haben Gegenstände bestimmte Namen. Die Namen sind offensichtlich nicht die Gegenstände selbst, sondern nur die Symbole derselben. Selbst diese Symbole trennen euch aber als Wahrnehmende von der übrigen Welt, die ihr »objektiviert« zu sehen vorgebt.

Ihr könnt jedoch mehr von der Natur der Psyche verstehen, als ihr selbst glaubt. Dazu müßt ihr aber eure Sprache wenigstens vorübergehend hinter euch lassen und eure Aufmerksamkeit auf eure Gefühle und Bilder richten. Eure Sprache sagt euch, daß einige Dinge wahr oder Tatsachen seien, andere nicht. Viele von euren lebendigsten und tiefsten Gefühlen passen aber nicht zu den »Tatsachen« eurer Sprache, weshalb ihr sie überseht.

Diese Erfahrungen eures Gefühlslebens drücken aber oft die Sprache der Psyche aus. Es ist nicht so, daß ein Verstehen eurer Psyche eure Fähigkeiten übersteigt: Für gewöhnlich versucht ihr, sie auf eine der schwierigsten Arten zu erfahren – nämlich durch den Gebrauch eurer alltäglichen Sprache.

Zur Sprache der Psyche gehört Imagination. Aus diesem Grund führt sie oft zu Erfahrungen, die mit den grundlegenden Gesetzmäßigkeiten, auf denen eure normale Sprache aufgebaut ist, in Konflikt geraten. Deshalb wiederum gilt die Imagination vielen als suspekt.

Ihr könnt allein unter eurer Türe oder auf einem Feld stehen – ja sogar auf einer Straße in einer großen Stadt, inmitten von vielen Leuten – und nach oben schauen, und plötzlich seid ihr von den jagenden Wolken ergriffen, und ihr fühlt euch als einen Teil von ihnen. Ihr fühlt vorübergehend eine große Sehnsucht, oder ihr fühlt euch plötzlich von einer tiefen Erhabenheit erfüllt, so daß ihr mit dem Himmel für einen Augenblick eins zu sein scheint.

(Pause um 22.12 Uhr.) Eure alltägliche Sprache, in deren Gefälle ihr denkt, sagt euch, daß eure Einbildung mit euch durchgehe, denn offensichtlich seid ihr und der Himmel zwei verschiedene Dinge. Ihr und der Himmel seid nicht dasselbe – oder *(belustigt)*, wie Freund Spock sagen würde: »Es ist nicht logisch.« Das Gefühl verschwindet schnell, nachdem es euch für kurze Zeit verwirrt hat. Ihr fühlt euch vielleicht spirituell erfrischt, aber in der Regel würdet ihr dieses Gefühl nicht als Ausdruck einer legitimen Realität oder als Manifestation eurer psychischen Existenz betrachten.

Gefühlsleben und Imagination bringen euch aber mit anderen Schichten eurer eigenen Realität in engsten Kontakt. Sie befreien auch euren Intellekt, so daß er nicht weiter durch Konzeptionen eingeengt wird, die man euch als richtig und wahr beigebracht hat. Diese Konzeptionen sind nur r e l a t i v wahr – funktionell wahr. Die physikalischen Gesetze, mit denen ihr vertraut seid, funktionieren da, wo ihr seid, in eurer physikalischen Welt der Materie. Relativ gesehen sind sie wahr. In dieser Welt der Materie seid ihr Lebewesen, die vom Subjektiven abgelöst, die physisch vergegenständlicht sind – und die – in der erwähnten Szene – nach oben an einen Himmel schauen, der ebenfalls vergegenständlicht ist. Ihr wiegt so und so viele Kilos, ihr haltet euren Kopf in einem bestimmten Winkel, um zum Himmel hinaufzuschauen. Physisch gesehen könnt ihr kategorisiert werden.

Auch die Wolken lassen sich in jeder Hinsicht physikalisch messen, man kann feststellen, wie hoch sie über der Erde sind und wie groß ihre Geschwindigkeit ist. Sie stellen eine bestimmte Wassermenge dar, die verdunsten oder als Regen fallen wird oder als was auch immer. Physisch-materiell gesehen unterscheidet ihr euch offensichtlich von den Wolken, und nach physikalischen Begriffen wäre eure momentane Erfahrung, in der ihr euch mit ihnen vereint fühlt, eine Lüge – oder wenigstens keine Tatsache, sondern »das Produkt eurer Einbildung«.

Ein solches Ereignis ist aber ein Ausdruck des direkten Wissens der Psyche. Sie fühlt ihr ganz legitimes Einssein mit der Natur, erprobt ihre Mobilität und ihre emotionale Entfaltung. Im Fall einer solchen Erfahrung wären Wirkkraft und Reichweite eurer Emotionen momentan vergrößert – sagen wir, sie wären auf ein höheres Energieniveau gehoben. Es gibt zahlreiche derartige Beispiele, die ich anführen könnte. Die Psyche legt jederzeit und überall Zeugnis für ihr größeres Dasein ab – ein Zeugnis, das ihr zu übersehen beziehungsweise zu mißachten gelernt habt, da es keine materiell faßbare Tatsache darstellt.

Was imaginär ist, ist nicht wahr: ihr lernt dies als Kinder. Eure Imagination konfrontiert euch aber mit einer anderen Art Wahrheit, einem anderen Bezugssystem, in dem solche Erfahrungen beheimatet sind. Ich spreche von der höheren Dimension der Psyche.

(22.32 Uhr.) Aus dieser höheren Dimension wählt ihr Fakten aus. Gedanken sind real. Natürlich wird nicht alles verwirklicht, was man denkt. Trotz anderslautender Ansichten besteht offensichtlich immer noch ein klarer Unterschied zwischen dem Gedanken, zum Beispiel, an Ehebruch und seiner physischen Verwirklichung.

Ihr könnt eure Gedanken, und eure Imagination, nicht so wörtlich nehmen; noch solltet ihr zu sehr versuchen, eure »Gedanken zu hüten«, als ob sie eine Herde von Tieren wären, die ihr ganz »unschuldig und rein« aufziehen müßtet. Eure Gedanken b i l d e n eure Realität. Wenn ihr sie aber nicht fürchtet, schaffen sie ihr eigenes Gleichgewicht. Die Psyche ist in einer Realität beheimatet, die von eurer bekannten Welt so verschieden ist, daß d o r t gut und böse, so wie ihr dies euch denkt, nur als funktionell relevant und relativ wahr angesehen werden – wie etwa der Unterschied zwischen dem Wahrnehmenden und dem wahrgenommenen Objekt.

Ihr könnt Pause machen.

(22.42 Uhr. »Ich fühlte mich heute nicht besonders dabei«, sagte Jane, obwohl ihre Wiedergabe recht gut gewesen war. Das Material war jedenfalls gut. Fortsetzung um 23.05 Uhr.)

Träume, habt ihr gelernt, sind »Schäume«, sind Einbildungen.

In einem weiteren Sinn ist es müßig zu fragen, ob Träume wahr sind oder nicht. Sie s i n d einfach. Ihr haltet einen Traum für wahr, wenn sich sein Inhalt später tatsächlich ereignet.

Im Leben der Psyche ist ein Traum nicht »wahrer oder weniger wahr«, ob er sich nun im Wachleben wiederholt oder nicht. Das Traumgeschehen ereignet sich in einem anderen Kontext – man könnte sagen, in einem Kontext eurer Imagination. Hier erfahrt ihr eine gültige Realität, die sozusagen von allein existiert, eine Realität, in der der Sprache der Psyche größere Freiheit eingeräumt wird.

Ihr versucht vielleicht zum Teil, euch an eure Träume zu erinnern; aber niemand von euch m u ß sich auf die Traumrealität beziehen, wie ihr dies im Wachleben tun müßt.

In einem gewissen Grad durchlebt ihr aber auch physisch die Ereignisse, von denen ihr träumt. Befreit von den Einschränkungen des Wachzustandes verarbeitet ihr eure Erfahrung, wägt sie ab nach euren Zielen und Absichten und bringt sie mit Informationen in Verbindung, die so umfassend sind, daß ihr euch ihrer nicht bewußt gewahr sein könnt. In den meisten Träumen denkt ihr nicht bloß an eine Situation; ihr werdet kraft eurer Imagination des Geschehens teilhaftig. Die Traumsituation ist in jeder Beziehung real, ebenso das Traumgeschehen – außer daß es nicht im Wachleben stattfindet.

Wenn ihr in eurem Leben einem beliebigen Ereignis begegnet, ist dies das Endstück einer bestimmten Kreativität. Die Psyche ist dafür verantwortlich, daß Ereignisse Wirklichkeit werden. In der Realität der Psyche ist ein sogenanntes Tatsachenereignis gleichermaßen wahr oder falsch. Der Traum, dessen ihr euch erinnert, ist bereits die Übersetzung einer tieferen Erfahrung.

Der Traum wird für euch veranstaltet, damit die Wahrnehmung der Psyche und die Wahrnehmung des träumenden Selbst verbunden werden können. Träume dienen der Dramatisierung, die Erfahrungen von einer Ebene der Psyche auf eine andere zu übertragen. In bestimmten Phasen des Schlafs reicht eure Erfahrung in so tief-weite Seinsbereiche, daß der Traum dazu benutzt wird, dieses tief-weite Sein für euch zu übersetzen.

Träumen entspringt dieser Quelle. Träumen ist nicht etwas Passives. Es verlangt eine besondere und bestimmte Mischung von verschiedenen Bewußtseinsarten und die Umformung der nichtsinnlichen Wahrnehmung in Symbole und Codes, die von den Sinnen verstanden werden können, obwohl sie nicht direkt erfahren werden wie bei Erfahrungen, die ihr im Wachleben macht.

Ihr haltet zu träumen für selbstverständlich; aber es ist das Ergebnis einer charakteristischen Fähigkeit, mit der das spezielle subjektive Gefühl einhergeht, das ihr bewußtes Leben nennt. Ohne diese Fähigkeit wäre euer normales Bewußtsein nicht möglich.

Nochmals: Eine gesprochene Sprache hängt von allen anderen Sprachen ab, die überhaupt gesprochen werden können, und ihre Laute erhalten ihr Gewicht und ihre Ordnung auch aus den wortlosen Pausen. Genauso hängt euer Wachbewußtsein von dem ab, war ihr für euer Schlaf- oder Traumbewußtsein haltet. Das Wachbewußtsein gewinnt seine Bedeutung auf dieselbe Art und Weise, indem es andere mögliche Versionen seiner selbst »reitet«, und ist »wach« nur wegen der innerhalb seiner Wachsamkeit versteckten Pausen.

(23.33 Uhr.) Die Fähigkeit zu träumen setzt das Vorhandensein von Erfahrungen voraus, die nicht als Tatsachen des Alltagslebens definiert werden können. Sie setzt eine weit größere Freiheit voraus, in der die Wahrnehmung nicht von Raum oder Zeit abhängig ist, eine Realität, in der Gegenständliches mit gleicher Leichtigkeit erscheint und verschwindet, einen subjektiven Rahmen, in dem das Individuum frei zum Ausdruck bringt, was es auf dem direktesten Weg will, aber außerhalb des gewohnten Lebens.

Diese Realität verweist auf euren Ursprung und ist die natürliche Umgebung, in der eure Psyche beheimatet ist. Eure Glaubensvorstellungen, der kulturelle Hintergrund und in einem bestimmten Maß auch eure Sprachen errichten Schranken, so daß euch diese Traumdimension unreal erscheint. Selbst wenn ihr euch im lebendigsten Traumabenteuer ertappt oder euch im Traum außerhalb eures Körpers erlebt, gebt ihr diesen Erfahrungen doch nicht die gleiche Gültigkeit wie den wachbewußten.

Ihr könnt Pause machen.

(23.42 Uhr bis 23.55 Uhr.)

Immer seid ihr überall von eurer eigenen höheren Realität umgeben, aber ihr sucht nicht am rechten Ort. Ihr habt gelernt, euren Gefühlen, Träumen und Imaginationen nicht zu trauen, gerade weil diese oft nicht zur akzeptierten Realität der Welt der Fakten passen.

Dessenungeachtet sind sie die schöpferischen Gestaltungskräfte aller Tatsachen. Ich will den Intellekt in keiner Weise schlechtmachen. Aber gerade auf den Intellekt nimmt die Tyrannei der sogenannten Tatsachen den größten Einfluß. Dem Intellekt wurden Flügel verweigert. Sein Zuständigkeitsbereich wurde eingeschränkt, weil ihr ihm n u r Tatsachen als »Nahrung« gegeben habt.

Biologisch seid ihr sehr wohl in der Lage, mit der Wirklichkeit des Wachzustandes u n d des Traumes umzugehen und in diesem Sinn eine wirkungsvolle Synthese zu erzielen. Alle eure schöpferischen Impulse kommen aus dieser versteckten Dimension – es sind diese Impulse, die zu euren größten Städten, eurer Technologie und zum Zement eurer materielltechnisch organisierten Welt geführt haben.

Die schöpferischen Impulse stehen hinter euren Sprachen; aber ihr mißbraucht die Sprachen dazu, die innere Kommunikation zum Schweigen zu bringen, anstatt sie freizusetzen. Es gab in der Geschichte des menschlichen Bewußtseins immer schon Rhythmen, die geschichtlich nicht erkennbar sind. Zu manchen Zeiten drückte sich das Verhalten vor allem im Wachzustand aus, zu anderen Zeiten mehr im Traum. Der Vorgang ist nie statisch, er verändert sich fortwährend. In bestimmten Perioden war das normale Verhalten der Menschen eher traumähnlich, und die spezifischen Entwicklungen fanden vor allem im Traumzustand statt, welcher der klarere oder spezifischere der beiden Zustände war. Die Menschen legten sich, mit anderen Worten, schlafen, um »ihre Arbeit zu tun«, und der Bereich der Träume galt als realer als die Realität des Wachlebens. Heute ist das anders.

Ende der Sitzung. Meine herzlichsten Grüße. Ich wünsche euch aufregende Erfahrungen in euren Träumen heute nacht, *(humorvoll)* jetzt, da ich euch gesagt habe, wie ihr es machen müßt.

(»Schön. Danke, Seth. Gute Nacht.« 00.09 Uhr.)

8
Träume, Kreativität, Sprachen und »Cordellas«

Sitzung 783, Montag, den 12. Juli 1976

(21.25 Uhr.) Nun: Diktat.

(»Gut.«)

Nächstes Kapitel, ich glaube, es ist Nummer acht: »Träume, Kreativität, Sprachen und ›Cordellas‹«. Ihr könnt Cordellas in Anführungszeichen setzen.

Obwohl ihr dies vielleicht nicht erkennt, funktioniert euer Leben auf eine zirkuläre Weise. Stellt euch vor, der gegenwärtige Augenblick sei in einem Rad, das sich dreht, vergegenständlicht und eure Konzentration sei auf die Nabe gerichtet. Um das zu erhalten, was ihr euch als zeitliche Bewegung denkt, ist die Nabe mittels Speichen mit dem äußeren runden Rahmen des Rades verbunden. Die Nabe allein würde euch nirgendwohin bringen, und euer »Augenblick« gewährte euch nicht einmal einen holprigen Ritt.

Eure Reise durch die Zeit scheint aber ganz glatt vonstatten zu gehen: die Räder rollen, es geht immer vorwärts. Sie *könnten* auch rückwärts rollen, aber ihr beabsichtigt in eurem Geist, vorwärts zu gehen, und eine Bewegung zurück schiene euch von eurem Ziel wegzubringen.

Die Vorwärtsbewegung bringt euch aus der Vergangenheit, aus der ihr hervorzugehen scheint, in die Zukunft. So verfolgt ihr scheinbar einen geraden Kurs durch die Zeit, ohne – in unserer Analogie – zu begreifen, daß erst die Rundbewegung des Rades – ja, eine Rundbewegung – euch erlaubt, auf dieser fortlaufenden Zeitlinie eurer Lebensstraße voranzukommen. Die »Nabe der Gegenwart« wird also von »Speichen« zusammengehalten. Diese haben nichts mit euren Vorstellungen von Ursache und Wirkung zu tun. Sie beziehen sich vielmehr auf die Rundbewegung eurer Psyche, wie sie scheinbar in der Zeit voranschreitet. Jeder gegenwärtige Augenblick eurer Erfahrung hängt genauso von der Zukunft wie von der Vergangenheit ab, von eurem Tod genauso wie von eurer Geburt. Eure Geburt und euer Tod sind sozusagen in eure Erfahrung eingebaut, eines ist im anderen impliziert.

Ihr könntet nicht sterben, wenn ihr nicht Lebewesen wärt, die geboren wurden, noch könntet ihr den von euch so verstandenen gegenwärtigen Augenblick haben. Euer Körper ist sich der Tatsache seines Todes bei der Geburt bewußt und seiner Geburt bei seinem Tod, denn alle seine Handlungsmöglichkeiten liegen im Bereich, der zwischen diesen Ereignissen liegt. Der Tod ist deshalb genauso schöpferisch wie die Geburt und ebenso notwendig – in eurem Sinne – für euer Verhalten und euer Bewußtsein.

(Pause um 21.40 Uhr.) Es ist aber nicht ganz so einfach, da ihr fortwährend inmitten zahlloser kleiner Tode und Geburten lebt, die vom Körper und der Psyche registriert werden. Gewöhnlich nehmt ihr sie nicht bewußt wahr. Das logische Denken, wie es üblicherweise definiert wird, befaßt sich mit Ursache und Wirkung und hängt mit seinem ganzen Bezugssystem von einer strengen Zeitfolge ab. Es geht Schritt für Schritt voran. Nach dem logischen Denken und seiner Sprache könnt ihr sagen: »Ich gehe heute zu einer Party, weil ich vergangene Woche eingeladen wurde, und weil ich zugesagt habe.« Dies ergibt einen Sinn. Ihr könnt nicht sagen: »Ich gehe heute zu einer Party, weil ich dort eine Person treffen werde, die in fünf Jahren für mein Leben sehr wichtig sein wird.« Nach den Begriffen des logischen Denkens und der Sprache ergibt dies keinen Sinn, weil im zweitgenannten Beispiel Ursache und Wirkung gleichzeitig existieren oder – noch schlimmer – die Wirkung vor der Ursache existiert.

Auf allen anderen als auf der Ebene eures Wachbewußtseins geht ihr aber sehr effektiv mit Wahrscheinlichkeiten um. Die Zellen behalten ihre Integrität, indem sie eine Wahrscheinlichkeit anderen möglichen Wahrscheinlichkeiten vorziehen. Die Nabe des Rades, Zeichen der Gegenwart, ist deshalb nur eine herausragende Gegenwart, die arbeitsmethodisch gültig ist. Ursache und Wirkung, wie ihr sie euch vorstellt, ergeben sich nur aus der Bewegung, der relativen Bewegung des in unserer Analogie vorgestellten Rades.

Wenn eure Augen auf die Straße der Zeit gerichtet sind, vergeßt ihr die kreisartige Rundbewegung eures Seins. Wenn ihr aber träumt oder schlaft, dann verschwindet die Welt von Ursache und Wirkung, oder sie erscheint verwirrt und chaotisch. Normale Tagzeitbilder werden vermischt und zusammengebracht, so daß Kombinationen entstehen, die ziemlich verschieden sind von dem, was ihr im Tageslicht seht. Die bekannten Gesetze, die das Verhalten der Lebewesen und der Dingwelt regeln, scheinen im Traum nicht mehr anwendbar zu sein. Vergangenheit, Gegenwart und Zukunft kommen in einer scheinbar bizarren Verbindung zusammen, in der ihr, wärt ihr wach, jeden geistigen Halt verlieren würdet. Wenn ihr euch an eure Träume erinnert, denkt ihr im allgemeinen nur an jene Aspekte, die sich beispielsweise auf ungewohnte Handlungen beziehen, auf das eigenartige Nebeneinander der Zeiten und Handlungsabläufe und den fremdartigen Charakter des Traumlebens an sich. Wenige Menschen sind von der Ordnung der Träume fasziniert oder von der Zurückhaltung beeindruckt, die die oft spektakulären Ereignisse in dem physisch relativ beschränkten Rahmen ermöglichen.

In einem Traum von zwanzig Minuten können Erfahrungen gemacht werden, die sonst Jahre benötigten. Der Körper altert um zwanzig Zeitminuten, das ist alles. In Träumen ist die Erfahrung insofern peripher, als sie in eure Zeit eintaucht, sie berührt und Wellen zurückläßt; das Traumgeschehen existiert aber vor allem außerhalb der Zeit. Die Traumerfahrung wird in einer kreisartigen Weise angeordnet, zirkulär, wie ich sagte. Oft berührt sie nicht einmal die Nabe eures gegenwärtigen Augenblicks, wie ihr euch diesen vorstellt und soweit dies für euer Gedächtnis zutrifft. Doch der Traum ist eine Tatsache, und er wird auf allen Ebenen eurer Existenz registriert, einschließlich der zellulären.

(Lange Pause.) Ihr übersetzt Erfahrungen immer in Begriffe, die ihr verstehen könnt. Die Übersetzung ist natürlich real. Der Traum ist so, wie ihr euch daran erinnert, bereits eine Übersetzung, aber eine erfahrene. Wie eine Sprache, die ihr kennt, von anderen Sprachen und den implizierten Pausen und Schweigemomenten abhängt, ist auch der Traum, den ihr erfahrt und an den ihr euch erinnert, eine Aussage der Psyche, die zum Vorschein kommt; und er hängt ebenfalls von anderen Ereignissen ab, an die ihr euch nicht erinnert und die euer Bewußtsein, so wie es funktioniert, automatisch in ihm geläufige Begriffe übersetzen muß.

Ihr könnt Pause machen.

(22.15 Uhr bis 22.33 Uhr.)

Nun: Auf der physischen Ebene reagiert euer Körper auf Informationen über die Umgebung, mit denen ihr euch nicht bewußt befaßt. Solche Informationen sind für die Integrität des Körpers höchst wichtig und deshalb auch für eure geistige Haltung.

Auf zellulären Ebenen verfügt der Körper über ein genaues Bild nicht nur seines gegenwärtigen Zustandes, sondern auch von all jenen Aspekten der materiellen Umwelt, die seinen Zustand betreffen. Aufgrund des ihm eigenen Codesystems ist er sich beispielsweise nicht nur der örtlich herrschenden Wetterbedingungen bewußt, sondern auch aller Muster der Gesamtwetterlage, von denen die lokale Umgebung abhängig ist. Dann bereitet er sich im voraus darauf vor, der Herausforderung einer notwendigen Anpassung zu entsprechen. Er wägt Wahrscheinlichkeiten ab und reagiert auf die verschiedenartigsten Einflüsse.

Ihr seid euch beispielsweise des Berührungsdrucks bewußt; in einer anderen Spielart des Tastsinnes reagieren die Zellen auf den Luftdruck. Der Körper weiß ganz exakt über alle möglichen Strahlungen Bescheid, ohne daß er physikalischer Meßinstrumente bedürfte. Auf einer bestimmten Ebene hat der Körper selbst sein eigenes Bild seiner Realität, auf dem eure bewußt erfahrene Realität aufgebaut werden muß – und doch sind die Wahrnehmung und das Wissen des Körpers für euer normales Bewußtsein zu fremd, als daß ihr sie verstehen könntet. Euer ordnendes bewußtes Verhalten reitet aber auf diesem Wissen.

Im allgemeinen verfügt die Psyche über dasselbe unmittelbare Gesamtverstehen von allen psychischen Ereignissen und Umwelten wie euer Körper in physischer Hinsicht. Sie ist sich eures psychischen Gesamtklimas bewußt, daß sich aus den persönlichen und, im Zusammenhang damit, den universellen »Wetterbedingungen« ergibt.

Euer Handeln scheint so glatt vonstatten zu gehen, daß ihr die darin enthaltene Ordnung nicht erkennt. Ein Vulkanausbruch in einer Ecke der Erde betrifft, indem er sie verändert, die gesamte Erde. Ein Gefühlsausbruch bewirkt auf einer anderen Ebene dasselbe, indem er über die Veränderung des »lokalen Bereichs« hinaus seine Wellen auch in die Umwelt aussendet und die Psychologie der Massen beeinflußt. Da ihr aber euer Bewußtsein auf dem Anspruch der individuellen Einmaligkeit und Einzigartigkeit angesiedelt habt, ist das Realitätsbild der Psyche für euer Bewußtsein vollkommen unverständlich. Oft jedoch geben euch Träume einen Einblick in das Realitätsbild der Psyche.

(Lange Pause um 22.51 Uhr.) Ihr werdet euch der Wahrscheinlichkeiten oft in Handlungen bewußt, die scheinbar nichts mit euren eigenen zu tun haben, die aber im Spiel der Wechselwirkungen doch mit eurem Handeln zusammenhängen, obwohl ihr dies gewöhnlich nicht versteht.

Wenn ihr vom Kleinkind zum Erwachsenen heranwachst, gewinnt ihr nicht nur an Größe: ihr wachst rundum, nehmt auch an Gewicht und Breite zu. So ähnlich »wachsen« auch Ereignisse von innen nach außen, genau wie ihr. In einem Traum seid ihr jenen Zuständen am nächsten, in denen Ereignisse entstehen. Sie gehen aus der Vergangenheit und der Zukunft hervor und beziehen ihre »Vitalität« aus der schöpferischen Spannung zwischen dem, was ihr für eure Geburt und für euren Tod haltet.

Ihr könnt Pause machen.

(22.57 Uhr bis 23.02 Uhr.)

Ihr bildet aus dem Alphabet eurer Sprache Sätze. Diese sprecht und schreibt ihr und benutzt sie zur Verständigung. Ereignisse können auf dieselbe Weise als psychologische Sätze betrachtet werden, die aus dem Alphabet der Sinne zusammengesetzt sind. Es sind erfahrene Sätze, die statt geschrieben durchlebt werden und Geschichte *sind*, anstatt bloß mit der Feder in ein Geschichtsbuch geschrieben zu werden.

Ich sagte, daß eure Sprache in einem bestimmten Ausmaß eure Erfahrung programmiert. Es gibt aber auch eine Sprache der Sinne, die euch biologische Wahrnehmung, Erfahrung und Kommunikation vermittelt. Diese Sprache gestaltet die Natur der Ereignisse, die ihr wahrnehmen könnt. Sie stellt die Erfahrung zusammen, so daß sie physisch gefühlt werden kann. All eure gesprochenen oder geschriebenen Sprachen beruhen auf diesem biologischen »Alphabet«. In ihm findet sich ein viel größerer Freiraum als in allen euren gesprochenen oder geschriebenen Sprachen.

Ich gebrauchte das Wort »Cordella«, um den Ursprung zu bezeichnen, aus dem alle Sprachen hervorgehen. Natürlich bestehen viele Verbindungen und Zusammenhänge zwischen eurer Sprache und eurem Körper. Eure gesprochene Sprache hängt beispielsweise von eurem Atem ab, und die geschriebene Sprache ist zum Beispiel von der Geschwindigkeit abhängig, mit der Botschaften die Nervenendigungen überspringen können. Biologische Cordellas müssen deshalb Ursprung der Wort gewordenen Sprachen sein, aber die Cordellas selbst entstammen dem größeren Wissen der Psyche. Dieses Wissen – am Anfang – ließ erst die Mechanismen der Sprachen entstehen.

Träume sind eine Sprache der Psyche, in der die Natur des Menschen in die Zeit eintaucht und wieder daraus herausgeht. Er macht Sinneserfahrungen. Er läuft, obwohl er im Bett liegt. Er schreit, obgleich kein Wort laut wird. Er spricht immer noch die Sprache des Fleisches; und doch ist diese Sprache nur vage mit den Körpermechanismen verbunden. Er geht mit Ereignissen um; doch geschehen diese nicht in seinem Schlafzimmer und auch nicht notwendigerweise an irgendeinem anderen Ort, den er nach dem Erwachen finden könnte.

(Lauter:) Dies ist das Ende des Diktats und das Ende der Sitzung. Euch beiden herzlichst einen guten Abend.

(»Vielen Dank, Seth.«)

(23.26 Uhr. Jane sagte noch, ihr sei, als habe sich Seth gerade nur soviel Material für den heutigen Abend vorgenommen, obwohl damit noch nicht alles besprochen sei.)

Sitzung 784, Montag, den 19. Juli 1976

(21.23 Uhr. Einmal mehr widmete Seth den ersten Teil der Sitzung seiner Einführung zu Janes Cézanne-Buch. Sie war derzeit damit beschäftigt, das Manuskript in seiner endgültigen Form zu tippen. Ich selbst schlage mich immer noch mit meinen Notizen zu »Unknown Reality« herum.

Von 22.15 Uhr bis 22.30 Uhr machten wir eine Pause. Dann:)

Unser Buch.

Informationen fließen in einem solchen Ausmaß und in solchen Mengen durch das Universum, daß ihr im besten Fall nur einen kleinen Teil davon verarbeiten könnt.

Eure Sinne funktionieren fast wie ein biologisches Alphabet. Sie erlauben euch, bestimmte Informationsarten wahrzunehmen und zu verarbeiten, aus denen ihr die Ereignisse eurer Welt erkennt und die Konturen eurer Realität ableitet.

Euer bewußtes Wissen beruht jedoch auf einer unsichtbaren, unausgesprochenen, psychologischen und physiologischen Sprache, welche die innere Grundlage für die Kommunikationen und Ereignisse eures Bewußtlebens bildet. Diese innere Sprache ist auf Cordellas aufgebaut. Cordellas sind psychische organisatorische Einheiten, aus denen all die erwähnten Alphabete entstehen. Alphabete setzen Cordellas voraus, aber sie können sie nicht umfassen, genausowenig, wie Englisch, Russisch oder Französisch Chinesisch enthalten kann. Wenn ihr versucht, Englisch zu reden, könnt ihr nicht zugleich Chinesisch sprechen. Eines schließt das andere aus, auch wenn das eine die Existenz des anderen impliziert, da alle Sprachen gemeinsame Wurzeln haben.

Ereignisse sind vergleichbar den gesprochenen Komponenten der Sprache, aber sie sind lebendig – also mehr als nur Laute, zum Beispiel. Sie basieren auf dem sinnlich angelegten und sinnlich faßbaren Alphabet, das seinerseits von den nichtsinnlichen Cordellas herrührt. Ein Satz besteht aus Satzteilen wie Satzgegenstand, Satzaussage, Ergänzungen usw.; aus Wörtern unterschiedlicher Wortarten wie Haupt-, Zeit- und Eigenschaftswörtern usw.; ein Wort besteht aus Silben, aus Selbst- und Mitlauten – all dem liegt die ganze Struktur zugrunde, die euch das Sprechen und Lesen erst erlaubt. Ihr bildet und gestaltet Sätze, und doch sprecht ihr aus einem falschen Glauben heraus, ohne die Grundlagen eurer Sprache wirklich zu kennen, die beim Sprechen eine Rolle spielen. Ihr erkennt nur die Oberfläche dieses Vorgangs.

In ähnlicher Weise wie Sätze gestaltet ihr Ereignisse, zumeist ohne euch dessen bewußt zu sein. Man hat euch in der Schule beigebracht, wie man Sätze bildet, und von euren Eltern habt ihr sprechen gelernt. Schon vor eurer Geburt hattet ihr aber an der Gestaltung von Ereignissen Anteil. Die Psyche kreiert Ereignisse etwa auf dieselbe Art, wie ein Ozean Wellen bildet – außer daß die Wellen des Ozeans auf seine Oberfläche und deren Ausmaß begrenzt sind, wogegen die von der Psyche kreierten Bewirkungen sofort »übersetzt« werden und in die massenpsychologische Realität hinauswirken. In eurem Wachleben seht ihr euch sozusagen dem abgeschlossenen Ereignis gegenüber. Ihr begegnet den Ereignissen in der Arena des Wachbewußtseins. Im Traumzustand und auf anderen Bewußtseinsebenen befaßt ihr euch unmittelbar mit der Produktion von Ereignissen. Gewöhnlich seid ihr euch dieser Prozesse nicht bewußt, genau wie ihr euch im Alltagsleben nicht bewußt seid, wie ihr eure Sätze bildet, da diese von selbst zu fließen scheinen.

(22.56 Uhr.) Wenn die Psyche der äußeren Realität zugewandt ist, erschafft sie Ereignisse und erfährt dadurch ihre eigene Realität, genauso wie ihr beim Sprechen etwas sagt und zugleich eure eigene Stimme h ö r t.

In den Träumen seid ihr also in den inneren Prozeß verwickelt, durch den äußere Ereignisse gestaltet werden. Ihr befaßt euch mit den psychischen Komponenten eines Handelns, das ihr im Wachzustand in die dementsprechende »Körpersprache« umsetzt, die dann zu eurem Handeln im Alltagsleben führt.

Die Ereignisse, die ihr als tatsächlich anerkennt, weisen den einheitlichen Nenner auf, daß sie zu ihrer Zeit abgeschlossen sind, was aber ihre wahrscheinlichen Versionen ausschließt, aus denen sie hervorgegangen sind – Versionen derselben Ereignisse, die mehr oder weniger deutlich im Traumzustand erscheinen. Noch einmal: Wenn ihr den Satz »Ich bin hier« auf Englisch sprecht, dann könnt ihr nicht gleichzeitig auch die chinesische Version dieses Satzes sprechen. So wählt ihr im Rahmen eures Handelns bestimmte Ereignisse vor anderen aus, damit sie »gesprochene Sprache« werden. Die Produktion von Ereignissen erwächst jedoch nicht allein eurem psychischen Potential; sie wird erst durch das körperliche Alphabet des Fleisches ermöglicht.

(Lange Pause.) Wie es nun jedem menschlichen Wesen möglich ist, mehr als eine Sprache zu sprechen, so könnt ihr auch äußere Daten anders als in der gewohnten Weise zusammenstellen. Der Körper ist in der Lage, verschiedene Sprachen der Realität zu vereinen. Normalerweise, zum Beispiel, kann euer Körper zu einer bestimmten Zeit nur an einem einzigen Ort sein, und deshalb hängt eure Erfahrung der Ereignisse weitgehend von der Position des Körpers ab. Es gibt aber biologische Mechanismen, die euch erlauben,

Versionen eures Körpers vom Ort seiner primären Position wegzusenden und dann euren Körper von den anderen Orten aus wahrzunehmen. Im Schlaf- und Traumzustand tut ihr dies oft. Ihr verbindet neugewonnene Daten mit den Informationen eurer Sinne und organisiert alles ohne Zweifel. In dieser Hinsicht kommt der Genauigkeit eurer gewöhnlichen Sinneswahrnehmung die größere innere Flexibilität zugute.

(Lange Pause.) Die Ereignisse treten wie gesprochene Worte in euer Bewußtsein. Ihr sprecht – aber wer spricht, was geschieht in eurem kürzesten Satz? Die Atome und Moleküle in euren Stimmbändern, Lippen und Lungen verstehen kein Wort von dieser Sprache, die sie euch so fließend zu sprechen erlauben. Ohne ihre Zusammenarbeit könnte jedoch kein Wort gesprochen werden.

(23.15 Uhr.) Jedes dieser namenlosen Atome und Moleküle arbeitet an einer großen Aufgabe mit – wie, ist euch unverständlich – und macht euch eure Sprache möglich, euer Sprechen, und eure Realität der Ereignisse leitet sich aus Abläufen her, wobei jedes gesprochene Wort eine Geschichte hat, die sich weiter in die Annalen der Zeit zurückerstreckt, als sich die ältesten Fossilien erinnern könnten. Ich spreche im Sinn eurer Erfahrungen, denn mit jedem Wort, das in eurer Gegenwart gesprochen wird, beschwört ihr die Vergangenheit herauf, ihr stimuliert sie, so daß ihre und eure Realität gleichzeitig existieren.

In Träumen ist selbst die Vergangenheit als Gegenwart zugänglich. Ihr gestaltet die Ereignisse. Das gilt immer und überall. Ihr schafft die Vergangenheit genauso wie die Zukunft. Aus diesen inneren Erfahrungen wählt ihr bestimmte aus, die dann zu Ereignissen der Realität eures Wachlebens werden.

Sind deine Hände müde?

(»Nein.«)

(23.22 Uhr.) Obwohl ihr in einer und derselben Zeit nur einen Satz und diesen in nur einer Sprache sprechen könnt und obwohl dieser Satz Silbe für Silbe gebildet werden muß, ist er doch das Ergebnis einer Art zirkulären Wissens oder

zirkulärer Erfahrung: Anfang und Ende des Satzes sind simultan bekannt. Wenn der Schluß nicht bekannt wäre, könnte der Anfang nicht so sicher erfolgen.

In derselben Weise hängt das in der Zeit erfahrene Ereignis von einem zirkulären Geschehen ab, in dem Anfang und Ende miteinander verflochten sind. Keines ereignet sich vor dem andern, sie sind vielmehr koexistent.

Ende des Diktats. Es folgen noch einige persönliche Anmerkungen. Wenn ihr wollt, könnt ihr zuerst eine kurze Pause machen.

(»Gut.«)

(23.28 Uhr. Seth kam um 23.35 zurück und brachte Material für Jane und mich. Ende der Sitzung um 00.13 Uhr.)

Sitzung 785, Montag, den 2. August 1976

(Das Wetter war in letzter Zeit ausgezeichnet gewesen. Bei unseren Sitzungen hielten wir die Vorder- und Hintertüren geöffnet, so daß von den Hügeln her die kühlen Winde durch das Haus wehen konnten. Bis heute hat uns bei der Arbeit an diesem Buch niemand gestört, obwohl immer mehr Besucher den Weg zu uns finden. Wir treffen zwar gern Menschen, machen uns aber Sorgen insofern, als solche Besuche unsere Arbeitszeit beeinträchtigen.

Mit einigem Vergnügen stelle ich fest: Selbst wenn Jane in manchen Nächten unter der Sommerhitze leidet, ist Seth nie davon betroffen. In Trance ist Jane »kühl wie eine Gurke« – bis zur Pause. Dann muß sie mit der gleichen Temperatur vorliebnehmen wie alle anderen.)

(21.32 Uhr.) Nun: Guten Abend.

(»Guten Abend, Seth.«)

Diktat, unser Buch.

Auf bewußter Ebene könnt ihr unmöglich alle Informationen verarbeiten, die euch von den anderen Ebenen her zugänglich sind, Informationen, von denen euer eigentliches physisches Überleben abhängt. Die Sprache dient deshalb gewissermaßen als Filtervorrichtung, die euch befähigt, bestimmte Daten zu empfangen und zu verarbeiten, während andere wirkungsvoll abgeblockt werden.

Wenn ihr einen Satz sprecht, haltet ihr nicht inne, um grammatikalische Regeln zu überlegen. Ihr zeichnet den Satz nicht im voraus in eurem Geist auf. Ihr sprecht einfach, und zwar mehr oder weniger automatisch. Dies bedingt eine hochgradige Präzision, geistig und körperlich. Wenn ihr etwas wahrnehmt, haltet ihr für gewöhnlich auch nicht inne, um die Gesetze der Wahrnehmung zu untersuchen oder euch nach diesen zu fragen. Ihr nehmt ganz einfach wahr, was bei euch ankommt.

Die durch euren Wahrnehmungsvorgang erfahrenen Ereignisse sind aber auch das Ergebnis eines Filterungsprozesses. Sie erhalten ihre Wichtigkeit, Klarheit und physische Gültigkeit, indem sie Gestalt annehmen, weil sie sich auf dem Rücken anderer, scheinbar nicht wahrgenommener Ereignisse emporheben. Im Traumzustand arbeitet ihr hingegen unmittelbar aufgrund der für Ereignisse gültigen »inneren Grammatik«. In Träumen findet ihr den unausgesprochenen Satz und die physisch nicht erfahrene Handlung. Die Skelette des inneren Aufbaus der Ereignisse werden klarer erkennbar. Die Handlungen sind noch nicht ganz »ausgefleischt«. Die Mechanik eures psychologischen Wachverhaltens ist brillant entworfen und vorgezeichnet. Dieser Zustand könnte und *sollte* weit besser erforscht und genutzt werden, als dies heute der Fall ist. Und doch wird es zwischen dem Bewußtsein des Wachseins und jenem des Schlafes immer einen Schleier geben, denn wenn ihr wach seid, kann euer Wachbewußtsein nur mit einem bestimmten Maß an Informationen umgehen. Es würde einfach vergessen, was es nicht festzuhalten vermag.

Eure Träume beeinflussen eure zelluläre Realität, auch wenn diese Realität weitgehend dafür verantwortlich ist, daß ihr, *wie ihr das seht*, überhaupt träumt. Träume sind ein natürliches Produkt des zellulär eingestimmten Bewußtseins.

So wie Feuer Licht abgibt, gibt das zellulär eingestimmte Bewußtsein Träume ab.

Ein solches Bewußtsein ist ein Seinszustand, in dem seine Realität mehr Energie und Kraft produziert, als es an seinen brillanten Schnittpunkten mit der physischen Realität ausdrücken kann. Die »Funken«, die in jedem Augenblick seiner Existenz erzeugt werden, lassen zusätzliche Wahrnehmungen, zusätzliche Erfahrungen entstehen, die nicht in den bekannten Augenblick der Gegenwart passen – denn bis dahin ist die Gegenwart, so würdet ihr sagen, bereits in der Vergangenheit untergetaucht.

(21.53 Uhr.) Die hieraus resultierenden Bewirkungen und Ereignisse wirken aber weiter fort, besonders im Traumzustand, in dem sie sich nicht direkt mit der vollen physischen Erfahrung überschneiden wie im Wachzustand. Alle diese – parallelen oder alternativen – Erfahrungen werden zur Konstruktion der zur Verwirklichung gelangenden äußeren Ereignisse verwendet, die ihr erkennt. Ihr sprecht also einen Satz wirklich, so daß sein Ende sich ganz von selbst ergibt, obwohl ihr euch am Anfang noch nicht bewußt ward, was ihr sagen würdet. Etwas in euch wußte jedoch gleichzeitig um den Anfang und das Ende des Satzes und seines Inhaltes.

In Träumen kennt ihr ebenfalls Anfang und Ende des Geschehens. Jede Handlung, die ihr in eurem Leben setzt, vollzieht sich im Kontext mit allen anderen Ereignissen, die von eurer Geburt bis zu eurem Tod stattfinden. Nun scheint es euch, daß der Satz, den ihr zu einer bestimmten Zeit anstelle von zahlreichen anderen möglichen Versionen sprecht, der »richtige« sei. Die möglichen Abweichungen und Beugungen in Zeit und Grammatik entgehen euch vollständig. Unbewußt aber mögt ihr sie alle ausprobiert und zur Seite gelegt haben, selbst wenn ihr euch an diese Erfahrung nicht erinnern könnt. Sogar bei Satzbildungen geht ihr also mit Wahrscheinlichkeiten um, und in einem gewissen Grad macht euer Körper, zum Beispiel, die verschiedenen Antworten der Muskeln nach, die mit jedem ungesprochenen

Satz verbunden sind. Selbst während ihr mit feiner Nonchalance euren Satz sprecht, werden innere Entscheidungen getroffen, da ihr unbewußt eure Kommunikationen an den Ereignissen überprüft, die sich im Zuge eures Sprechens außen ereignen.

Obwohl jede Handlung in eurem Leben im Kontext von allen anderen Handlungen eures gesamten Lebens vollzogen wird, bedeutet dies nicht, daß euer Tod vorbestimmt ist und zu einer bestimmten Zeit eintreten muß. Wie ihr mitten in einem Satz von einer Version zu einer anderen überwechseln könnt, selbst ohne euch dessen bewußt zu sein, so arbeitet ihr auch mit Wahrscheinlichkeiten, während ihr euer Leben lebt. Ihr seid das Selbst, das den Satz spricht, und ihr seid das Selbst, welches das Leben lebt. Ihr seid mehr als der Satz, den ihr sprecht, und ihr seid mehr als das Leben, das ihr lebt.

Ihr könnt euch nicht an alle Sätze erinnern, die ihr heute gesprochen habt. Ihr habt vielleicht eine allgemeine Vorstellung von dem, was ihr gesagt habt. Es scheint euch sicher, daß ihr etwas Bestimmtes zu einer bestimmten Zeit eher gesagt habt als zu einer anderen. Auch scheinen euch Zeugen darin zu bestärken. So s c h e i n t es sicher zu sein, daß die Ereignisse, die ihr im Wachzustand erfahrt, beständiger und verläßlicher sind als Traumereignisse.

Ihr könnt Pause machen.

(22.12 Uhr bis 22.32 Uhr.)

Wacherlebnisse kommen und gehen schnell. Die Ereignisse werden unmittelbar und unter voller Mitwirkung der Sinne erfahren. Doch für diese unmittelbare Beteiligung gebt ihr die anderen, ebenfalls möglichen Ereignisse auf, die gleichfalls, wenn auch außerhalb der aktiven Mitwirkung der Sinne, vorhanden sind.

In den Träumen finden die Vorbereitungen für die Ereignisse statt, die Gestalt annehmen und von euch erfahren werden. Das erfolgt nicht nur bis ins kleinste Detail, sondern geschieht auch im größeren Kontext des Weltgeschehens. Die Ereignisse passen zusammen und bilden ein zusammengehöriges Ganzes. Ihr erhaltet sozusagen eine Liste der weltweiten Geschehnisse. Die »zukünftige« Geschichte der Welt, zum Beispiel, wird jetzt ausgearbeitet – so wie jedes Individuum im Traumzustand mit den wahrscheinlichen Ereignissen, die sein Privatleben betreffen, arbeitet. Dieses sein Leben läuft aber in einem sozialen, politischen und wirtschaftlichen Kontext ab, der unbewußt begriffen wird. Wenn ein Mensch im Traumzustand mehrere wahrscheinliche Realitäten konstruiert, dann geschieht dies auch in jenem größeren Zusammenhang, in dem die wahrscheinliche Entwicklung der Welt bekannt ist.

Im Traumzustand sickert durch, daß die Ereignisse in einem psychischen Netzwerk miteinander verbunden sind, das bedeutend wirksamer ist als euer ganzes technologisches Kommunikationssystem. Im Traum werden Realitätscodes benutzt. Wissen wird in elektromagnetischen Mustern empfangen und übermittelt, wobei ein Muster viel mehr Informationseinheiten tragen kann, als alles, über das ihr mit eurer Technologie verfügt. Jede Zelle im Körper erfüllt ihre Aufgabe, indem sie solche Signale aufgreift und weiterleitet. Auf dieser Ebene werden die Codes auch entschlüsselt, so daß die entsprechenden Informationen, bildlich gesprochen, an den zugehörigen Ort weitergeleitet werden können.

Im Menschen verfügt die psycho-physische Struktur in jedem Moment über ein vollständiges, immer neues Bild der zugehörigen Informationen über alle Ereignisse, die in irgendeiner Weise den Organismus betreffen können. Alle Handlungen werden aufgrund dieser verfügbaren Informationen ausgeführt. Im Traumzustand werden diese Daten in pseudogegenständliche Bilder übertragen: Spiegelungen von Ereignissen, die eintreten können, Vorschauen auf die wahrscheinlichen Folgen. Diese blitzen vor einem Bewußtsein auf, das momentan mehr auf die innere als auf die äußere Arena der Realität zentriert ist.

Nun wird solche Vorschau nicht nur für den Geist, sondern auch für den Körper vorgespielt. Jede Zelle berechnet den Effekt verschiedener wahrscheinlicher Ereignisse auf ihre Realität. Übereinstimmungen greifen Platz, so daß die Gesamtreaktion des Körpers im voraus gesichert werden kann. Vor- und Nachteile werden abgewogen. Der Körper nimmt so auf seiner Ebene am Träumen teil.

Atome und Moleküle verfügen selbst über eine Art von Bewußtsein, das ihr nicht analysieren könnt. Es agiert in Informationen sammelnden Prozessen, die sich codierter elektromagnetischer Einheiten bedienen, die allen euren Erfindungen und Zugriffen eurer Kunst entschlüpfen. Atome, Moleküle und alle kleineren »Partikel« in ihnen sind also durch informationstragende Prozesse gekennzeichnet, und aufgrund dieser Prozesse interpretiert ihr die Natur der Ereignisse.

Das zellulär eingestimmte Bewußtsein produziert, wie erklärt, Träume. Es schafft eine physische Realität und die dazugehörigen Ereignisse.

Ihr könnt Pause machen.

(23.00 Uhr bis 23.20 Uhr.)

Auch euer Denken beruht auf der Realität des zellulär eingestimmten Bewußtseins.

Diesem Bewußtsein, das sich nicht mit der Konstruktion der Zelle befaßt, ist eine Art direkten Wissens eigen, das mit jenem Verstehen zusammenhängt, das ich bereits als »zirkulär« bezeichnet habe.

Die Erfahrung kommt dem direkten Wissen am nächsten. Wenn euer Bewußtsein von sich selbst in gegenständlichen Begriffen denkt, dann werdet ihr, ob ihr lebendig oder tot seid, immer nur jene Denkmuster benutzen, mit denen ihr vertraut seid. Euer Bewußtsein ist im Leben insofern zellulär eingestimmt, als es seine Realität aufgrund der Funktionen der Zellen wahrnimmt, die den »Körperapparat« bilden. Die Psyche ist jedoch viel umfassender als das zellulär, also physisch eingestimmte Bewußtsein. Und ihr existiert in diesem viel größeren Zusammenhang. Dieser größere Zusammenhang ist mit eurer Realität in dem Ausmaß verflochten, in dem ihr in euren Reflexionen seiner gedenkt. In jenen Augenblicken, in denen ihr den Brennpunkt eures Seins vorübergehend verändern könnt, kommt die größere Erfahrung der Psyche ins Spiel. Ihr seid zumindest fähig, eure Existenz außerhalb ihrer zellulären Ausrichtung zu spüren. Diese Erfahrung ist jedoch zirkulär und deshalb nur sehr schwer zu beschreiben.

(23.32 Uhr. Dies war das Ende des Buchdiktats. Seth gab noch eine Seite für Jane und mich durch und beendigte die Sitzung um 23.45 Uhr.)

Sitzung 786, Montag, den 16. August 1976

(Es war ein wunderschöner Abend. Jane und ich waren beide etwas müde, obwohl wir letzte Woche keine Sitzungen abgehalten hatten. Über den Sommer hatten wir Zusammenkünfte mit verschiedenen Fachleuten angesetzt, die sich für unsere Arbeit interessierten, und diese hatten unsere Zeit und Konzentration beansprucht. Wir interessieren uns für alle Bereiche der Kunst-, Natur- und Humanwissenschaften und freuen uns immer auf solche Besuche – obwohl neue Freundschaften manchmal »zünden«, manchmal aber auch nicht.

Jedenfalls waren wir ziemlich ausgelaugt, weshalb wir beschlossen, daß wir für eine Weile persönliche Kontakte meiden würden. Paradoxerweise schien Seth so energiegeladen zu sein wie immer.)

Guten Abend – Buchdiktat.

(»Guten Abend, Seth.«)

Ihr wißt, daß die Erde eine Atmosphäre hat. Aufgrund eurer begrenzten Raumfahrtabenteuer haltet ihr es für sicher, daß auf anderen Planeten andere Bedingungen herrschen als auf dem euren.

Bestimmte Unterschiede werden in euren Berechnungen berücksichtigt, so daß Astronauten beispielsweise im voraus wissen, daß sie es im Weltraum draußen mit Schwerelosigkeit zu tun haben werden. Eure Vorstellungen und Erfahrungen von Raum und Materie werden jedoch von dem euch zur Verfügung stehenden Sinnesapparat geprägt. Was für euch Materie ist, mag »leerer Raum« sein für Wesen, die in einer ganz anderen Weise ausgerüstet sind. Euer Bewußtsein, so wie ihr es versteht, ist eine »psychologische Struktur«, die mit den Bedingungen der physischen Realität umgeht und damit fertig werden muß. Sinnesdaten werden sozusagen mehr oder weniger schon verpackt aufgetragen. Die höhere innere Realität der Psyche ist jedoch so ausgedehnt, wie es der äußere Raum zu sein scheint.

Wenn Informationen aus jenen erweiterten psychischen Bereichen in euer Bewußtsein »fallen«, dann werden sie auch verändert, während sie durch die verschiedenen Ebenen der psychologischen Atmosphäre reisen, bis sie schließlich landen oder in einer Serie von Bildern oder Gedanken explodieren. Absatz.

Ihr werdet andauernd von solchen »fremden Eindringlingen« bombardiert. Wenn ihr in eurem normalen Wachzustand seid, löscht der Brennpunkt eures in der Dingwelt zentrierten Bewußtseins sie aus. Es gibt, um von anderem zu reden, zahllose Sternschnuppen, die sich überall am Himmel tummeln, obwohl ihr nur wenige von ihnen am Nachthimmel seht. Für euer Wachbewußtsein ist es wichtig, daß ein Filterungsprozeß stattfindet, damit die Präzision eures Handelns erhalten bleibt. Und doch beruht diese Präzision auf einer endlosen Zahl von Informationen, die auf andere Ebenen eurer psychologischen Realität übergreifen. Diese Daten werden dann zum Rohmaterial, aus dem die euer äußeres Leben kennzeichnenden Ereignisse gebildet werden.

Wenn euer Körper im Traumzustand verhältnismäßig sicher und ruhig ist und keine Notwendigkeit für präzises Handeln besteht, dann werden die erwähnten psychologischen Eindringlinge spürbar. Viele eurer Träume sind wie das Schweifende von Kometen: ihr wirkliches Leben ist vorbei, und ihr seht das Aufglühen, das ihr Verschwinden begleitet, wenn sie – die Träume – in eure Bewußtseinsatmosphäre eintauchen und in sprühenden Traumbildern explodieren. Träume werden also transformiert, wenn sie durch eure psychologische Atmosphäre reisen. Ihr könntet sie im Zustand des Wachbewußtseins gar nicht wahrnehmen – noch können sie ihre ursprüngliche Eigenart aufrechterhalten, wenn sie in die Bereiche eurer Psyche eintauchen. Sie zerfallen in Muster und formen sich dann zu Trauminhalten, die natürlich zu den Konturen eures Bewußtseins passen. Die daraus resultierende Traumstruktur paßt auf eure Realität und keine andere: Wenn dieses eindringende Material durch die Schichten eurer eigenen psychologischen Atmosphäre fällt, stürzt und springt, wird es von den Bedingungen, auf die es da stößt, transformiert.

Das in einer Pfütze sichtbare Regenmuster folgt bestimmten Gesetzen, die von den Konturen des sie umgebenden Erdufers, vom Wetter, von der Natur des Regens, den Wolken, von der Höhe, aus der die Regentropfen fallen, und den Bedingungen, die in nahen und fernen Teilen der Welt anzutreffen sind, abhängen. Wenn ihr all dies von innen her richtig verstehen würdet, könntet ihr aus einer einzigen Pfütze die vergangenen und gegenwärtigen Wetterbedingungen für den gesamten Planeten folgern. Natürlich könnt ihr dies nicht tun, aber es *ist* möglich.

(21.44 Uhr.) Träume prasseln herunter in psychologische Muster. Sie passen sich den Konturen eurer psychologischen Realität an. Sie bilden in eurem Geist Muster, die sich andauernd verändern, sich nach außen kräuseln. Der Regen, der in warmen, weichen und klaren Tropfen in euren Garten fällt, mag in höheren Luftschichten weit über eurem Hausdach Hagel gewesen sein, aber er verändert im Fallen seinen Zustand und seine Form – und wieder gemäß den Bedingungen, denen er begegnet. Diese »fremden Eindringlinge« tun also dasselbe, und die Träume sind wie die Regentropfen, die in höheren Schichten tatsächlich ganz anders geartet waren.

Auf der Erde gibt es Schluchten, Hügel, Berge, Täler, große Kontinente und kleine Inseln, und der fallende Regen paßt sich diesen Konturen an. Eure Träume, Gedanken, Absichten, Gefühle und Glaubensvorstellungen sind die natürlichen Bergzüge und Talebenen eures Geistes, so daß Informationen, die in eure geistige Welt prasseln, sich diesen Konturen anpassen.

Wenn in eurem Hof ein Abzugskanal ist, wird er immer den gefallenen Regen einsammeln und ableiten. Eure Glaubensvorstellungen sind wie Auffangbereiche – offene Behälter –, die ihr benutzt, um Informationen zu sammeln. Die eingedrungenen Daten fallen in solche Behälter, wobei sie natürlich deren Form annehmen. Glaubensvorstellungen sind Mittel, die Realität zu strukturieren. Wenn ihr die Realität aber überstrukturiert, habt ihr am Ende einen in formaler Hinsicht schönangelegten geistigen Garten, dessen präzise Anordnung so straff strukturiert ist, daß sie dem natürlichen Spielraum der Blumen und Pflanzen nicht mehr gerecht wird. Auch eure Trauminformationen werden dann in strukturierte Muster einfließen.

(Lange Pause.) Ihr wißt, daß die Welt der Natur ihre Formen andauernd verändert. Wie ihr sie erfahrt, gehorcht die Dingwelt bestimmten Gesetzen physikalischer Art. Veilchen im Erdgrund verwandeln sich nicht plötzlich in Steine.

Diese Bedingungen finden sich aber nur auf der bewußten Ebene eurer Erfahrung. Die größere Psyche befaßt sich mit der höheren Dimension der Ereignisse, und der Traumzustand ist wie ein Laboratorium, in dem die Realität eures Wachlebens konstruiert wird.

Die Erde wird von kosmischen Strahlen bombardiert, die ihr nicht wahrnehmt, obwohl sie für euer Überleben höchst wichtig sind. In derselben Weise wird die Psyche von Informationen bombardiert, die für euer Überleben wichtig sind. Im Traumlabor werden diese Informationen verarbeitet, gesammelt und schließlich in Träume umgesetzt, an die ihr euch erinnern könnt oder nicht; Träume sind bereits Übersetzungen von anderen Ereignissen, in Formen verpackt, die ihr erkennen könnt.

Jeder Traum, an den ihr euch erinnert, ist in der Form berechtigt, die ihr von ihm habt, denn die Informationen wurden verändert, damit sie in die Umrisse eurer Absichten und Ziele passen. Doch ein Traum ist auch ein Symbol für ein anderes, nicht erinnertes Ereignis, beispielsweise für eine unbewußt wahrgenommene »Sternschnuppe«, und außerdem ein Hinweis darauf, wie Umwelten von innen her geschaffen werden.

Ihr könnt Pause machen.

(22.10 Uhr bis 22.25 Uhr.)

Die Traumrealität steht sozusagen der wahren Natur allen Geschehens näher, als euch eure Erfahrung der äußeren Ereignisse glauben läßt.

Träume scheinen oft chaotisch, weil euer Bezugspunkt zu begrenzt ist, um die erweiterte Dimension der jeweiligen Aktualität zu erkennen. Um es noch einmal zu sagen: Ereignisse sind ihrer Natur nach viel zirkulärer. In Träumen könnt ihr die Vergangenheit und die Zukunft erfahren. Äußere Ereignisse werden nach euren Zeitbegriffen eigentlich jetzt geformt, als Folge der Wechselwirkungen zwischen Vergangenheit und Zukunft, die in ihrer Aktualität nicht verschieden sind, vielmehr nur in eurer Wahrnehmung.

Ihr lest eure Zeitungen und tauscht ständig mit euresgleichen Meinungen aus. Solche Kommunikationen beeinflussen »zukünftige« Ereignisse. Individuen wie auch Regierungen ziehen diese in Betracht, wenn sie ihre Entscheidungen fällen. Die Zeitungsnachrichten sind natürlich nicht die Ereignisse, die in ihnen erörtert werden, aber sie sind eine eigene Art von Ereignis. Wenn ihr euch die Nachrichten im Fernsehen anschaut, habt ihr ein umfassenderes Bild der Neuigkeiten. Wenn ihr dabei Kriegshandlungen seht, sind es immer noch nicht Menschen, die ihr sterben seht. Ihr schaut dann Symbole an, die in Bilder übersetzt wurden und die dann visuell wahrgenommen werden. Die Bilder stellen Menschen dar, aber sie sind nicht die Menschen. Die Symbole tragen die Botschaft, aber sie sind nicht das Ereignis, das sie darstellen.

Manche eurer Träume sind wie Zeitungsnachrichten, die euch über Ereignisse informieren, die in anderen Teilen der Psyche passiert sind. Andere Träume sind wie Fernsehbilder, die vielleicht einen größeren Gehalt an Informationen über ein Ereignis vermitteln, es aber noch immer nicht enthalten.

Psychisch und physisch strahlt ihr jedoch infolge einer ständigen inneren Kommunikation laufend Traumbulletins aus. So tragen individuelle Träume zur Gestaltung der Massenrealität bei, obwohl sie in einem bestimmten Ausmaß auch aus ihr hervorgehen, genau wie lokale Wetterbedingungen zur Weltwetterlage beitragen, während sie gleichzeitig durch diese gebildet werden.

(Lange Pause um 22.44 Uhr.) Eure Erde existiert im Kontext des Universums. Ihr existiert im Kontext eurer Psyche. Die Ereignisse, die ihr für real anseht, hängen von allen anderen Ereignissen ab, die in eurer Psyche passieren, genauso wie die Erde von den Vorgängen im Universum abhängt.

Ereignisse, wie ihr sie versteht, sind nichts anderes als das Eindringen multidimensionaler Aktivitäten in Raum und Zeit. Sie sind Spiegelungen eurer Träume, genauso wie eure Träume die euch bekannten Ereignisse widerspiegeln, die ihr erfahren habt oder die ihr auf diese oder jene Art voraussetzt. Ohne nun die grobe Gültigkeit eurer Erfahrung zu leugnen, will ich sagen, daß Ereignisse, wie ihr sie kennt, sozusagen nur die Fragmente von anderen Geschehnissen sind, in die ihr genauso verstrickt seid. Die innere Multidimensionalität der Ereignisse findet in einem Rahmen statt, den ihr nicht strukturieren könnt, weil ihr, als eine Regel, nicht auf diese Realität ausgerichtet seid. Ihr befaßt euch lieber mit äußeren Handlungen und Geschehnissen, die handhabbar sind.

Die Handhabung von Ereignissen bis zur Manipulation ist tatsächlich ein recht bemerkenswerter psychologischer Kunstgriff: die bewußte Aufmerksamkeit ist voll und ganz zielgerichtet und bringt so Lebendigkeit und Bedeutung in ein verhältnismäßig geringwiegendes Fragmentgeschehen.

Nochmals: Ich versuche nicht, die Gültigkeit eurer Erfahrung zu leugnen; ich will vielmehr ihre spezialisierte Natur aufzeigen. Diese präzise Spezialisierung und Einstimmung des Bewußtseins auf Raum und Zeit schließen andere, weniger spezialisierte Begegnungen mit Parallelrealitäten weitgehend aus. Die Träume scheinen eben darum oft zweideutig und undurchsichtig zu sein, weil ihnen nämlich die unmittelbare Einordnung der psychologischen Handlung in Raum und Zeit fehlt. Von eurem Standpunkt aus scheint es, daß Träume keine Ereignisse sind oder daß sie geschehen und doch nicht geschehen. Das Fehlen der normalen Schnittpunkte von Zeit und Raum bedeutet, daß ihr eure Träume nicht wie Wachereignisse miteinander teilen könnt. Auch könnt ihr euch der Träume scheinbar nicht so erinnern, wie dies bei Erfahrungen eures Wachbewußtseins der Fall ist. Unter den »realen« Tatsachen erinnert ihr euch jedoch bewußt nur an bestimmte Ereignisse eures Lebens, und die weniger wichtigen Einzelheiten eures Alltagslebens verschwinden, genau wie eure Träume zu verschwinden scheinen.

Ihr habt natürlich auch ein Traumgedächtnis, obwohl ihr euch dessen in der Regel nicht bewußt seid. Es erfordert einige Geschicklichkeit, Ereignisse zu produzieren, und wenn ihr träumt, verfügt ihr über diese Geschicklichkeit. Die Produktion von Ereignissen beginnt schon vor eurer Geburt, und oft vereinigen sich die Träume des ungeborenen Kindes mit jenen der Mutter. Die Träume derjenigen, die im Sterben liegen, enthalten oft Traumstrukturen, die sie bereits auf ihre zukünftige Existenz vorbereiten. Tatsächlich findet gegen den Tod hin eine Beschleunigung im Rhythmus des Träumens statt, da neue Wahrscheinlichkeiten in Betracht gezogen werden – die Beschleunigung der Traumfolgen stellt einen psychischen Impetus für eine neue Geburt dar.

Ihr könnt Pause machen.

(23.07 Uhr bis 23.34 Uhr.)

Dies ist, zum Teil, äußerst schwer zu erklären, aber man kann sagen, daß ein Ereignis weder einen Anfang noch ein Ende hat, und zwar kann man das von jedem Ereignis sagen.

Dies stimmt für ein Leben. Es stimmt für einen Traum. In eurem Sinn ist diese Information nicht verwendbar, weil sie im Widerspruch zu eurer direkten Erfahrung steht. Mit einiger Übung könnt ihr jedoch auf Wunsch mitten in einem Traum vorschlagen, daß er sich in seine größeren Proportionen erweitere. Euer Traum wird dann in einen anderen Traum eingehüllt werden oder gleichzeitig in mehrere Träume, die sämtliche Aspekte und Versionen eines bestimmten Themas oder einer Wahrscheinlichkeit enthalten, die miteinander verbunden sind, obgleich die Verbindungen für euch nicht erkennbar sind.

Jedes Ereignis eures Lebens ist in jedem anderen Ereignis enthalten. In derselben Weise ist jede Lebenszeit in jeder anderen Lebenszeit enthalten. Das Realitätsgefühl ist deshalb im Traumzustand »echter«. In einem gewissen Ausmaß könnt ihr euch eurer Träume bewußt gewahr werden – das heißt, ihr werdet euch eures Träumens bewußt gewahr. Ihr könnt auch eurem »Traum-Selbst« im Wachzustand vermehrt erlauben, sich auszudrücken. Dies kann mit Hilfe von Techniken geschehen, die weitgehend mit Kreativität zu tun haben.

Kreativität verbindet die Realitäten des Wach- und Traumzustandes. Sie ist selbst eine Schwelle, an der sich das wache Selbst mit dem träumenden Selbst verbindet, um Konstruktionen zu errichten, die gleichermaßen beiden Realitäten zugehören. Ihr könnt nicht anfangen zu verstehen, wie ihr die äußeren Ereignisse eures Lebens gestaltet, solange ihr nicht den Zusammenhang zwischen Kreativität, Träumen, Spiel und den anderen Geschehnissen, die eure wachen Stunden ausfüllen, versteht. In einer Hinsicht sind Träume eine Art strukturiertes unbewußtes Spiel. Euer Geist träumt, freudig vergnügt mit sich spielend, frei von allen Sorgen des praktischen Lebens. Träume sind das freie Spiel des Geistes. Die spontane Aktivität ist aber zugleich auch ein Training in der Kunst, Ereignisse zu bewirken.

Wahrscheinlichkeiten können jongliert und ohne physische Konsequenzen ausprobiert werden. Euer Geist folgt seinen natürlichen Neigungen. Er verfügt über viel mehr Energie, als ihr ihm zu gebrauchen erlaubt, und setzt sie in großen »Phantasien« frei – Phantasien, aus denen ihr als Fakten das auswählt, was ihr erfahren werdet. Überdies ist das Träumen eine hochgradige Kunst, in der alle Träumer Meister sind. Es gibt individuelle Träume, genauso wie es im Leben individuelle Spiele gibt. Es gibt Massenträume, denen »viele beiwohnen«. Aber vor allem herrscht im Traum die spontane Aktivität des Geistes vor, und dieser erfreut sich seiner Kreativität.

Ende des Diktats. Gönnt uns einen Augenblick . . .

(23.55 Uhr. Als Seth diktierte Jane noch ein paar Abschnitte Material für sich selbst. Die Sitzung war um 00.08 Uhr beendet.)

9
Reine Energie, die energetische Psyche und die Entstehung von Ereignissen

Sitzung 787, Montag, den 23. August 1976

(21.40 Uhr.) Guten Abend – Diktat.

(»Guten Abend, Seth.«)

Unser Buch. Neues Kapitel. Überschrift: »Reine Energie, die energetische Psyche und die Entstehung von Ereignissen.«

Wenn Menschen am Phänomen des Träumens und am Wesen der Träume ein Interesse nehmen, beschäftigen sie sich mit bestimmten Fragen, zum Beispiel: Wie real ist das Traumgeschehen? Was bedeuten Träume? Wie beeinflussen sie das tägliche Leben? Jeder Mensch weiß um die erstaunlich intime Natur der Träume. Trotzdem scheinen bestimmte Symbole eurer Erfahrung nach universell verbreitet zu sein.

Obwohl solche Fragen offenbar wichtig sind, berühren sie die Ereignisse, die hinter dem Traumgeschehen stehen, nicht, und sie berühren auch die rätselhaften psychologischen Handlungen, die hinter der Wahrnehmung eines jeden Ereignisses stehen, nicht. Träume sind vor allem Ereignisse. Für euch liegt jedoch ihre Bedeutung eindeutig in den Ähnlichkeiten mit eurer Erfahrung und den Unterschieden, die mit eurem Wachleben in Kontrast stehen.

Hinter den erwähnten Fragen drängen sich viel tiefere Überlegungen auf. Es geht um die Natur der Kreativität und um die Eigenschaften der Energie, ohne die ein Geschehen nicht möglich ist.

Im Grunde ist die Psyche eine Manifestation der reinen Energie in besonderen Formen. Es ist sehr schwierig, sie außerhalb des euch vertrauten Rahmens zu erfahren. Ihr verlangt Genauigkeit in der Definition und der Terminologie. Natürlich prägt und verändert das Vokabular automatisch die Information. Nun: Die Psyche ist eine Zusammenballung von Energieformen. Um dies zu verstehen, müßt ihr wissen, daß die reine Energie über Eigenschaften verfügt, die sie umformen. So erscheint reine Energie immer als eine ihrer Manifestationen, die zugleich eine ihrer »Camouflagen«, ihrer Tarnungen, ist.

Sie mag Partikel bilden, aber sie ist immer sich selbst, ob nun solche Partikel existieren oder nicht. In einem urtiefen Sinn, der in eurem Wortschatz fast unverständlich ist, kann Energie nicht geteilt werden. Es gibt nicht Teile der Energie oder Abschnitte, da sie keineswegs etwa wie ein Kuchen ist, der entzweigeschnitten und verteilt werden kann. Zu Diskussionszwecken müssen wir aber sagen, daß, wie ihr es versteht, jede kleinste Portion – jede noch so geringfügige Einheit der reinen Energie – in sich die treibende Kraft besitzt, die sie zur Bildung aller möglichen Varianten von sich selbst veranlaßt.

Nach euren Begriffen hat die kleinste Einheit der Energie kein Gewicht, sie hat keine Masse, und trotzdem wohnt ihr die Eigenschaft inne, Materie in allen ihren Formen zu schaffen, der Impetus, alle möglichen Universen zu schaffen. In diesem Zusammenhang kann die Energie nicht beschrieben werden, ohne daß wir die wichtigsten Fragen über Gott oder, da diese Begriffe synonym sind, über »All-das-was-ist« miteinbeziehen.

(22.02 Uhr.) Ich kann ganz genau sagen, daß reine Energie in sich selbst bewußt ist, aber jedes dieser Wörter beeinträchtigt irgendwie die Bedeutung, weil ich von einem Bewußtsein spreche, das äußerst schwer zu beschreiben ist.

Reine Energie oder jede ihrer »Einheiten« enthält in sich die schöpferische Tendenz zur Individuation, so daß in jeder beliebigen Einheit alles individuell bewußte Leben geschaffen, vorhanden und enthalten ist. Reine Energie kann nicht zerstört werden, und sie wird »an jedem Punkt« gleichzeitig neu geschaffen. Euer materielles Universum und eure physikalischen Gesetze sagen wenig aus über dieses Geschehen, denn ihr seht nur die Erscheinung des Werdens in der Zeit oder des Zerfalls. Eure eigene psychische Aktivität ist der beste Beweis, den ihr habt, obgleich ihr ihn nicht als solchen benutzt. Reine Energie hat keinen Anfang und kein Ende. Die Psyche oder Seele, e u r e Seele, wird »an jedem Punkt« ihrer Existenz neu geschaffen. Und trotz aller Augenfälligkeiten, die in eine andere Richtung deuten mögen, ist auch das materielle Universum nicht durch eine Explosion von Energie entstanden, sondern es wird »in jedem Augenblick« und »an jedem Punkt« laufend neu erschaffen.

Die grundlegende Erfahrung der Psyche besteht deshalb in einer Art von Aktivität, die ihr nicht direkt wahrnehmen könnt; die Psyche agiert deshalb als das Medium, in dem eure Traum- und Wacherlebnisse stattfinden.

Darum könnt ihr eure Erlebnisse nicht auseinandernehmen, um die dahinterstehende Realität zu finden, denn diese Realität ist nicht so sehr ein »Leim«, der Fakten und Ereignisse zusammenhält, sondern sie ist unsichtbar in euer psychisches Wesen eingewebt. Zwischen euren Wach- und Traumerlebnissen bestehen offensichtlich Unterschiede. Ihr differenziert sie ganz präzis und macht große Anstrengungen, um sie sauber auseinanderzuhalten. Doch ihr seid von großer Wankelmütigkeit in der Beurteilung dessen, was euch einerseits als gesund und andererseits als Tatsachenrealität gilt.

Diese sogenannte Tatsachenrealität hat sich mit der Zeit radikal verändert. »Einst« schritten Götter über die Erde und führten in den Himmeln und auf den Meeren Krieg. Die Menschen, die das glaubten, wurden für gesund gehalten – und waren gesund, dank dem d a m a l s allgemein akzeptierten Rahmen der Normalität und Tatsachenrealität. Kein Wunder, daß sich eure Auffassung heute stark unterscheidet. Die im Laufe der Geschichte sich verändernde Natur der akzeptierten Tatsachenrealitäten stellt mehr als nur eine Geschichte der menschlichen Zivilisationen und Kulturen dar: sie spiegelt die fortwährend schöpferische Natur der Psyche.

(Pause um 22.23 Uhr.) Alle Elemente der physischen Erfahrung sind im Traumzustand gegenwärtig. In praktischer Hinsicht akzeptiert die Menschheit auch seit jeher bestimmte Geschehnisse der Traumrealität als Tatsachenrealität. Auf dem Boden dieser sogenannten »realen Ereignisse« baut sie ihre »laufenden« Zivilisationen. Historisch gesehen träumte der Mensch der Frühzeit von Flugzeugen und Raketen. Aus diesem Grunde funktionierte das natürliche »Fernsehen« jener Menschen in einer gewissen Hinsicht besser als eure technologisch ausgeklügelte moderne Version, da ihnen ihre aus der Psyche geschöpften Bilder erlaubten, Ereignisse in benachbarten Gebieten oder in anderen Teilen der Welt hellseherisch wahrzunehmen. Allerdings konnten sie nicht einfach auf einen Knopf drücken. Die psychischen – und biologischen – Mechanismen, die jenen Menschen dieses Wissen ermöglichten, waren vorhanden und in Zeiten der Gefahr und der Belastung durch Vorkommnisse, die ihr Überleben bedrohten, besonders wertvoll. Aber nicht nur damals, sondern auch heute waren und sind alle Möglichkeiten und Entwicklungen im Traumzustand als Modelle gegenwärtig, aus denen ihr dann jene Ereignisse auswählt, die euch zur physischen Erfahrung gedeihen.

In diesem Sinn gibt euch die Untersuchung des Traumzustands wichtige Einsichten in die Natur der Psyche. Irgendwie seid ihr bereits »abgepackt«. Ihr haltet immer ein ganzes »Paket« eurer psychischen Realität für euer »Ich«. Ohne es zu wissen, seid ihr eine Manifestation der reinen Energie; in Form reiner Energie werdet ihr in jedem Augenblick neu geschaffen.

Eure Psyche zieht sich in sich selbst zurück, in das All-eine, und »aus sich selbst heraus« in eure Individuation, in psychische Impulse einer Aktivität, die euch erneuert und wandelt,

Im Traum- oder Schlafzustand in dem ihr euch nicht direkt physisch betätigt, bietet sich die Gelegenheit, mehr über die Psyche zu erfahren – über jenes Geschehen, das der Erfahrung eures Wachbewußtseins so ähnlich und doch so unähnlich ist.

Ihr könnt Pause machen.

(22.44 Uhr bis 23.10 Uhr.)

Nun: Alle wahrscheinlichen Geschehnisse eures Lebens existieren gleichzeitig auf bestimmten Realitätsebenen, die mit dem Traumzustand verbunden sind. Da euer physisches Handeln an ein Raum-Zeit-System angepaßt werden muß, kann sich nur ein Minimum dieser wahrscheinlichen Geschehnisse ereignen.

Alle Geschehnisse, die sich ereignen, sind sorgfältig ausgewählt. Die Träume bilden den Nährboden, auf dem ihr die Wünschbarkeit jedes beliebigen wahrscheinlichen Erlebnisses erproben könnt. A u f d i e s e n a n d e r e n E b e n e n d e r E x i s t e n z besteht im Grunde kein Unterschied zwischen Wach- und Traumgeschehnissen. Ihr baut also eure Erfahrung schöpferisch auf, wobei das Bewußtsein, wie ihr es euch vorstellt, seinen Teil der Verantwortung trägt. Jene Geschehnisse aber, die ihr nicht zu verwirklichen wünscht, existieren genauso und verbinden sich zu eigenen Organisationen. Sie fallen nicht, wie wenn es sie nicht gäbe, einfach aus eurem Erfahrungsbereich aus, sondern sie dienen als Bezugspunkte für Geschehnisse, die euch nicht direkt betreffen, und bilden indirekt einen bestimmten Hintergrund eures Seins. Ihr Vorhandensein ist eurem Leben eingegeben – genauso wie euer Leben diesen anderen Systemen eingegeben ist.

In diesem Sinn dient der Traum auch als ein Schauspiel, in dem Wahrscheinlichkeiten miteinander verflochten werden, als Sprungbrett, von dem Geschehnisse in alle Richtungen ausgehen. Wiewohl jeder Aspekt eines Traumes eine persönliche Bedeutung hat, ist er auch eure Version eines Symbols, das für ein zugehöriges Geschehnis steht, wenn auch auf einer ganz anderen Realitätsebene.

(Lange Pause.) Wenn ihr jeden Aspekt eines Traumes numerieren wolltet, würde jede Nummer an sich ein ganz anderes numerisches System darstellen. Die bekannten Nummern wären immer noch dazu da, den Traum im Kontext eurer Welt zu erklären. Wie ihr in einem materiellen Universum lebt und an seiner Realität teilhabt, so existiert jeder von euch auch in dem weit größeren psychischen Universum und wird umgeben, unterstützt und ist ein Teil von psychischen Wesenheiten *(lange Pause)* von unendlicher Vielfalt. Eure geringfügigste Handlung beeinflußt ihre Realität, so wie ihre Realität die eure beeinflußt. In einem gewissen Ausmaß könnt ihr diese Wesenheiten im Traum klarer wahrnehmen, so wie die Sterne, die ihr mittels eures Gesichtssinns seht, in der Nacht sichtbarer werden. Psychische Realitäten können nach Kriterien der Größe – ob sie kleiner oder größer sind – nicht miteinander verglichen werden, da die glanzvolle Gültigkeit einer jeden Existenz eine der Persönlichkeitsstrahlung vergleichbare Intensität hat, die so einzigartig ist, daß sie solche Überlegungen in den Schatten stellt.

(23.35 Uhr.) Das Leben eines Sterns und das Leben einer Blume sind nach Kriterien eurer Begriffe von ganz anderer Dauer, Größe und Qualität. Und doch existieren beide als eine gültige Erfahrung, die solche Vergleiche letztendlich bedeutungslos macht. Genauso hat es keinen Sinn, euer Bewußtsein mit dem von sternenähnlichen oder psychischen Wesenheiten zu vergleichen. Die psychologische Beweglichkeit des Bewußtseins erlaubt aber eine Art von innerer Kommunikation, die unmöglich sprachlich ausgedrückt werden kann; es ist eine Verständigung in einer das Miteinander verbindenden spirituellen und biologischen Sprache, durch welche Erfahrungen direkt vermittelt werden. Viele von euren Träumen sind deshalb Übertragungen von Geschehnissen, die auf anderen Realitätsebenen der größeren Psyche stattfinden.

Dort sind Geschehnisse nicht von der Zeit abhängig. Ihr dagegen müßt mit der zeitlichen Version von Ereignissen arbeiten. Die Träume schaffen einen eleganten Rahmen, der euch erlaubt, zeitlose Erfahrungen zu zerlegen und in den passenden Zusammenhang eurer Welt einzuordnen. Die passende Einordnung hängt weitgehend von einem inneren Wissen um wahrscheinliche »zukünftige« Ereignisse ab, und eure »gegenwärtige« Zeit wäre ohne dieses unbewußte Wissen um die »Zukunft« nicht möglich.

Die Träume sind oft eine Synthese dessen, was ihr als Vergangenheit, Gegenwart und Zukunft anerkennt, wobei ein Hauptgeschehnis als Bezugspunkt verwendet wird, um den sich »gegenwärtige« Geschehnisse gruppieren.

Ihr könnt Pause machen.

(23.47 Uhr. Die folgenden zwei Seiten dieser Sitzung waren Material für Jane. Die Sitzung war um 00.21 Uhr beendet.)

Sitzung 788, Montag, den 6. September 1976

(Jane hat eben ihr Manuskript »The World View of Paul Cézanne« fertiggetippt, und ich bin nun bereit, die endgültige Version des ersten Bandes von Seths »Unknown Reality« zu schreiben. Wie ich in der Einführung zu seinem Buch erkläre, beschlossen wir, Seths sehr langes Manuskript über »Unknown« in zwei Bänden zu veröffentlichen. Das bedeutet, daß unsere Leser zur ersten Hälfte des Materials bereits Zugang haben werden, während ich den bedeutend längeren zweiten Band zur späteren Publikation vorbereite. Zu meiner großen Überraschung teilte mir Jane mit, daß sie mir bei der Abschrift des ersten Bandes helfen wolle, dies, obwohl das Tippen nicht gerade ihre Lieblingsbeschäftigung ist. So verbrachten wir beide den größten Teil des Tages an unseren Schreibmaschinen.

Gleichzeitig machte Seth mit diesem Buch, »Natur der Psyche«, große Fortschritte. Jane meinte spaßhaft, sie wünschte, daß Seth auch tippen könnte.)

(21.27 Uhr.) Guten Abend.

(»Guten Abend, Seth.«)

Diktat: Ereignisse haben im Grunde nichts mit dem zu tun, was ihr euch als Ursache und Wirkung vorstellt. Dies wird bis zu einer gewissen Deutlichkeit ersichtlich, wenn ihr das Traumgeschehen studiert, weil hier die euch vertraute Kontinuität, die Ereignisse miteinander verbindet, weitgehend verschwindet.

Ereignisse werden vielmehr durch Bedeutungen aufgebaut. Aber laßt uns diese Aussage für einen Augenblick vergessen und assoziativ betrachten, was euch schon bekannt ist, da euer Bewußtseinsstrom in dieser Richtung fließt. Seiner Natur nach ist jedes Bewußtsein ein bestimmter, besonderer und einzigartiger Brennpunkt der Bewußtheit, und es will mit den ihm eigentümlichen Eigenschaften alle möglichen Realitäten erfahren.

Es »stempelt«, es »prägt« oder »kennzeichnet« sogar das Universum. Demgegenüber ist kein Teil des Universums inaktiv oder passiv, ungeachtet seiner scheinbaren Organisation oder des scheinbaren Mangels an Organisation. Jedes Bewußtsein prägt also das Universum auf seine Weise. Die eigentliche Existenz des Bewußtseins schafft eine Art von Bedeutung, in deren Licht die übrige Welt interpretiert wird. Das Universum erkennt sich selbst durch solche Signifikanzen.

Jedes Bewußtsein verfügt über eine Kreativität, die multidimensional ist, so daß es für sich selbst so viele mögliche Realitäten zu »erobern« versucht, wie es kann. Dabei benützt es seine eigene Signifikanz als einen Brennpunkt, um aus dem Universum alle möglichen Geschehnisse in seinen Erfahrungsbereich zu ziehen. So zieht es Ereignisse aus dem Universum an, während seine eigene Existenz das Universum prägt als ein Ereignis, das den unauslöschlichen Stempel seiner individuellen Eigenart trägt.

Von einem anderen Gesichtspunkt aus gesehen und einfacher ausgedrückt kann man sagen: Jeder von euch hat, wie ihr euch selbst kennt, bestimmte Fähigkeiten und Eigenschaften. Ihr erfahrt die Realität kraft eurer Fähigkeiten und Eigenschaften, doch ihr stempelt gleichzeitig das Universum mit der besonderen Prägung eurer eigenen Individualität und zieht jene Ereignisse an, die zu eurer Eigenart passen und zu keiner anderen.

Signifikanzen fallen oder ereignen sich in bestimmten Mustern, und wenn diese ganz offensichtlich werden, erscheinen sie als Ursache und Wirkung. Dies sind einfach schwerwiegende Signifikanzen. Die euch bekannten Vorgänge der Assoziation und Gewohnheitsbildung sind vielleicht die nächstliegenden Beispiele, die euch zeigen können, wie Signifikanzen sich geltend machen. Assoziationen spielen sich übrigens im Zeitverlauf ab, Signifikanzen aber im Grunde nicht.

Ihr mögt beispielsweise an eure Tante Sarah denken, und in wenigen Augenblicken werden euch assoziativ Bilder aus der Vergangenheit gewärtig: Bilder steigen auf von einem Besuch bei eurer Tante, von ihren Freunden und Nachbarn, den Gegenständen in ihrem Haus und von Episoden, die mit eurer Beziehung zur Tante verbunden sind.

(21.49 Uhr.) Zur gleichen Zeit mag Tante Sarah, ohne daß ihr davon wißt, eine blaue Vase in die Hand nehmen, eine, die ihr eben in eurem Geist auf einem Regal in ihrem Wohnzimmer habt stehen sehen. Beim Berühren der Vase mag Tante Sarah an die Person denken, die ihr die Vase schenkte und die jetzt auf der anderen Seite des Kontinents lebt. J e n e Person, die vielleicht gerade jemanden ein Geschenk kaufen will, mag sich, einer Eingebung folgend, auf eine Vase festlegen oder plötzlich beginnen, ein Lied mit dem Namen »Sarah« im Titel zu summen, oder sie mag sogar konkret an eure Tante denken. Wenn andererseits irgendwo auf dieser Linie gegensätzliche Assoziationen ins Spiel kämen, könnte die »Kette« der Assoziation brechen. Die besagte Dame würde vielleicht eine Vase i n B e t r a c h t z i e h e n, die Idee, sie zu kaufen, aber wieder verwerfen. Infolge des Faktors der Zeit scheint es euch, daß die erste Episode die zweite und dritte Episode verursachte und daß euer Gedanke an die Tante und die damit

verbundenen Assoziationen die »folgenden« Geschehnisse hervorrief.

Die inneren Signifikanzen aber, die Assoziationen, existierten unabhängig von der Zeit: sie konnten zu jedem Zeitpunkt »angepeilt« werden. Sie besaßen ihre grundlegende Realität außerhalb der Zeit, obwohl sie in der Zeit erschienen.

Tatsächlich könnten diesen drei handelnden Personen leicht drei Geschehnisse gleichzeitig passieren, und ohne normale Verständigung wüßten sie alle nichts davon. Die innere »Tapete« der Ereignisse ist von derartigen Assoziationen gekennzeichnet. Emotionale Intensitäten und Signifikanzen prägen die Natur der Ereignisse. In Träumen arbeitet ihr mit solchen Gefühlsintensitäten und erforscht zahllose Signifikanzen. Diese sind wie geladene emotionale Muster, die aufgrund eurer höchstpersönlichen Gefühle und Absichten zustande kommen.

Indem ihr solche Signifikanzen als Maßstab benutzt, akzeptiert oder verwerft ihr wahrscheinliche Ereignisse. Ihr prägt das Universum mit eurer eigenen Bedeutung und benutzt diese als Brennpunkt, um daraus jene Ereignisse heraus- oder anzuziehen, die zu euren einzigartigen Zielen und Bedürfnissen passen. Indem ihr dies tut, vervielfältigt ihr gewissermaßen die schöpferischen Möglichkeiten des Universums; ihr gewinnt diesen Möglichkeiten eine persönliche Realität ab, die sonst, in diesem Sinn, nicht da wäre. Und indem ihr dies tut, tragt ihr auch in unglaublichem Ausmaß zur Realität der Summe allen Bewußtseins bei, indem ihr die Summe der Realität erhöht, von der alles Bewußtsein zehrt.

Ihr könnt Pause machen.

(22.10 Uhr bis 22.23 Uhr.)

Nun gibt es im Grunde keine zufällige Bewegung. Es gibt kein Chaos oder dergleichen. Das Universum, gleich unter welchem Namen und in welcher Manifestation, erhält seine Realität aufgrund der geordneten Abfolgen von Signifikanzen. Ihr versteht das Ordnungsprinzip nach Ursache und Wirkung, Signifikanzen sind nicht nach Kriterien der Kausalität geordnet. In einer gewissen Weise sind eure erinnerten Träume wie numerierte Bilder, die auf eure Absichten und Ziele abgestimmt sind und so perfekt zu den Konturen eures Geistes passen, daß ihr die dem zugrundeliegende Erfahrung vergeßt, aus der die Bilder entstanden sind.

In physischer und psychischer Hinsicht ist der Traum selbst das Ergebnis präzisester Berechnungen. Im Traumgeschehen finden komplizierte Schauspiele und Wechselwirkungen statt, die oft hoch geladen und von der Intensität her sehr eindringlich sind, aber doch abgeschnitten bleiben von der vollen Teilnahme des Körpers. Die Signifikanzen bringen von eurer Seite her bestimmte biologische Hinweise ins Spiel; diese wirken regulierend im Schnittpunkt psychischer Geschehnisse einerseits und physischer Aktivität in Zeit und Raum andererseits.

Nur wenn alle Bedingungen den hochspezifischen Anforderungen entsprechen, werden die notwendigen Auslöser aktiviert, die zu einer Erfahrung eurer physischen Realität führen.

Diese Signifikanzen funktionieren in einem System von Codes. Ereignisse sind auf eine bestimmte Art codiert, Träume auf eine andere. Es gibt aber noch etwas, das man Vortraum-Zustand nennen könnte, einen Erfahrungszustand, aus dem der Traum hervorgeht. Eine solche Erfahrung trägt wiederum einen anderen Code, der sie noch weiter von dem akzeptablen Schnittpunkt der Realität von Materie (Körper), Raum und Zeit trennt.

Eure Erlebnisse im Leben passieren euch als euch selbst. In Träumen mögt ihr ein Geschehnis scheinbar als jemand anderer erfahren, oder ihr seht euch in der Vergangenheit oder Zukunft anstatt in der Gegenwart. Im Wachleben habt ihr die Familie, die ihr kennt, eine Gruppe von Freunden, euren Beruf oder was auch immer. In Träumen findet ihr euch vielleicht mit jemand anderem verheiratet, oder ihr lebt ein ganz anderes Leben. In einer Weise sind Träume wie Variationen eures Lebensthemas, obwohl in Wirklichkeit das

Thema euer Leben ist, das ihr aus allen möglichen Versionen ausgesucht habt.

Bis zu einem gewissen Grad sind aber Traumgeschehnisse durchaus Ereignissen der physisch erlebten Wirklichkeit ähnlich. Euren Träumen haften physische Kriterien an: ihr geht, lauft, eßt und so weiter. Doch gönnt uns einen Augenblick. Für den Moment wollen wir vom Vortraumzustand sprechen. Vergleichsweise verschwinden hier, im Unterschied zum Traum, die physischen Aspekte der Geschehnisse weitgehend, und zwar zunehmend, je weiter ihr vom Traumzustand in die innere Realität vordringt. Ihr könntet dabei den Eindruck gewinnen, daß die Erfahrung breiter, aber weniger spezifisch wird; doch dies ist nicht der Fall. Die Erfahrung wird tatsächlich breiter, aber sie verändert ihre Qualität, so daß beispielsweise ein in eurem Sinn bloßer Augenblick Arbeitsmaterial für fünf Jahre Träume ergeben würde.

Dies ist nur eine Analogie, weil ihr ja fortwährend in jener anderen, der Vortraumrealität versunken seid. Ihre Erleuchtungen werden eurem Selbst durch die Bescherung von Träumen übermittelt. Doch, wie ihr es versteht, »braucht es Zeit zu träumen«. Diese weitere Erfahrung des Vortraumzustands, aus dem eure Träume letztendlich hervorgehen, bringt euch auf eine Art Reise. Um mich einer anderen Analogie zu bedienen: Es ist, wie wenn ihr die gewohnte Ausrüstung des normalen Lebens freudig hinter euch lassen und an Bord eurer eigenen größeren Psyche auf die weiten Meere der Erfahrung hinausfahren würdet.

(22.55 Uhr.) Ihr laßt das äußere Erscheinungsbild der Ereignisse hinter euch und stoßt in jene Bereiche vor, in denen Ereignisse schöpferisch zustande kommen. In einer Weise, die sehr schwer zu beschreiben ist, begegnet ihr der Welt, ja dem Universum auf einem direkteren Weg, indem ihr eure innere Wahrnehmung benutzt, die eine weit größere Reichweite hat. Indem ihr eure eigene, unzerstörbare Gültigkeit als »Köder« benutzt, gelingt es euch, dem Universum das

Rohmaterial für eure Erfahrungen zu entziehen. Ihr seid euch selbst, aber auf der Ebene dieser Realität seid ihr auch ein Teil jenes Universums, aus dem das Selbst hervorgeht, und seine Macht und Vitalität sind die euren, die in euch einzigartig zentriert sind. Nach Kriterien eures Begreifens schaut ihr buchstäblich in der Zeit rückwärts und vorwärts auf euer individuelles Selbst und eure zivilisierte Welt; ihr seht, wo sie zusammenkommen, und fühlt die grenzenlosen Verbindungen, so daß jedes Geschehnis, das ihr für euch selbst wählt, auch tatsächlich zu einem Ereignis in eurer Welt wird. Andere mögen in beliebigem Ausmaß daran teilhaben und zur bestehenden Erfahrung der Menschheit beitragen, während wieder andere davon zehren können.

Dabei spielt das direkte kognitive Wissen eine große Rolle. Dank diesem Wissen weiß jedes Bewußtsein, was jedes andere tut, welches seine »Position« und welches die Einschlüsse seiner Erfahrung sind. Das ganze Netz- und Rahmenwerk der Realität in der Zeit und höherer Realitäten wird »an jedem Punkt« überprüft, und die Wahrscheinlichkeiten werden erprobt und verstanden.

Nun: All dies tönt sehr kompliziert. Aber auf eine andere Art laufen dieselben Prozesse auf anderen Ebenen ab. Das zelluläre Bewußtsein nimmt alle Wahrscheinlichkeiten wahr, die mit dem physischen Überleben des Körpers samt den sich daraus ergebenden weitreichenden Komplikationen zu tun haben. In diesem »Augenblick« kennen die Zellen in eurem Körper die Lebensbedingungen eines jeden Orts auf eurem Planeten; sie berechnen diese und bestätigen die seitens des Körpers erforderlichen Handlungen. Eure Zellen sind sich der Bewegung der Planeten und aller Umstände bewußt, die mit dem Gleichgewicht, der Stabilität und dem Überleben des Körpers zusammenhängen. Als Ergebnis dieser Berechnungen wird der Körper ständig neu geschaffen.

Im weiteren Sinn seid ihr euch in Vortraumzuständen aller Aktivitäten eurer größeren Psyche bewußt, mit denen diese an der höherdimensionalen Realität des unendlichen psychischen Bewußtseins, wie ihr es versteht, teilhat und zu der sie beiträgt, und sie wird sich all der Realitäten bewußt, die den Rahmen ihrer eigenen Gültigkeit bilden.

Macht eine Pause oder beendigt die Sitzung, wie ihr wollt. Ich war nicht beim Zahnarzt.

(»Wir machen eine Pause.«)

(23.12 Uhr. Seth machte diese humorvolle Bemerkung, weil ich mir am vergangenen Freitag einen Zahn hatte ziehen lassen. Ich war noch nicht ganz in Ordnung. Fortsetzung um 23.30 Uhr.)

Nun: Geschehnisse werden also nicht Wirklichkeit, wenn nicht bestimmte Anforderungen erfüllt und bestimmte Codes aktiviert werden.

Auf den Vortraumebenen sind den Erfahrungen besondere Intensitäten eigen. Das innere Wissen wird in Informationen übersetzt, die im Traumzustand in spezifischere Daten zerlegt werden, die hochgradig symbolisch sind, die den individuellen Anforderungen des Träumenden entsprechen und auf einer Art Geisterbahn »durch seinen Körper laufen«.

Darauf werden sie weiter zu individuellen Bedeutungen, Antrieben oder Absichten verarbeitet, diese werden codiert und bestimmen schließlich die Art der im Traumgeschehen aktualisierten Wachereignisse. Die Daten müssen einen bestimmten Intensitätsgrad erreichen, bevor sie als Ereignisse der materiellen Wirklichkeit registriert und als solche erfahren werden. Diese Verarbeitung erfolgt zum Großteil im Traumzustand, und die Kreativität spielt bei diesem Ausleseverfahren eine wichtige Rolle.

Ende der Sitzung und ein guter Anfang für die nächste. Meine herzlichsten Wünsche und einen angenehmen guten Abend.

(»Vielen Dank, Seth. Gute Nacht.«)

(23.36 Uhr. Jane sagte, daß Seths Material auf die Bildung von EE-Einheiten – Elektromagnetische Energieeinheiten – und ihre kollektive Rolle bei der Erschaffung der Materie hinauslaufen würde.)

SITZUNG 789, MONTAG, DEN 27. SEPTEMBER 1976

(Jane hatte vor zwei Tagen ihr erstes Exemplar von »Psychic Politics« mit der Post erhalten. Sie freute sich sehr und ich mich mit ihr.

Da wir so beschäftigt waren, habe ich keine Anmerkungen zur »Natur der Psyche« ausgearbeitet wie für die anderen Seth-Bücher. Wie er zuvor in diesem Werk versprochen hat, beschreibt mit ein paar Worten Seth ab und zu selbst die Szene und unsere Tätigkeiten; aber offensichtlich – und mit Recht – ist er mehr daran interessiert, sein eigenes Material zu Papier zu bringen. Auch Jane hat nicht viel Zeit für zusätzliche Anmerkungen ihrerseits.

Natürlich fühlen wir, daß der Wert von Seths Arbeit unsere eigenen Kommentare weit übersteigt; gleichwohl möchte ich den Leser hie und da an die spontane Wiedergabe von Seth-Jane erinnern.

Unabhängig davon, was wir an einem Tag erlebt haben, ist Seth da, wenn die Sitzung beginnt. Er mag scherzen oder ernst sein, ein Kapitel diktieren oder Bemerkungen zu unserem Leben oder der Welt im allgemeinen machen. Was er auch tut, er ist immer bereit, sein Wissen mit uns zu teilen, soweit er es in Worte kleiden kann und wir sie verstehen können. Wenn Jane für ihn spricht, sind ihre Augen immer viel dunkler und scheinbar größer, und sie zeigen eine fast zwingende Strahlungskraft, die sowohl mysteriös als auch beschwörend ist. Seths Stimme, die mit einem unverkennbaren Akzent, der unverwechselbar ist, aus ihr herauskommt, kann ein sanftes Flüstern sein, aber auch ohrenbetäubend, etwa wenn er etwas klarstellen will. Wenn Jane aus der Trance kommt, kann sie sich entweder an das Gesagte erinnern, oder sie hat vom behandelten Material überhaupt keine Ahnung.

Heute abend stürzte sich Seth mitten in das Diktat zur »Natur der Psyche«.)

Nun: Guten Abend.

(»Guten Abend, Seth.«)

Diktat. Was ich als Vortraumzustand bezeichnet habe, ist eigentlich ein Zustand, in dem ihr immer seid, ob wach oder im Schlaf, lebendig oder tot. Er hängt mit Bedingungen zusammen, die vor allem durch das schon erörterte direkte Wissen gekennzeichnet sind.

Dies ist euer natürlicher Seinszustand. In einem umfassenderen Sinn schließt also die Natur Zustände mit ein, die Leben und Tod zugleich – in einem viel weiteren Bezugssystem – enthalten.

Gönnt uns einen Augenblick ... Dieser natürliche Seinszustand ist vielleicht am besten durch die eher dem Wahrnehmungsempfang zugewandte psychische Organisation charakterisiert. Im Vortraumzustand nehmt ihr an solchem organisiertem Empfang teil, obwohl ihr für euer Selbst – in Form von Träumen – nur Daten mit nach Hause bringt, die nach physischen Kriterien erkannt und verwendet werden können. Ihr müßt euch unbedingt daran erinnern, daß eure Erfahrung und euer Wissen auf jenen anderen Realitätsebenen wachsen. Selbst im Zuge eures physischen Lebens ist eure Erfahrung nicht auf die konventionellen äußeren Geschehnisse beschränkt. Alle Ereignisse eures Lebens entstehen aus dem schöpferischen Drang, der sich auf jenen anderen Realitätsebenen entfaltet.

Versteht mich bitte richtig: Ich sage hier nicht, daß ihr keine bewußte Kontrolle über die Ereignisse habt, die euch widerfahren, denn diese werden von euch in Übereinstimmung mit euren Gefühlen, Glaubensvorstellungen, Zielen und Absichten hervorgerufen.

Das innere Material, das Geschehnisse »zu realen Ereignissen macht«, stammt von jenen anderen Quellen. Die meisten von euch sind sich dieser grundlegend mystischen Entstehung der Ereignisse nicht bewußt, weil es euch nicht in den Sinn kommt, eure innere Struktur zu erforschen. »Vergangenheit« und »Zukunft« eines jeden Ereignisses bilden eine Art Dichte, eine zeitliche Tiefe. Vom Praktischen her formuliert muß gesagt werden: Es entgehen euch die Wahrscheinlichkeiten eines Ereignisses.

Im Vortraumzustand begegnet ihr unmittelbar jener Realität, in der die Wahrscheinlichkeiten für eure Wahrnehmung alle gleichzeitig vorhanden sind. In blendenden Schaustellungen werdet ihr solcher Geschehnisse von unendlich vielen Perspektiven aus gewahr. Die daraus resultierenden Informationen könntet ihr weder bewußt erfassen noch gar danach handeln, noch könntet ihr eure besondere, einzigartige psychische Stellung behaupten. Dessenungeachtet profitiert ihr von dieser Seinsebene, indem ihr diese Informationen als Grundlage benutzt, um darauf die euch vertraute Realität eurer physisch erfahrenen Wirklichkeit aufzubauen.

Euer Traumzustand ist gewissermaßen eine Verbindung zwischen dem Leben, das ihr wahrnehmt, und jener höheren Dimension, die seine Quelle ist. Träume stützen sich auf viel größere Informationsmengen, als ihr annehmt; das heißt, daß ihr im Traum viel mehr Daten hereinlaßt und verarbeitet, als wenn ihr wach seid, obwohl es sich natürlich um verschiedenartige Daten handelt. Zum Teil gestaltet ihr eure Träume aus jenen Informationen. Die Träume selbst werden weiter verarbeitet, so daß sie zu einer Art »Fabrik« für im Wachzustand eintretende Erlebnisse und Ereignisse werden.

(21.48 Uhr.) Traumschauspiele sind hochkomplizierte, künstlerische Produktionen. Auf der einen Seite stellen sie aus dem Vortraumzustand umgesetzte Geschehnisse dar – Geschehnisse, die ihr in ihrem »natürlichen Zustand« nicht verstehen könnt. Solche Geschehnisse sind aber nicht verloren, sondern sie werden in Träume übersetzt, während euer Bewußtsein wieder näher zu seinem »Heimathafen« zurückkehrt. Jeder Aspekt eines Traumes stellt in codierter Form ein Symbol für größere, nicht entzifferbare Geschehnisse dar.

Die Symbole werden so präzis und übereinstimmend gebildet, daß sie zugleich Aspekte beinhalten, die auch mit eurem privaten, täglichen Leben zusammenhängen. Da die alltäglichen Ereignisse aufgrund solcher Trauminformationen hervorgerufen werden, ist jedes Ereignis eures physischen Lebens auch ein Symbol für ein anderes, sonst nicht entzifferbares Geschehnis, das sich auf jenen anderen Realitätsebenen der Psyche vollzieht, in die euer Wesen eingehüllt ist.

Dies schmälert in keiner Weise die Gültigkeit, die ihr Ereignissen beizumessen pflegt. Jede eurer subjektiven Handlungen verändert sogleich die Beziehungen auf allen Seinsebenen. Die meisten von euch sind in dieser oder jener Form mit dem Phänomen der Inspiration vertraut. Menschen, die weder Schriftsteller noch Künstler, noch Musiker sind, finden sich oft für eine kurze Zeit wie verwandelt, weil sie plötzlich von einem Gedicht, einem Lied, einer Melodie oder einem Bild ergriffen werden, das von nirgendwoher zu kommen scheint, das von außerhalb ihrer gewohnten Gedankengänge aufgetaucht zu sein scheint und ein Verstehen, eine Freude, ein Mitgefühl vermittelt, wovon noch einen Augenblick vorher nicht einmal eine Ahnung vorhanden war. Wo kam das Lied, das Gedicht, die Musik her? Diese Menschen fühlen, daß ihnen unvermittelt auf eine direkte Art Wissen zukam. Sie erfahren ein Wissen, das von innen kommt, anstelle von Informationen, die von außen kommen.

Der Traum kommt auf ähnliche Weise zustande. Ihr braucht euch keine Gedanken zu machen, wie ihr einen Traum hervorrufen wollt, bevor ihr abends zu Bett geht. Ihr müßt die Traummechanismen nicht kennen, und so scheinen euch die Träume genauso »zu passieren«, wie eine Inspiration einfach »anzukommen« scheint.

Über das Wesen der Träume wurden viele Bücher geschrieben. Es gibt klassische Berichte über präkognitive oder prophetische Träume schon in der Bibel, an denen Heilige und hochgestellte Persönlichkeiten beteiligt waren. Jeder Traum verändert in einem bestimmten Ausmaß die Welt. Eine schöpferische Idee mag sich in einem Buch oder einer Erfindung niederschlagen. Im Körper finden hormonale und biochemische Veränderungen als direkte Antwort auf eine Traumerfahrung statt. Eure Träume hängen also auch mit eurer biologischen Beschaffenheit zusammen, und sie beeinflussen – nicht allgemein, aber spezifisch – die Aktivität der Zellen.

Jedes Traumgeschehen wird aufs genaueste ausgewählt, so daß es auf vielen Ebenen symbolische Gültigkeit hat. So kommen den Zellen und Organen des Individuums sachdienliche Mitteilungen zu.

Ihr könnt Pause machen. *(22.15 Uhr bis 22.38 Uhr.)*

Diktat. Ich möchte die Zusammenhänge zwischen Träumen, Kreativität und der Bewirkung physischer Ereignisse näher erörtern. Dabei verstehe ich euer Bedürfnis nach einer eindeutigen Terminologie, obwohl ich weiß, daß wir, je eindeutiger ich für euch werde, die Gefahr laufen, um so mehr von der eigentlichen Bedeutung zu verfehlen; manches entzieht sich einfach starren Definitionen. Ich will auch der Voreingenommenheit entgegenwirken, die bestimmten Wörtern anhaftet.

Nichtsdestoweniger: Ihr steht in euren Träumen direkt mit den Prozessen in Verbindung, durch die physische Ereignisse hervorgerufen werden. Ereignisse beziehen ihre charakteristischen Merkmale von den Signifikanzen, die ihr dem Universum beisteuert, indem ihr aufgrund eurer Glaubensvorstellungen, Bedürfnisse und Wünsche und aufgrund eures ganzen individuellen Wesens das Universum prägt.

Ein Kontinent kann nicht allein, sondern nur in Verbindung mit anderen Erdformationen existieren. In ähnlicher Weise stehen die von euch bewirkten Ereignisse nicht isoliert da; sie fügen sich einem Gesamtrahmen ein, zu dem sie passen. Ihr schafft eure eigene Realität. Dies tut ihr aber nicht isoliert oder allein. Ihr seid euch, zum Beispiel, anderer Geschehnisse bewußt und zieht sie in Betracht, ohne allerdings auf deren Erscheinungsbilder zu achten. Ihr könnt eine andere Person nicht zwingen, ein Geschehen zu erfahren, das sie zurückweist, noch vermag jemand anderer, dies euch gegenüber durchzusetzen. Die sogenannten guten oder schlechten Begebenheiten im Leben der Menschen erwachsen getreulich der inneren Mechanik ihres Wesens.

Damit Ereignisse Gestalt annehmen können, müssen sie zunächst als wahrscheinliche Ereignisse bestimmten Bedingungen entsprechen. Sie müssen in die passenden »Öffnungen« von Raum und Zeit fallen. Zudem sind psychologische Übereinstimmungen erforderlich; bedürfnisgesteuerte Wünsche, Glaubensvorstellungen oder Absichten müssen bestimmte Intensitäten erreichen. Mit Intensität meine ich nicht Anstrengung, heftiges Verlangen oder entschiedenes bewußtes Streben. Ich meine vielmehr eine Sammlung der zur Verfügung stehenden Qualitäten, die ganz präzis auf physische Aktivitäten ausgerichtet sind.

Physische Ereignisse setzen die Sammlung von im Grunde nichtphysischen Kräften in einer Organisation voraus, die ursprünglich außerhalb des Raum-Zeit-Zusammenhanges vorhanden war. Es ist eine psychologische Organisation und ein Aufgebot ausgewählter wahrscheinlicher Ereignisse. Diese warten, sozusagen flugbereit, auf ihre physische Verwirklichung. Der endgültige Auslöser für diese Verwirklichung mag im Wach- oder Traumzustand beigesteuert werden, jedenfalls bedarf es eines letzten Antriebs – in Form der Beschleunigung der Inspiration, des Wunsches, der Absicht –, daß die ursprünglich psychologische Organisation zum Ereignis in eurer Welt wird.

(Pause um 22.56 Uhr.) In diesem Zusammenhang sind die elektromagnetischen Energieeinheiten, die ich an anderer Stelle bereits erwähnt habe, wichtig, weil sie aus der Sphäre elektromagnetischer Aktivität bestimmte Reaktionen im Gehirn und im Nervensystem auslösen. Die Ereignisse ihrerseits verfügen über engverknüpfte Aktivitätsfelder, die jedoch sozusagen zwischen den elektromagnetischen Einheiten existieren.

In diesen Feldern laufen psychische Reaktionen ab, die physisch nicht wahrnehmbar sind; doch sind sie auf ihre Art so explosiv wie eine Atombombe. Das heißt, die psychischen Aktivitäten »explodieren« kraft einer Transformation oder einer Ladung, die rein geistiger Aktionskraft ermöglicht, die

»Zeit-Raum-Schranke« zu durchbrechen und die Realität eines Geschehens in eurer physischen Welt herzustellen. Die elektromagnetischen Energieeinheiten wirken gleichsam in der größten Ausdehnung dieser Aktivität mit. Wenn ein Ereignis ein Fahrzeug wäre, zum Beispiel ein Raumschiff, dann würden die elektromagnetischen Energieeinheiten ihm ermöglichen, in eurer Welt zu landen; aber sie wären nicht die ursprünglich treibende Kraft. Diese treibende Kraft besteht aus psychischen Feldern komplexer Wechselbeziehungen.

Laßt euch das anhand eines Vergleichs erklären. Nehmen wir an, ihr wärt ein Planet, was ihr ja in einem gewissen Sinn auch seid. Ihr existiert in einem hochkomplizierten und hochentwickelten Universum. Ihr wißt, daß der Weltraum oder zumindest eine große Zahl der Abermilliarden Planeten bevölkert ist, und wir werden die Bewohner des Weltraums mit wahrscheinlichen Ereignissen vergleichen. Genau wie ein Planet habt ihr bestimmte Eigenschaften. Manche Raumbewohner könnten unter den gegebenen Bedingungen überhaupt nicht landen. Die Bedingungen sind durch eure psychologische Realität gegeben. Da ihr einsam seid, sendet ihr Botschaften zu den Sternen, Besucher aus dem Weltraum könnten euch neues Wissen vermitteln; ihr sammelt ja eure Erfahrungen hauptsächlich anhand von Ereignissen. Um aber mit ihren Raumschiffen landen zu können, müssen Reisende aus dem Weltraum in eure Atmosphäre eintreten und sich deren Bedingungen anpassen, während sie ihre eigene Identität aufrechterhalten. Sie müssen außerdem ihre triftigen Gründe für einen solchen Besuch eures Planeten haben.

Ein Ereignis ist nun etwas Ähnliches wie ein Raumschiff, das von »irgendwoher« in eure Welt eindringt. Gedanken gehen ja oft in eurem Bewußtsein ein- und aus, und ihr bemerkt sie kaum. In gleicher Weise erscheinen und verschwinden oft Ereignisse; aber diese haben eure Realität geprägt. Ihr habt sie mehr oder weniger angezogen, und sie wurden zu euch hingezogen. Augenblicklich entsteht da ein Bezugsfeld, das hoch geladen ist und von dem aus jener innere

Weg ausgeht, auf dem wahrscheinliche Ereignisse in den Bereich der von euch wahrgenommenen Ereignisse wandern.

Dieser Weg führt durch psychische Landschaften und löst auf psychologischen Ebenen eure Wahrnehmungsmechanismen aus, die darauf natürlich reagieren und – pflichtbewußt wahrnehmen. Eure Absicht, euer Wunsch, eure Glaubensvorstellung sind die Hauptanziehungspunkte. Sie dienen als Lichtstrahl, der das Universum absucht; aber es liegen auch die Bedingungen für jede Manifestation vor. Eine passende Übereinstimmung ist notwendig.

Ihr könnt Pause machen.

(23.21 Uhr bis 23.40 Uhr.)

Nun: Diktat. Zum ersten ist auch euer eigenes Universum nicht isoliert. Es ist einfach jenes, das ihr wahrnehmt.

Innerhalb dieses einen Universums, das ihr wahrnehmt, bestehen in einem grundlegenden Sinne andere Universen, in denen sich ständig ebenfalls Ereignisse abspielen, derer Ihr euch aber nicht bewußt seid. Ein Universum existiert sozusagen im anderen, und auch die in ihm sich abspielenden Ereignisse existieren innerhalb der anderen. Während ein Ereignis für euch also nur aus den euch bekannten Einzelheiten eines Geschehens zu bestehen scheint, ist es selbst ein Teil ungezählter anderer Ereignisse, von denen eines im anderen existiert, und es ist für cuch unmöglich, seinen Eigenanteil und den Anteil an allen anderen Ereignissen voneinander zu trennen.

Euer tägliches Leben scheint euch kaum auf diese Tatsachen hinzuweisen; aber eure Träume enthalten oft Wechselbeziehungen, die das klarlegen. Da ihr Ereignisse in der euch bekannten Weise wahrnehmt, seht ihr die euch vertraute Welt. Ereignisse des Traumgeschehens, die zeitlich und räumlich ineinander verwoben sind, können als Anhaltspunkte dienen, e i n i g e s über andere Universen zu erfahren. Da kein System in sich geschlossen ist, bestehen sozusagen zwischen allen Universen Wechselwirkungen. Auch jedes psychologische System ist nicht geschlossen; es ist offen, auch wenn es seine unverletzte Natur, die unzerstörbar ist, immer beibehält.

Träume sind weite Netzwerksysteme für Massenkommunikationen, die auf psychischen Ebenen viel effektiver funktionieren als beispielsweise – wir haben das bereits erörtert – das Fernsehen auf der Ebene eurer Alltagsrealität.

Der Traumzustand kann deshalb als psychologische beziehungsweise psychische Plattform benutzt werden, von der aus andere Realitäten und die innere Mechanik erfahrbar werden, durch die nichtphysische Geschehnisse in eurer Welt als Ereignisse aktualisiert werden.

Ende des Diktats. Ende der Sitzung, es sei denn, ihr hättet Fragen.

(23.50 Uhr. Seth diktierte noch einen Abschnitt für Jane. Es war eine Antwort auf meine Frage in bezug auf ihre schriftstellerische Tätigkeit. Er schloß die Sitzung um 23.54 Uhr.)

Sitzung 790, Montag, den 3. Januar 1977

(Heute abend nahmen wir die Sitzungen nach einer dreimonatigen Pause wieder auf. Während dieser Zeit hatte ich mit Janes Hilfe das endgültige Manuskript des ersten Bandes des Seth-Werks »The ›Unknown‹ Reality« vollendet, das wir eben an unseren Verlag, die Prentice Hall, abgeschickt haben. Nun kann ich mit dem zweiten Band weiterfahren.

Auch in anderen Belangen haben wir eine sehr aktive Zeit hinter uns. Nebst vielem anderem empfingen wir mehrere Fachleute, deren Besuch für den späten Sommer geplant gewesen war. Zudem ging kaum eine Woche ohne unerwarteten Besuch vorüber.

Der November war für uns auch ein trauriger – und lehrreicher – Monat. Unser sechzehnjähriger Kater Willy hatte schon im letzten Sommer Anzeichen einer Krankheit gezeigt. Der Tierarzt bestätigte uns, daß sein Herz schwächer wurde. Während Jane arbeitete, lag Willy oft in ihrem Schoß, und wir fühlten schweren Herzens seinen nahenden Tod.

Er starb am fünften November 1976 bei uns zu Hause. Sein mutiges Annehmen seines Todes erfüllte uns mit Demut, Bescheidenheit und Ehrfurcht vor den Wundern der Natur, denn Willy starb in einer Art vollkommenen Vertrauens, das Menschen nur mit großer Mühe erlangen. Ich begrub ihn in unserem Garten. Nun betreten wir selten unseren Garten, ohne die Steine zu betrachten, die ich auf seinem Grab anordnete.

Am Wochenende nach Willys Tod bestand Jane plötzlich darauf, daß wir ein neues Kätzchen haben sollten. Sie hatte Angst, daß wir – oder wenigstens sie – kein anderes Tierchen mehr haben würden. So kamen wir zu »Willy Zwei«. Er ist so klein, daß er fast in einer Hand von mir Platz findet. Während der heutigen Sitzung schlief er eingerollt neben mir auf der Couch.

Seth eröffnete die Sitzung um 21.20 Uhr mit dem Schluß seiner Einführung zu Janes Buch »The World View of Paul Cézanne«, das die Prentice Hall noch in diesem Jahr veröffentlichen will. Dabei kam Seth mit einer hervorragenden, konzentrierten Erklärung seiner »Weltbild«-Theorie durch. Er betrachtet Janes Buch als wegweisendes Beispiel dafür, was in diesem Bereich möglich ist.

Dann kam er zurück zur »Natur der Psyche«. 21.33 Uhr.)

Diktat: Riesige Distanzen psychologischer und psychischer Natur trennen meine Realität von der euren. Ruburts Geist ist in einem gewissen Grad der Mittler zwischen uns. Wenn ich in den Sitzungen spreche, bin ich deshalb nicht ganz mich selbst.

Ich bin, wer ich bin, gedeutet aus der Sicht eurer Realität. Ich habe persönliche Eigenschaften, so daß mich alle erkennen können, die zu den Sitzungen kommen. Ich habe eine besondere Stimme und einen besonderen Akzent, der, wenn ich selbst so sagen darf, einzigartig und höchstindividuell ist. Aber ich komme auf einem eigenartigen Weg in eure Realität, einem Weg, der nicht Straßen und Autobahnen kennt, sondern nur die Inszenierung psychologischer Schauspiele, die sich wie Pfade zurück in die »psychologische Geschichte« eurer menschlichen Spezies winden. In einem bestimmten Ausmaß bin ich wie ein besonders lebendiges, beständiges und immer wiederkehrendes Traumbild, das die Massenpsyche besucht, aber von einer Realität, die nicht auf Träume beschränkt ist. Ich bin sozusagen ein Traumbild, das psychologisch so sehr ausgefüllt ist, daß demgegenüber, psychologisch gesehen, euer gewöhnliches Bewußtsein möglicherweise sehr schwach erscheint.

Wir haben von Ereignissen wie sie sich im Traumzustand und im Zustand des Wachbewußtseins darstellen, gesprochen, von der Natur der Kreativität und von der Verwirklichung von Ereignissen. Wir haben auch psychologische Seinswirklichkeiten von – wie ihr es seht – weiten Proportionen berührt, die psychologische Strukturen formen, aus denen eure eigene Realität hervorgeht. In diesen Zusammenhang gehört die Natur meiner eigenen Realität.

Ich spreche hier nicht von Göttern, sondern von psychologischen Strukturen, die von den euch vertrauten verschieden sind. In ihrer »gegenwärtigen« Organisationsform können sie eure Realität nicht direkt wahrnehmen oder sonstwie erfahren. Sie sind sozusagen im Hintergrund, aus dem der Vordergrund eurer Erfahrung hervorgeht. Sie erscheinen auf verschiedene Arten in euren Träumen. Sie sind wie der Stoff, aus dem ihr geformt seid. Es sind Kräfte, die keine Namen brauchen, außer für eure Bequemlichkeit.

(21.50 Uhr.) Diese psychologischen Strukturen sind Antriebskräfte, die Energie aktivieren, und als solche für die Materialisierung von Ereignissen wichtig. Sie selbst werden selten, wenn überhaupt, materialisiert. Aber sie sind für die Bedürfnisse der Menschen empfänglich, was sich in der Geschichte wiederholt in bestimmten Botschaften äußert – wie bestimmte Träume wiederholt auftreten mögen.

Im denkbar großen kosmischen und zugleich im winzigsten Sinn entspringt jede physische Erfahrung der inneren Realität. Ereignisse werden innen begonnen und treten dann außen in Erscheinung. Nach euren Kriterien verfüge ich nicht über eine physische Existenz. Und doch bahnen Bücher wie dieses kontrollierbare Veränderungen an, die sich ereignen, indem die Leser ihr Leben besser steuern lernen, ihr Bewußtsein ausdehnen und ihrer größeren Fähigkeiten gewahr werden.

Wenn ihr wollt, könnt ihr sagen, ich sei ein Traumbild, das nicht einmal ein Bild ist. Doch dann muß sich jeder einzelne, dessen Leben durch meine Worte verändert wird, die Frage stellen: Was ist ein Traum? Wie meine Persönlichkeit ohne physische Manifestation existiert, manifestiert ihr euch als das Ganze, das ihr seid, ebenfalls nicht. Eure Traum- und Wacherfahrung übt auf das Universum eine direkte Wirkung aus. Der Unterschied ist nur, daß ihr euch, im Gegensatz zu mir, nicht bewußt seid, was ihr tut. In einem bestimmten Ausmaß verändere ich eine Welt, obwohl ich in eurem Sinn *nicht wie ihr* auf einem Stuhl sitze oder über die Straße gehe und euch die Hand schüttle oder die Dämmerung oder den Sonnenaufgang kommen sehe.

Für *mich* ist eure Welt ein Traumuniversum, das ich auf Einladung besuche, eine wahrscheinliche Realität, die ich einzigartig finde und sehr gern habe – in der ich aber nicht mehr direkte Erfahrungen machen kann. Da ich in eurer Welt nicht so verwurzelt bin wie ihr, kann ich euch viel über sie erzählen. Eure entschiedene Ausrichtung auf die Welt, die ihr kennt, hat notwendigerweise eine beschränktere Sicht zur Folge.

In euren Träumen sucht ihr oft Schauplätze anderer Realitäten auf, aber ihr habt nicht gelernt, eure Wahrnehmung zu organisieren oder zu steuern. Wenn nicht mehr in eurer Wirklichkeit zentrierte Wesenheiten wie ich den Hintergrund eurer Existenz bilden, dann agieren Wesenheiten wie ihr als psychologische Hintergrundstrukturen, vor denen andere vergleichbare Organisationen existieren. Allen derartigen Beziehungen wohnt Geben und Nehmen inne.

Die Art eurer psychologischen Realität ist deshalb der

meinen inhärent und meine der euren, genauso wie eure Realität die von Willy Zwei *(unserem jungen Kater)* einschließt und seine die eure.

Ihr könnt Pause machen.

(22.07 Uhr bis 22.20 Uhr.)

Es ist nicht leicht, die Arbeit der Psyche oder die hinter den Träumen wirkenden Kräfte zu erklären, weil ja solche Erfahrungen außerhalb sprachlichen Zugriffs oder bildlicher Darstellung stehen und hauptsächlich die Natur und das Verhalten der psychologischen und psychischen Energie betreffen.

Ich bin eine personifizierte Energiequelle – aber ihr seid dies auch. Ihr würdet, wie ihr es versteht, mit Recht sagen, daß ich viele Leben hatte; andererseits kann ich aus anderer Sicht sagen, daß ich physisch nie gelebt, sondern vielmehr meine Energie an Leben verpfändet oder ausgeliehen habe, die aus meiner Realität erwuchsen, die aber nicht ich waren. In gleicher Weise laßt ihr eure Traumbilder entstehen – und seid euch kaum bewußt, daß ihr dies tut, ungeachtet der Tatsache, daß ihr die Energie für die in eurem Traum geschaffene psychologische Realität freigesetzt habt, die eurer Aufmerksamkeit entgeht. Doch die Traumgeschichten, die ihr beginnt, gehen von sich aus weiter. Ein Traum ist nie eine Totgeburt. Jedes Kapitel einer Traumgeschichte ist so angelegt, daß der dargelegte Stoff eure Intuitionen zu aktivieren und Wege zwischen eurem wachen und eurem Traumzustand zu öffnen vermag.

Eure größere Realität schwebt in jedem Augenblick über euch. Wenn ihr aufgrund einer sachlich und sprachlich einwandfreien Erklärung klar wüßtet, wie ihr euch von einem Fötus zu einem Erwachsenen entwickelt, und wenn ihr diesem Wachstumsprozeß bewußt folgen könntet, dann wärt ihr nicht notwendigerweise besser dran, sondern vielleicht sogar in eurem Wachstum behindert, weil ihr euch nämlich dauernd fragen würdet: »Mache ich es auch recht?« Die Perfektion dieses natürlichen Prozesses würde euch Kopfzerbrechen bereiten.

In ähnlicher Weise könnte euch eine in alle Einzelheiten gehende Erklärung der Natur des Traumzustandes allzu selbstbewußt machen. *(Humorvoll:)* Ihr würdet euch zu fragen beginnen: »Träume ich auch recht?«

(22.32 Uhr.) Viele Menschen verabscheuen Träume. Sie fürchten sich vor allem, was sie nicht bewußt kontrollieren können. Aber wenn ihr euch eure Träume als Erweiterungen eurer Erfahrung vorstellt, dann könnt ihr euch mit ihnen wohl fühlen. Ihr werdet euch leichter an eure Träume erinnern, und damit werdet ihr eine Art Kontinuität zwischen dem Wach- und dem Traumzustand schaffen.

Wenn dies geschieht, werden die Konturen eurer Psyche klarer hervortreten. Sie werden sich jedoch nicht in Kriterien gleichsam mathematischer Gültigkeiten zeigen; vielmehr werden euch Techniken, Symbole, Gefühle und Wünsche bereitgestellt, die gewöhnlich der Kreativität zugeschrieben werden.

Die Merkmale der Kreativität zeigen sich am klarsten bei Kindern. Kreativität setzt ein freies Sichgehenlassen innerhalb eines Rahmens, der um seiner selbst willen – und nur für sich selbst – gebilligt wurde.

Wenn ihr für euch in euren wachen Stunden spielerisch einen Traum ausarbeitet und ihn dann spielerisch deutet, nur um des Traumes willen und ohne euch um all das, was er einschließt, zu kümmern, dann werdet ihr unwissentlich dem Wesen eures nächtlichen Träumens näherkommen. Eure unabsichtlich und eure absichtlich »produzierten« Träume werden vieles gemeinsam haben, und der Herstellungsprozeß der Träume wird euch mit den Bewußtseinsveränderungen vertraut machen, die sich in einem größeren Ausmaß im Nachttraum ereignen. Dies ist eine ausgezeichnete Übung. Sie ist besonders wertvoll für jene, die sich eine allzu starre Geisteshaltung auferlegt haben.

Die spielerischen und schöpferischen Elemente der Träume werden in den meisten Traumstudien unterbewertet. Kindern erschrecken einander oft absichtlich im Spiel, wobei sie sich des spielerischen Rahmens immer bewußt bleiben. Der Schwarze Mann im Garten verschwindet, wenn die Mutter zum Essen ruft. Das Kind kehrt in die heile Welt von Tee und Kuchen zurück. Oft dienen Träume demselben Zweck. Man begegnet Ängsten, aber die Morgendämmerung kommt bestimmt. Der Träumer wacht zum Frühstück auf. Die Ängste werden schließlich als grundlos angesehen. Diese Darstellung soll keineswegs eine Erklärung für als unangenehm empfundene Träume sein; ihr sollt euch lediglich daran erinnern, daß Träume nicht als Ausdruck einer neurotischen Haltung des Träumers abgetan werden können und auch nicht unbedingt auf zukünftige physische Probleme des Träumers hinweisen müssen.

Ruburt und Joseph haben ein Kätzchen. Mit seiner großen, überströmenden Energie jagt es nach seinem eigenen Schwanz, zerkratzt es die Möbel und macht sich müde – und etwa so spielt auch der menschliche Geist im Überfluß mit sich selbst. In den Träumen macht er von den energetischen Fähigkeiten seiner Psyche freien Gebrauch, ohne daß physische Rückmeldungen, Vorsichtsmaßnahmen oder Infragestellungen nötig sind. Er sucht Realitäten jenseits der ihm vertrauten und läßt psychologische Muster entstehen. In der geistigen Aktivität macht er totalen Gebrauch von sich – so wie es das Kätzchen im harmlosen Spiel rein physisch tut.

Wenn ihr die Psyche todernst zu erforschen versucht, dann wird sie euch immer entwischen. Eure Träume können vielleicht als Schauspiele gedeutet werden, aber niemals als Diagramme eures Zustandes, etwa eurer Gesundheit.

Ganz im Ernst: Versucht nicht, Traumdeutungen auf die Ebene eurer praktischen Vernunft hinunterzubringen, sondern versucht vielmehr, die Traumrealität einfallsreich und spielerisch zu erforschen. Erlaubt eurem Wachbewußtsein, in eine freiere Interpretation dessen, was ihr unter Ereignissen versteht, hineinzuwachsen, in eine Realität, in der Energie nicht gebunden an Raum und Zeit oder andere Einschränkungen sich frei entfaltet.

Ende des Diktats. Gönnt uns einen Augenblick . . .

(22.57 Uhr. Seth gab eine Seite Material für Jane und mich durch und beendete die Sitzung um 23.12 Uhr.)

Sitzung 791, Montag, den 17. Januar 1977

(Obwohl wir dies nicht gerne taten, konnten Jane und ich schließlich eine nicht registrierte Telefonnummer erhalten. Täglich gab es bis zu zwanzig Anrufe – und oft auch viel mehr, Tag und Nacht. Es läßt sich schnell ausrechnen, daß dies im Monat sechshundert Anrufe ergibt. Meistens ging Jane ans Telefon, da die Leute ohnehin mit ihr sprechen wollten. Sie freute sich fast immer über die neuen persönlichen Beziehungen. Oft versuchte sie, im persönlichen Gespräch, das meistens etwa eine halbe Stunde dauerte, jemandem zu helfen. Aber dann kam sie an den Punkt, an dem sie einfach nicht mehr genug Zeit für so viele Telefongespräche und für ihre Arbeit hatte.)

Nun: Diktat. *(Lange Pause.)* Nehmen wir an, jeder von euch sei ein phantastischer Schauspieler, der in einem multidimensionalen Theater spielt, so daß jede eurer Rollen eine Vitalität ausstrahlt, die die kreativen Fähigkeiten eines gewöhnlichen Schauspielers weit übertreffen.

Jeder von euch steckt in einem solchen Unterfangen. Doch ihr verliert euch an Fragmente eurer Persönlichkeit. Zudem befindet ihr euch in einer Art schöpferischem Dilemma, weil ihr euch agierend so überzeugend mit der Rolle verwechselt, die ihr spielt, daß ihr euch selbst zum Narren haltet.

Ihr sagt: »Ich muß meine Individualität nach dem Tod aufrechterhalten«, wie wenn der Schauspieler, der den Hamlet spielte, in dieser Rolle bleiben und sich weigern würde, andere Rollen einzustudieren und in seiner Karriere fortzufahren, indem er sagen würde: »Ich bin Hamlet, auf ewig mit den Schwierigkeiten und Herausforderungen meines Daseins verknüpft. Ich bestehe darauf, meine Individualität zu behalten.«

Im Traumzustand werden sich die Darsteller in einem gewissen Ausmaß ihrer Rollen bewußt und spüren die wahre persönliche Identität, die hinter der Kunst des Schauspielers steht. Ich habe schon darüber gesprochen, aber es ist wichtig, sich daran zu erinnern, daß ihr eurem Selbst eine »künstliche«, eine übertriebene Kontinuität überstülpt. Ihr erfahrt dauernd Veränderungen – wie sich auch der intime Kontext eures Lebens dauernd verändert –, aber ihr konzentriert euch e i g e n m ä c h t i g auf Ordnungspunkte, die in Wirklichkeit nur dazu dienen, den Kontext eurer Erfahrung zu zerlegen, um ihn verständlicher zu machen. Es gibt solche Einengungen, denen euer Bewußtsein von Natur aus unterworfen wäre, ganz sicher nicht.

Ihr habt eine massenpsychologisch strukturierte Umwelt, die eure weltlich-irdische Kultur hervorbringt, und diese wird auf einer weltlich-irdischen Bühne inszeniert, auf der ihr dann eure Erfahrungen macht. Bestimmte psychologische Konventionen dienen als Stützen. Es sind mehr oder weniger formale psychologische Anordnungen, die als Bezugspunkte benutzt werden. Innerhalb dieser Anordnungen gruppiert ihr eure Erfahrungen. Die Anordnungen dienen dem Zweck, geistigen Geschehnissen Gestalt zu geben, während ihr sie physisch wahrnehmt.

Der letzte Satz ist wichtig, da die Erfahrungen, die ihr in eurer Lebenszeit macht, physisch empfunden und ausgelegt werden müssen. Dennoch entspringen Ereignisse einer nichtphysischen Quelle. Wie ich schon erwähnte, sind eure Träume bereits Interpretationen nichtphysischer Geschehnisse.

Wenn ich dies so einfach wie möglich ausdrücke, dann ist eure eigentliche Erfahrung viel zu weit, als daß ihr sie physisch verfolgen könntet. Eure besondere Bewußtseinsart ist das Ergebnis eines Brennpunkts, der euch innerhalb eines speziellen Bereiches der Wirklichkeit zentriert. Ihr stellt euch diesen Mittelpunkt als maßgebend und »absolut« vor, da er einen exklusiven Zustand zu verschaffen scheint, der eure

Identität, wie ihr sie euch vorstellt, miteinschließt; doch in Wirklichkeit gebt ihr euch Grenzen wie einem Königreich. Euer Bewußtsein ist, wie ich schon erklärt habe, eine Organisation, die in Wahrheit unverletzlich ist, auch wenn sie selbst nur ein Ausschnitt anderer Bewußtseinsarten ist, die ihre eigenen, und zwar andere Schwerpunkte haben. Euer Körper selbst besteht aus Organisationen eines seiner selbst bewußten Bewußtseins, das eurer Aufmerksamkeit entgeht und sich mit Wahrnehmungsmaterial befaßt, das euch fremd ist.

(22.10 Uhr.) Es gibt hochgradig entwickelte, raffinierte Bewußtseinsformen, Verbindungen, die sogar die Grenzen der Menschheit überspringen. Ihr vergegenwärtigt euch eure kulturelle Welt mit ihren Künsten und ihren Schöpfungen, eure Zivilisation mit ihren Städten, ihrer Technologie und dem kultivierten Gebrauch des Intellekts; ihr zählt eure Religionen, Wissenschaften, Altertümer und eure Triumphe über die Umwelt; und es scheint euch, als ob kein anderes Bewußtsein etwas hervorgebracht hätte, das mit diesen Schöpfungen des menschlichen Bewußtseins vergleichbar wäre. Diese »Produkte« eures Bewußtseins sind tatsächlich einzigartig und schöpferisch. Sie bilden ein charakteristisches Mosaik von eigener Schönheit und Eleganz.

Doch es gibt auch Bewußtseinsorganisationen, die, jenseits der Grenzen der Menschheit, weder Künste noch Wissenschaften entfalten – die aber den lebendigen Leib der Erde und aller ihrer Kreaturen erschaffen. Zu ihren Schöpfungen gehören auch die Meere, die ihr befährt, der Luftraum, den ihr durchfliegt, das Land, auf dem eure Zivilisation – oder jede Zivilisation – erst möglich wird.

Der Mensch hat ebenso Anteil an diesem übergeordneten Bewußtsein wie die Pflanzen und Tiere. Die Realität des Menschen trägt das ihre zu jenen übergeordneten Bewußtseinsorganisationen bei; aber der Mensch hat sich nicht entschieden, sein praktisches, auf die Alltagswirklichkeit abgestelltes Bewußtsein in dieser Richtung zu öffnen oder seine individuelle Eigenart in ihrer Verflochtenheit mit diesem übergeordneten Bewußtsein zu verstehen. Deshalb begreift er die größere natürliche Beweglichkeit, über die er selbst verfügt, nicht, noch kann er die natürlichen psychologischen Schöpfungsformen praktisch wahrnehmen, zu denen er gehört und die eure ganze natürliche – das heißt eure physische – Welt bilden.

Diese Beziehung wird in manchen Träumen enthüllt, und sie wird in allen Legenden und Mythologien ersichtlich, die einen Gott-Mann, eine Gott-Frau, einen Tier-Mann oder eine Tier-Frau zum Thema haben. Sie deuten die Verbindungen an, die zwischen den Menschen, den Tieren und den sogenannten Göttern bestehen, und geben euch über psychologische und natürliche Realitäten Aufschluß.

Jedem Teil eines Landes kommt sozusagen eine Identität zu, und ich meine dies nicht symbolisch. Solche Identitäten repräsentieren die kombinierten Organisationen des Bewußtseins des Landes, der Menschen und Tiere in einem bestimmten Gebiet. Es gibt – vereinfacht gesagt – so viele Bewußtseinsarten, wie es Partikel gibt, und diese werden auf ins Unendliche gehende Art und Weise miteinander kombiniert. *(Lange Pause.)* Im Traumzustand bilden bisweilen Erfahrungen, die euch sonst verschlossen sind, den Hintergrund des Traumgeschehens. *(Eine einminütige Pause.)*

Euer Bewußtsein ist nicht wie eine Taschenlampe, ihr besitzt es nicht. Es ist vielmehr eine buchstäblich endlose Konglomeration von Bewußtseinspunkten, die zusammenschwärmen, um euch zur Geltung zu bringen – sie sind geprägt von eurer Eigenart.

(Mit Nachdruck:) Ob zerstreut oder in einer engen Gruppierung konzentriert, ob sie »allein« erscheint oder durch große andere Schwärme fliegt; diese besondere Organisation stellt eure Identität dar.

Um eine Analogie zu verwenden: Ihre »Partikel« könnten über das ganze Universum zerstreut sein, ganze Galaxien dazwischen; ihre Identität bliebe erhalten. So vermischen und verbinden sich unwissentlich Verflüchtigungen eures

Bewußtseins mit denen anderer Spezien, ohne daß eure eigene Identität im geringsten beeinträchtigt wäre – aber um andere psychologische Realitäten herzustellen, auf die ihr euch nicht konzentriert.

Im Traumzustand vereinen Menschen, Tiere und Pflanzen ihre Realitäten in einem gewissen Grad, so daß Informationen, die die eine Spezies betreffen, von anderen auf dem Weg innerer Wahrnehmung empfangen werden, Informationen, die sonst in eurer Welt nicht bekannt sind.

Ihr könnt Pause machen.

(22.45 Uhr bis 23.05 Uhr.)

Die natürlichen Strukturen der Erde sind als das Ergebnis der biologischen Zusammenarbeit aller Spezien vorhanden, und das Bewußtsein selbst ist von all den beliebigen Formen unabhängig, die es, unabhängig auch von irgendeiner Zeit, annehmen kann.

Auf Ebenen, die euch chaotisch *scheinen* würden, mischt und vereinigt sich also Bewußtsein sozusagen in einem fortwährenden Informationsaustausch, im offenen und endlosen Erforschen von Möglichkeiten, aus denen, wie ihr es seht, Ereignisse hervorgehen, individuelles Geschehen und Massengeschehen.

Ich erkläre einfach die Eigenschaften, Fähigkeiten und Tendenzen der Natur. Im sogenannten Traumzustand gibt es so viele verschiedene Ebenen, daß diese unmöglich erfaßt werden können, außer auf eine schematisch-starre Weise. Dies gilt besonders auch deshalb, weil manchen Traumfolgen ein biologisches Verstehen innewohnt, das nicht zu übersetzen ist.

Die von eurer Wissenschaft getroffene Feststellung stimmt, daß sich euer »Unbewußtes« der geringsten Einzelheiten hinsichtlich eurer Gesundheit, eures Geisteszustands und überhaupt eurer Verfassung unmittelbar bewußt ist. »Es« ist sich aber auch des Zustandes der Erde bewußt, sogar der Umweltbedingungen, die auf der anderen Seite des Planeten herrschen. Es ist auch mit dem kulturellen Klima vertraut. Euer Bewußtsein funktioniert auf seine typische Art infolge der ungeheuren, Informationen sammelnden Vorgänge – Vorgänge, die alle Spezien miteinbeziehen. Diese Informationen sind biologisch codiert, aber diese physischen Informationen, die in den Genen und Chromosomen gespeichert werden, können durch Erfahrung und geistige Arbeit verändert werden, und zwar die euren wie auch die anderer Lebewesen.

(23.23 Uhr.) Doch ist das Träumen bei Tieren – und bei den Menschen im besonderen – nicht nur ein Verarbeiten, sondern vielmehr ein S a m m e l n von Informationen. Das Träumen verhindert, daß das Leben in eine Sackgasse gerät, indem es Informationsquellen öffnet, die im Wachzustand praktisch nicht zugänglich sind, und indem es Rückmeldungen von anderen Welten als der euch bekannten zuläßt. Daten, die im Wachzustand durch Lernen, Streben und Erfahren gesammelt wurden, werden im Traum überprüft, nicht nur anhand der physischen Erfahrung, sondern sie werden auch anhand von »biologischen« und »spirituellen« Daten verarbeitet: D i e s e Informationen werden erworben, wenn sich das schlafende Bewußtsein sozusagen ausbreitet und sich mit anderen Bewußtseinsinhalten seiner selbst oder denen anderen Spezien vereinigt, wobei es seine ganzheitliche Identität beibehält. Diese anderen Bewußtseinseinheiten erweitern sich in gleicher Weise.

So erhält jedes Individuum ein Bild der sich fortwährend verändernden physischen und psychologischen Umwelt aufrecht. Anders könnte es physische Ereignisse, wie ihr sie versteht, nicht geben. *(Lange Pause.)* Information i s t im Grunde Erfahrung. Im Traum erhaltet ihr die Informationen, die für euer Leben erforderlich sind. Der Schlafzustand ist deshalb nicht einfach die Kehrseite eures Bewußtseins, sondern er ermöglicht erst euer wachbewußtes Leben und die Entfaltung eurer Kultur.

Der Tod ist auf dieselbe Weise zu sehen. Die Tiere sind sich des Todes weitgehend bewußt, da sie die Zeit anders organisieren, als ihr dies tut. Das Träumen schließt nun die Bedingungen für das Leben und für den Tod ein, eine Tatsache, die das wache Selbst oft erschreckt. Aber dem liegt eine kreative Mischung der wahrnehmenden Organisationen zugrunde, aus denen das prosaisch getönte Bewußtleben hervorgeht. Hier befindet sich das Rohmaterial für all die täglichen Begebenheiten eures privaten Lebens und für die Ereignisse des Weltgeschehens.

Da nichts in der Natur verschwendet wird, wird auch das überfließende Wachsen der menschlichen Traumlandschaften genutzt. Diese haben ihre eigene Realität, ob sie nun in die Wirklichkeit des Lebens umgesetzt werden oder nicht. Eure Persönlichkeiten sind weitgehend das Ergebnis eurer wachbewußt gesammelten Erfahrungen. Aber sie sind gleichermaßen das Produkt eurer Traumerfahrung, des Lernens, des Wissens und der Begegnungen, die sich ereignen, wenn ihr in jenem Traumzustand seid, von dem viele fälschlicherweise behaupten, daß er sich jenseits jeder Wahrnehmungsfähigkeit befinde.

Die Träume sind eng mit Lernprozessen verknüpft. Lange bevor Kinder zu krabbeln beginnen, träumen sie vom Gehen und Laufen, und diese Träume dienen ihnen als Antrieb.

Kunst, Wissenschaft, Landwirtschaft, zum Beispiel, spiegeln natürliche Tendenzen wider, die im menschlichen Geist enthalten sind. Sie sind zuerst im Traumzustand als mehr allgemeine denn spezifische Züge vorhanden und werden dann im Wachzustand zu speziellen, zündenden intellektuellen Tendenzen.

Schon in Zeiten der Vorgeschichte der Menschheit träumten die Stammesangehörigen wilder Naturvölker von Städten. Der Traumzustand gibt den Anstoß zum Wachstum. Er eröffnet dem erdgerichteten Bewußtsein auch Informationen, die für das Überleben wichtig sind.

(23.59 Uhr.) Da der Traumzustand auch mit dem Wachleben verbunden ist, borgt ihr für eure Träume viele Elemente aus eurem täglichen Leben aus. Eure Träume sind daher oft

ganz gewöhnlich »gekleidet«. In der Regel erinnert ihr euch ziemlich klar an das äußere Gewand des Traumes oder an die bei Bewußtmachung des Traums sich ändernde Verkleidung. Im Grunde seid ihr euch aber im Traumzustand so vieler Facetten eines Geschehens bewußt, daß viele von ihnen eurer wachbewußten Erinnerung buchstäblich entgehen müssen.

Jede wirkliche Erziehung muß die im Traum erfahrbaren Lernprozesse miteinbeziehen, und niemand kann hoffen, einen Blick auf die Natur der Psyche zu werfen, ohne die Wichtigkeit der Traumerfahrung, deren Erinnerung und schöpferische Nutzanwendung im wachbewußten Leben zu erkennen.

(Lauter:) Habt ihr Fragen?

(»Nein.«)

Dann will ich zu unserem Kätzchen zurückkehren, das genau das tut, was ihr beide von ihm wollt.

(»Gut.«)

Es erinnert euch an die natürliche, spontane Kreativität des Lebens – die Quelle eurer eigenen Kreativität, eurer Ziele und Absichten. So kann *(humorvoll)* das L e b e n in eure Kunst eindringen.

Meine herzlichsten Wünsche und einen guten Abend.

(»Vielen Dank, Seth. Gute Nacht.«)

(0.18 Uhr. Wir lachten. Seths Bemerkung über Willy Zwei, oder Billy, wie wir ihn jetzt manchmal nennen, bezog sich offensichtlich auf den lustigen Ärger, den wir vor der Sitzung empfanden, als das Kätzchen groß in Form war. Es sprang über alle Möbel, kratzte an den Vorhängen – und auch Jane und mich –, stürzte sich in unsere Papiere und so weiter.)

Sitzung 792, Montag, den 24. Januar 1977

(21.22 Uhr.) Nun: Diktat.

In der Realität eures Wachbewußtseins habt ihr an der Welterfahrung der Massen und an der weltweiten Umwelt teil.

Nochmals: Die Ereignisse des von euch wahrgenommenen Weltgeschehens sind in Zeitsequenzen »abgepackt«; ihr seid an die Ordnung des »Vorher« und »Nachher« gewohnt. Wenn ihr Materielles baut, setzt ihr »einen Stein auf den anderen«. Es mag den Anschein haben, daß psychologische Ereignisse die gleiche Struktur aufweisen, da ihr sie ja in der Zeit wahrnehmt. Wir haben das bereits erörtert, aber wir wollen das Thema um seiner Wichtigkeit willen nochmals, und teilweise von anderen Seiten her, angehen.

Wenn ihr fragt: Wie entstehen Ereignisse?, dann erwartet ihr eine eurer Frage entsprechende klare Antwort. Diese ist aber nicht so einfach. Der Ursprung der Ereignisse liegt in jenem schöpferischen, subjektiven Bereich des Seins, dem ihr im allgemeinen nur sehr wenig Aufmerksamkeit widmet. Sprechen wir nochmals vom Traumzustand. Er stellt ein inneres Kommunikationsnetz dar, das, wie gesagt, eure technischen Kommunikationssysteme auf seine Art weit übertrifft. Das innere Netzwerk arbeitet mit einer ganz anders wahrnehmenden Organisation. Nicht wahr: Eine Rose ist eine Rose, und die Rose ist eine Rose. Im Traumzustand kann eine Rose aber eine Orange, ein Lied, ein Grab, ein Kind oder auch alles zugleich sein.

Im Traum habt ihr mit Symbolen zu tun. Nun sind Symbole aber bloß Gleichnisse für andersgeartete »objektive« Ereignisse. Es sind Ereignisse, die sind, was sie zu sein scheinen, und es sind zugleich Ereignisse, die sich nicht »unmittelbar« selbst zeigen. Ein sogenanntes »Ereignis« mag deshalb nur ein Behälter für viele andere Ereignisse sein, und ihr erkennt von ihm nur das äußere Gesicht – und dieses Gesicht nennt ihr ein Symbol.

Die anderen Ereignisse innerhalb des Symbols haben die gleiche Berechtigung wie das eine Ereignis, das ihr wahrnehmt.

Ereignisse sind nicht eines a u f dem anderen aufgebaut. Sie wachsen vielmehr in einer spontanen Entfaltung a u s e i n - a n d e r h e r a u s als ein Überfluß an Kreativität, von dem der bewußte Geist jene Aspekte auswählt, die er erfahren will – und diese Aspekte werden zu dem, was ihr ein »objektives Ereignis« nennt.

(21.40 Uhr.) Ereignisse werden selbstverständlich nicht nur von euch Menschen kreiert. Wie ich in der letzten Sitzung erwähnte, gibt es vielmehr eine Ebene des Traumzustandes, auf der alles erdgerichtete Bewußtsein aller Lebewesen zusammenkommt. Diese stellt, von eurem Standpunkt aus, einen tiefen Zustand unbewußter Kreativität dar – besonders in den zellulären Schichten –, in dem alles zelluläre Leben kommuniziert und ein lebendiges biologisches Netz bildet, das die eigentliche Grundlage für jede »höhere« Erfahrung überhaupt herstellt.

Was ihr als Träumen bezeichnet, ist offensichtlich von dieser zellulären Kommunikation abhängig, die die Lebenskraft über den ganzen Planeten verteilt. Die Grundlegung für jegliches psychologisches Geschehen hängt deshalb von diesen unter den Lebewesen stattfindenden Beziehungen ab.

Die psychologischen Symbole, mit denen ihr vertraut seid, steigen auf wie Rauch. Sie sind in der zellulären Struktur angelegt. Im tiefsten Sinne verfügen auch Tiere und Pflanzen über Symbole, auf die sie reagieren.

Symbole können als psychische Codes bezeichnet werden, die nach zahllosen Möglichkeiten interpretiert werden. Die Interpretation hängt von den Umständen ab, in denen sich das Bewußtsein befindet. Ereignisse des Traumgeschehens kommen auf dieselbe Weise »zustande« wie das Universum. Deshalb lassen sich Ereignisse nicht genau definieren. Ihr könnt eure Erfahrung, die ihr hinsichtlich eines Ereignisses habt, erforschen, und dieses Erforschen verändert sogleich die Natur des scheinbar von eurer Erfahrung getrennten »objektiven« Ereignisses, das ihr zu untersuchen begonnen habt. Ihr habt auch an der Traumerfahrung der Massen teil, genauso wie ihr wachbewußt an der kollektiven Welt beteiligt seid. Eure tägliche Erfahrung ist persönlich und einzigartig, und doch geschieht sie im Kontext einer kollektiven Umwelt. Das gleiche gilt auch für den Traumzustand.

Auch eure Träume gehören euch allein, und doch ereignen sie sich in einem Zusammenhang der Gemeinsamkeit, in einer Umwelt, in der die Träume der Welt stattfinden. In j e n e m Zusammenhang ist eure Existenz »auf ewig« gesichert. Ihr seid euer eigenes, physisches Ereignis in einem bestimmten Raum und zu einer bestimmten Zeit, und wegen der besonderen Bedingungen dieses engen Rahmens schließt ihr alle anderen Erfahrungen eures Selbst aus. Euer »größeres« Ereignis existiert in einem Zusammenhang, der jenseits eurer normalen Wahrnehmung der Ereignisse allen Geschehens liegt. Jener größere Bereich eures Selbst kreiert aber das Selbst, das ihr kennt.

Im Traumzustand tretet ihr in die Arena umfassenderer Zusammenhänge ein. Deshalb verliert ihr auch eure genaue Orientierung, mit der ihr vertraut seid. Dessenungeachtet fühlt ihr bisweilen die erweiterte Realität dessen, was ihr Ereignisse nennt, und die zeitlose Natur eurer eigenen Existenz.

Individuell und kollektiv verändert ihr im Traumzustand die Orientierung eures Bewußtseins und nehmt teil an der Kreation von Geschehnissen, die erst im Gefüge der Zeit als Ereignisse physisch erfahren werden.

Ihr könnt Pause machen.

(22.07 Uhr bis 22.29 Uhr.)

Verwirklichte Ereignisse sind vor allem die Endprodukte nichtphysischen Geschehens.

Dem liegen grundlegend emotionale, psychische oder psychologische Vorgänge zugrunde. Ereignisse sind physische Interpretationen, Versionen der Erfahrung innerer Wahrnehmung, die dann in Raum und Zeit »zusammenwachsen«. Alles Geschehen wird nach Gesetzmäßigkeiten organisiert, die mit Gefühlen (der Liebe oder des Hasses), Glaubensvorstellungen, Wünschen, Absichten und den entsprechenden Intensitäten, mit denen diese besetzt sind, zusammenhängen.

Je nach euren Gefühlen – sagen wir jetzt der Liebe –, nach euren Glaubensüberzeugungen, Absichten und Zielen werden Ereignisse angezogen oder abgewiesen. Eure Welt ist ein Theater, in dem bestimmte Ereignisse geschehen können oder nicht. Kriege, Gewaltakte, Katastrophen – offensichtlich steuern viele Menschen dazu bei; sie sind Ausdruck eurer kollektiven psychologischen und physischen Umwelt.

Manche Menschen erfahren den Krieg direkt, als Kampf von Mann gegen Mann oder als Bombenangriff. Andere fühlen sich deswegen nur verunsichert und ungemütlich. Hier wird die von den Massen geprägte Umwelt je nach den individuellen Glaubensüberzeugungen, Absichten und Gefühlen als physische Realität erfahren. In der tiefsten Bedeutung gibt es keine Opfer, weder von Kriegen noch der Armut, noch von Katastrophen. Dies bedeutet nicht, daß solche negativen Entwicklungen nicht bekämpft werden sollen. Im Sinne eures Verstehens hat es ganz sicher den Anschein, daß so manche Männer und Frauen in solchen Fällen tatsächlich Opfer sind. Deshalb verhalten sie sich wie Opfer, und ihre Glaubensvorstellungen bestärken sie in dieser Erfahrung.

Ich sage, einmal mehr, was ich in zahllosen Wiederholungen schon betonte: Eure Glaubensvorstellungen bewirken eure Realität. Dies bedeutet, daß eure Vorstellungen die Ereignisse prägen, die ihr durchlebt.

Solche Erfahrungen überzeugen euch dann noch eingehender von der Realität, die ihr wahrnehmt, mit der ihr konfrontiert seid – bis sich ein Teufelskreis gebildet hat, in dem alle Ereignisse die Glaubensvorstellungen so perfekt widerspiegeln, daß kein Freiraum mehr für davon abweichende Entwicklungen zu bestehen scheint.

Wenn dies aber wirklich so wäre, dann hätte sich die Geschichte der Menschheit nie entscheidend verändert. Alternative Erfahrungswege – neue Möglichkeiten und intuitive Lösungen – werden am laufenden Band im Traumzustand erschlossen, so daß das Lernen des Menschen nicht bloß von einem Rückmeldesystem abhängig ist, das ein Eindringen von neuem, schöpferischem Material nicht zuläßt. Das Träumen versorgt den Menschen also mit Lernerfahrungen, die sonst nicht verfügbar wären, so daß er Verhalten und Geschehen weit besser zu verstehen vermag, als dies auf irgendeiner Ebene seiner alltäglichen Realität möglich ist.

Aus den Absichten, Wünschen und Gefühlen eines Menschen mögen sich Schwierigkeiten ergeben, die ihn veranlassen könnten, bestimmte Ereignisse anzustreben, die wegen seiner Glaubensvorstellungen unmöglich sind. Nach eurer Alltagserfahrung führt dies zu einem Dilemma, angesichts dessen das erwünschte Ziel unmöglich erreichbar zu sein scheint.

In solchen Lebenslagen kann ein Traum oder eine ganze Serie von Träumen die Glaubensüberzeugungen dieses Menschen so weitgehend verändern, wie es sonst nicht möglich wäre. So werden im Traum neue Informationen erschlossen. Liebe, Ziel, Vorstellung, Absicht – sie prägen eure physische Erfahrung.

(22.59 Uhr.) Liebe ist genauso eine biologische wie auch eine spirituelle Qualität. Liebe und Kreativität sind im Grunde das selbe. Liebe genügt sich selbst, das heißt, sie setzt nicht notwendigerweise ein Objekt voraus. Sie ist der Antrieb, durch den sich alles Leben manifestiert. Wünsche, Liebe, Absichten, Vorstellungen und Ziele – sie rufen die Erfahrungen eures Körpers hervor und aller Ereignisse, die dieser wahrnimmt. Ihr könnt nicht eine Glaubensvorstellung verändern, ohne daß sie ihrerseits eure Körpererfahrung verändert. Das große Geben-und-Nehmen begleitet ständig eure biologischen und psychologischen Aktivitäten. Eure Gedanken sind so aktiv wie eure Zellen, und beide sind

genauso wichtig für das Bestehen eures physischen Seins.

Eure Gedanken sind auch ebenso natürlich wie eure Zellen. Auch eure Gedanken treiben euch zum Überleben und Wachsen, wie das eure Zellen ebenfalls tun. Genau wie euer Körpermechanismus dient auch euer Denken dem Zweck, euer Überleben zu garantieren.

Das Geben und Nehmen zwischen Körper und Geist findet hauptsächlich im Traumzustand statt, in dem fortwährend Daten übersetzt werden. Eure Gedanken spiegeln sich in den Zellen eures Körpers wider und umgekehrt.

Ich werde eine Reihe von Übungen vorschlagen. Ihr solltet sie als überschäumende, kreative Spiele verstehen. Sie werden euch mit eurer Psyche oder mit einer höheren Realität eures Selbst bekannt machen, indem sie euch helfen, eure Aufmerksamkeit auf Aspekte eurer Erfahrung zu richten, die euch sonst gewöhnlich entgehen.

Die Übungen werden aber nicht im gewünschten Sinne glücken, wenn sie zu ernst oder zu zielbewußt in Angriff genommen werden. Ihr solltet sie als schöpferisches Spiel auffassen, obgleich ein Spiel geistiger Art. Die Spiele bestehen wirklich aus geistigen Bemühungen. Kinder probieren sie ziemlich spontan aus. Sie sollten also nicht etwa als »esoterische Errungenschaften« betrachtet werden. Mit diesen Spielen wird beabsichtigt, noch einmal das wahre, offensichtliche Vergnügen zu entdecken, das ihr einst bei der Manipulation eures eigenen Bewußtseins empfunden habt, als ihr es ein- und ausrollen konntet wie das Sprungseil eines Kindes.

Ihr könnt Pause machen.

(23.15 Uhr bis 23.30 Uhr.)

Kinder lernen schon früh von ihren Eltern, daß ihre Erfahrungen bestimmten konventionellen Mustern eingefügt werden müssen. Im einfallsreichen, imaginären Spiel machen Kinder aber zwanglos von Traumereignissen Gebrauch oder von Ereignissen, die im Traum wahrgenommen werden, wobei sie sich ganz klar sind, daß diese in der »realen« Welt nicht als wirklich betrachtet werden.

Physisches Spiel ist vergnüglich und von erfrischenden geistigen Einfällen begleitet. Beide, Muskeln und Geist, werden trainiert. Die gleiche Aktivität wird im Traumzustand des Kindes durchgespielt, in dem dieses lernt, mit Geschehnissen umzugehen, bevor es ihnen physisch begegnet. Das Kind träumt sehr intensiv. Manche Traumgeschehnisse erscheinen ihm realer als die wachbewußt erfahrenen Ereignisse – nicht weil das Kind die Natur der Erfahrung nicht versteht, sondern weil es dem Gefühlsgrund noch so nahe ist, der den Ereignissen zugrunde liegt. Einige der vorgeschlagenen Übungen werden euch mit dem Vorgang in Berührung bringen, durch den Ereignisse hervorgebracht werden.

Spiel, Kreativität und Träume der Kinder bringen euch auf geradestem Weg mit der Erfahrung, wie Ereignisse hervorgebracht werden, in Berührung. Die Spiele, die ihr spielt oder auch an euch beobachtet, werden euch natürlich viel über die Organisation eurer eigenen Erfahrungen aussagen. Im großen und ganzen legt ihr Ereignisse um bestimmte Emotionen herum an. Diese Gefühle können allerdings streitsüchtig sein; es gibt dann die immer gute und die böse Mannschaft, und es gibt Heil oder Zerstörung, Sieg oder Niederlage.

Bevor das Kind konditioniert wird, spielt es aus reiner Liebe zum Spiel, zum Körper oder zu seinen Vorstellungen und – nur um des Spielens willen – zur Erweiterung seiner geistigen und physischen Fähigkeiten. Die Übungen, die ich vorschlage, sind Spiele, »die jeder spielen kann« und die mit der natürlichen Freude am freien Einsatz der Imagination, deren sich Kinder bedienen, gespielt werden sollten.

Ende des Diktats. Das nächste Kapitel wird heißen: »Spiele für jedermann – Träume und die Erschaffung von Ereignissen.«

(23.47 Uhr. Nachdem Seth wie gewohnt noch ungefähr eine Seite persönliche Informationen für Jane und mich diktiert hatte, beendete er die Sitzung um 23.55 Uhr.

Am folgenden Morgen erwachte Jane mit dem Titel eines Buches im Kopf: »The After-death Journal of an American Philosopher.« Sie wußte, daß sich der Titel auf William James bezog – den amerikanischen Psychologen und Philosophen, der von 1842 bis 1910 gelebt hatte – und daß er in einem Traum eingehüllt war, den sie vergessen hatte. Der Titel war alles, was davon übrigblieb.

Wie in diesem Buch bereits erwähnt wurde, erhielt Jane mehrere Seiten des James-Materials, die sie in ihr Buch »Psychic Politics« aufnahm, und Seth gab im vergangenen Jahr eine Sitzung, in der er ihre »subjektiven Verbindungen« mit James erklärte. Dabei hatte er aber nichts von einem zukünftigen Buch über James erwähnt.

Trotzdem fühlte Jane an diesem Vormittag, daß »etwas bereit war«. Sie spannte neues Papier in ihre Schreibmaschine und begann etwas, das gut ein neues Buch werden kann. Ich sah ihr lächelnd und erfreut zu, wie sie sich an die Arbeit machte. Wie beim Cézanne-Material »kam« das Informationsmaterial an diesem Morgen wieder so schnell, daß sie so schnell tippen mußte, wie sie nur konnte, um mit dem Gedankenfluß Schritt zu halten.

Es wird sehr interessant werden zu sehen, was sich daraus entwickelt.)

10
Spiele für jedermann – Träume und die Erschaffung von Ereignissen

Sitzung 793, Montag, den 14. Februar 1977

Guten Abend.

(»Guten Abend, Seth.«)

Diktat. Das Gehirn ist hauptsächlich ein ereignisgestaltender Psychomechanismus, durch den das Bewußtsein tätig ist. Der Hang zur Ereignisgestaltung ist selbst bei kleinen Kindern offensichtlich. Mit offensichtlich meine ich aktiv – in Form nämlich von Phantasien, die Aktivitäten nach sich ziehen, die weit über die bislang entwickelten physischen Fähigkeiten des Kindes hinausgehen.

Die Träume von Kindern sind intensiver als die von Erwachsenen. Ihr Gehirn übt seine ereignisgestaltenden Aktivitäten ein. Diese müssen entwickelt werden, bevor bestimmte physische Fähigkeiten zur Geltung kommen können. Kleine Kinder spielen in ihren Träumen, indem sie Handlungen setzen, die ihre vorhandene physische Kapazität übersteigen. Äußere Stimuli sind dabei sehr wichtig, aber die inneren Stimuli des Traumspiels sind fast noch wichtiger.

Kinder üben im Traumspiel den Gebrauch all ihrer Sinne, was dann die Sinne selbst anregt und zu deren harmonischem Zusammenwirken beiträgt. Ereignisse sind für kleine Kinder wie Kitt, den man formen kann; sie haben noch nicht gelernt, in Kategorien eurer starren Ordnung zu denken und diese anzuwenden. Im Zusammenhang mit der notwendigen Koordination der Sinnesfunktionen gibt es einen interessanten Punkt: vor der Ingangsetzung dieses Prozesses gibt es noch keine zwingende Plazierung der Ereignisse. Diese Ordnung wird erworben. Die unkoordinierten Sinne des

Kindes mögen beispielsweise Worte wahrnehmen, die morgen gesprochen werden, während sie heute die Person sehen, die sie sprechen wird.

Die Einstellung der Sinne auf Raum und Zeit ist deshalb weitgehend eine erworbene Kunst – eine Kunst, die für den ergiebigen Gebrauch der Sinne unentbehrlich ist. Vor diesem Anpassungsvorgang erfreuen sich die Kinder, vor allem im Traumzustand, einer umfassenden Sicht allen Geschehens, die in ihrer Ausrichtung allmählich schärfer und enger wird.

Ein gewisses Maß an Freiheit von Raum und Zeit klingt immerhin nach. Das Kind ist, sogar biologisch, mit der Fähigkeit innerer »Vorausschau« ausgerüstet, die ihm ein »unbewußtes« Wahrnehmen von unmittelbar bevorstehenden Zukunftsereignissen ermöglicht, die es zum Beispiel vor Gefahren warnt.

Auf dem Boden dieser locker bleibenden Erfahrung beginnt das Kind in Träumen spezifischere Elemente auszuwählen, und dabei trainiert es die Sinne in Richtung einer begrenzteren Feinfühligkeit.

Im Spielalter setzt das Kind oft Spiele fort, die ganz natürlich im Traumzustand begonnen wurden. Dazu gehören Rollenspiele und andere, die einfach die Betätigung der Muskeln zum Ziel haben. All dies trägt zu einer zunehmenden Spezialisierung bei. In den Träumen verfügt der Geist über die ganze Freiheit, mit dem Geschehen und seiner Gestaltung zu spielen. Die Verwirklichung setzt aber bestimmte praktische Umstände voraus. Im Spiel probieren Kinder Begebenheiten aus, die im Traumzustand begonnen haben, und »beurteilen« diese unter praktischen Bedingungen. So jongliert das Kind mit Wahrscheinlichkeiten, und es bringt zudem seine physische Struktur in eine genaue Übereinstimmung mit jeder beliebigen Wahrscheinlichkeit. Grundsätzlich (das ist zu sperren) ist das Gehirn beim Träumen nicht auf die physisch durchlebten Erfahrungen eingeengt.

(21.58 Uhr.) Geistig kann eine unbegrenzte Anzahl von Ereignissen kreiert werden, und das Bewußtsein kann eine unbegrenzte Zahl von Rollen übernehmen. Das Kind mag etwa davon träumen, seine eigene Mutter, sein Vater oder Bruder zu sein, seine Schwester, der Hund der Familie, eine Fliege, ein Soldat. Im wachen Spiel wird es dann diese Rollen ausprobieren und schnell feststellen, daß sie nicht mit den Bedingungen der äußeren Wirklichkeit übereinstimmen.

Ein Kind kann von Bergen träumen, noch ehe es sie je gesehen hat. Das Wissen um eure Umwelt auf diesem Planeten ist ein unbewußter Teil eures Erbes. Ihr verfügt unbewußt über eine vorgegebene psychologisch strukturierte Welt, die auf die äußere Welt eingestimmt ist, und in ihr lernt ihr subjektiv, während ihr zugleich objektiv lernt, mit der äußeren Wirklichkeit umzugehen.

Die Imagination hängt eng mit der Gestaltung von Ereignissen zusammen. Die Imagination der Kinder schützt sie davor, zu stark von der »realen« Welt ihrer Eltern eingeengt zu werden. Wach oder im Traum, Kinder »tun als ob«. Dabei üben sie ihr Bewußtein in einer sehr vorteilhaften Weise. Während sie für sich eine gegebene Realität akzeptieren, behalten sie sich sozusagen das Recht vor, sich in anderen, »sekundären« Seinszuständen zu versuchen. Bis zu einem gewissen Grad werden sie zu dem, was sie zu sein vorgeben, und dabei vermehren sie ihr Wissen und ihre Erfahrung. Sich selbst überlassen, würden Kinder lernen, mit Tieren umzugehhen, indem sie beispielsweise vorgeben würden, selbst Tiere zu sein. Aufgrund der Erfahrung der Reaktionen der Tiere würden sie verstehen, wie sie selbst reagieren müssen.

Im Spiel probieren Kinder alle möglichen Situationen aus. Im Traumzustand tun Erwachsene und Kinder das selbe, und viele Träume sind tatsächlich ein Spiel. Das Gehirn ist nie mit *einer* Version eines Ereignisses zufrieden, sondern es wird seine Einbildungskraft immer zur Gestaltung zahlreicher anderer Versionen benutzen, und zwar in einer Art geistiger Aktivität, die ebenso spontan ist wie das Spiel. Es übt das

Gestalten von Ereignissen genau so, wie die Muskeln ihre Bewegungen üben.

Das Gehirn sucht die reichhaltigste Form eines Ereignisses aus. Ich spreche absichtlich vom Gehirn, nämlich als etwas, das vom Geist getrennt ist, um den springenden Punkt zu betonen, daß dessen Fähigkeiten schöpferischer Natur sind. Der Genius des Hirns kommt vom Geist, der als biophysisches Gegenstück des Gehirns bezeichnet werden kann. Ihr könnt Pause machen.

(22.15 Uhr bis 22.31 Uhr.)

Ihr verfügt über innere Sinne, die in einer sich gegenseitig bedingenden Wechselbeziehung mit euren physischen Sinnen stehen; sie unterscheiden sich jedoch vor allem darin von euren organischen Sinnen, daß sie nicht auf eine besondere Raum-Zeit-Einstellung trainiert werden.

Wenn Kinder träumen, machen sie wie die Erwachsenen von diesen inneren Sinnen Gebrauch. Durch das Träumen lernen sie, die durch die inneren Sinne gelieferten Daten in den Rahmen der äußeren, sinnlich erfahrenen Wirklichkeit zu übertragen. Kinderspiele finden immer in der Gegenwart statt – das heißt, sie werden unmittelbar erfahren, obwohl die Begebenheiten des Spiels auch Zukunft und Vergangenheit miteinbeziehen können. Die Wendung »Es war einmal« ist stark beschwörend und bewegend, selbst für Erwachsene. Sie zeigt, wie Kinder mit der Zeit in einer Weise spielen, welche die Erwachsenen vergessen haben. Wenn ihr die Bewegung eurer Psyche spüren wollt, dann erreicht ihr das vielleicht am leichtesten, wenn ihr euch eine Gegenwartssituation in der Vergangenheit oder in der Zukunft vorstellt; dies bewegt eure Sinneswahrnehmungen in einer neuen Weise.

Kinder versuchen, sich die Welt vorzustellen, wie sie war, bevor sie diese betraten. Tut das ebenfalls. Der Weg, auf dem ihr diesem und anderen Hinweisen folgt, kann erleuchtend sein, denn welche spielerisch-schöpferischen Veränderungen immer ihr auswählt, sie werden euch viel über die einzigartigen Qualitäten eures Bewußtseins offenlegen. Die Spiele der Erwachsenen laufen oft auf die Veränderung des Raums hinaus, wogegen die Spiele der Kinder vornehmlich Veränderungen der Zeit zum Inhalt haben. Schaut einen natürlichen Gegenstand an, sagen wir einen Baum; wenn jetzt Frühling ist, dann stellt euch vor, ihr würdet ihn im Herbst sehen.

Verändert bei solchen Übungen eure zeitliche Verklammerung. Ihr kommt dann wie von selbst von einem allzu engen Brennpunkt weg. Solche Übungen werden weitgehend die enge Verknüpfung eurer Wahrnehmung mit der Realität, wie ihr sie wahrzunehmen gelernt habt, lösen. Kinder können so lebendig spielen, daß sie sich beispielsweise vorstellen können, unter der Wüstensonne zu rösten, während sie mitten in einem luftgekühlten Wohnzimmer nicht im geringsten schwitzen müßten. Sie sind einerseits vollkommen in ihr Tun verstrickt; andererseits sind sie sich aber ihrer »normalen« Umgebung ziemlich bewußt. Die meisten Erwachsenen fürchten hingegen, daß solche spielerische, sozusagen unerlaubte Veränderungen des Bewußtseins gefährlich werden könnten und daß die eingebildete Situation am Ende die wirkliche übertreffen könnte.

(22.49 Uhr.) Viele Erwachsene haben im Laufe ihres Lebens »gelernt«, daß die Imagination an sich etwas Verdächtiges sei. Solche Einstellungen behindern drastisch nicht nur jede künstlerische Arbeit, sondern auch die Kreativität schlechthin.

Die schöpferische Wachheit des Menschen, seine stimmende sinnliche Wahrnehmung und die der Wirklichkeit entsprechende Einrichtung in Raum und Zeit sowie seine Fähigkeit, auf jedes Ereignis unverzüglich zu reagieren, sind natürlich wichtige menschliche Vorzüge. Imagination erlaubte dem Menschen, diese Züge zu entwickeln, und setzte seinen Erfindergeist frei. Seine Imagination erlaubt ihm, in der Gegenwart zu planen, was sich in der Zukunft ereignen könnte.

Dies alles bedeutet, daß sich die Imagination weitgehend außerhalb der stimmig-genauen Realität, die die Sinne vermitteln, entfalten muß. Aus diesem Grund wird sie im Traumzustand am freisten benutzt. Im Grunde läßt sich die Imagination überhaupt nicht an das Praktische binden, denn im Praktischen erhält der Mensch nur physische Rückmeldungen. Wenn d a s alles wäre, dann gäbe es keine Erfindungen, keine Entdeckungen, keine Kunst und keine Wissenschaft. In anderen Umwelten als der physischen sind immer wertvolle zusätzliche Informationen vorrätig.

Solche zusätzliche Daten sind ein Ergebnis des ziemlich hochgestochenen Spiels des Gehirns, indem dieses mit der Gestaltung von Ereignissen experimentiert und sich dabei der inneren Sinne bedient, die nicht in Zeit und Raum verklammert sind.

Stellt eine andere Zeit ein. Seht euch unmittelbar vor dem Einschlafen an, wie ihr seid, und seht euch dann in einem vergangenen oder einem zukünftigen Jahrhundert lebend – oder tut einfach so, als ob ihr zehn oder zwanzig Jahre früher oder später geboren wäret. Wenn ihr diese Übungen spielerisch durchführt, dann werden sie euch ein gutes subjektives Gefühl für eure innere Existenz vermitteln, die außerhalb des Zeitzusammenhangs besteht.

(23.04 Uhr. Seth wich nun vom Buchdiktat ab und ging zu Fragen über, die wir zu unserer ziemlich umfangreichen – und immer noch wachsenden – Korrespondenz hatten. Von 23.20 Uhr bis 23.30 Uhr machten wir eine Pause.)

Diktat: Um die Kreativität zu fördern, müßt ihr eure Imagination dazu verwenden, eure vertraute Einrichtung in Raum und Zeit zu überwinden. Wenn ihr am Einschlafen seid, dann stellt euch vor, daß ihr zwar am genau gleichen Ort seid, aber an irgendeinem Punkt in der fernen Vergangenheit oder Zukunft. Was seht ihr, was hört ihr? Was ist dort?

In einer anderen Übung stellt ihr euch vor, an einem ganz anderen Ort dieser Welt zu sein, jedoch zu dieser Zeit, und dann stellt euch die gleichen Fragen. Seht euch zur Abwechslung an, was ihr gestern getan und geleistet habt. Seht euch eine Woche im voraus. Variiert diese Übungen nach Lust und Laune. Es läßt sich nicht erklären, was sie euch lehren werden, denn sie machen euch mit einer neuen Erfahrungsdimension, einem neuen Gefühl von euch selbst vertraut, das nur für euch selber einen Sinn ergibt.

Sie werden euch lehren, eure eigenen Empfindungen wahrzunehmen, wie sie außerhalb des alltäglichen Realitätszusammenhangs, in dem ihr euer Sein wahrnehmt, beschaffen sind. Zudem werdet ihr vermehrt fähig sein, mit den gegenwärtigen Lebenserfahrungen besser zurechtzukommen, denn eure Imagination wird euch aufgrund der Übungen neue Informationen bringen, die für euch in zunehmendem Maße wichtig sein werden.

Beginnt nicht damit, eure Imagination nur anzustrengen, um eure laufenden Probleme zu lösen; denn wie immer wird eure Kreativität mit im Spiel sein, und diese wird durch eure Glaubensüberzeugungen von dem, was praktisch ist, behindert.

Wenn die Übungen spielerisch gemacht werden, lösen sie schöpferische Ereignisse aus. Diese werden den Gebrauch der inneren Sinne erfordern, für die ihr äußere Sinnesentsprechungen nicht habt. Ihr werdet darum in eurem täglichen Leben so manche Situationen besser verstehen und leichter bewältigen, weil die aktivierten inneren Fähigkeiten euch ermöglichen werden, die Realität eurer Lebensumstände und eurer Umgebung subjektiv wahrzunehmen, wie Kinder dies tun.

Es gibt einen inneren Kniff, mit Hilfe dessen ihr für die Gefühle anderer viel feinfühliger werdet, als euch dies im Augenblick möglich ist. Nochmals: Wenn ihr auch lernt, euer Bewußtsein in eurem Körper zu zentrieren – und dies ist notwendig –, so erforschen doch eure inneren Wahrnehmungen viel weitere Bereiche. Also stellt euch einmal vor dem Einschlafen vor, daß euer Bewußtsein eine Straße entlang wandere oder über die Welt streife – was immer ihr wollt.

Vergeßt euren Körper. Versucht nicht, ihn bei dieser Übung zu verlassen. Sagt euch, daß ihr in eurer Imagination reist.

Wenn ihr ein euch bekanntes Ziel ausgewählt habt, dann stellt euch die Häuser, die Plätze, Brücken usw. vor, an denen ihr vorbeikommt. Es ist aber meist leichter, einen nicht bekannten Zielort zu wählen, weil ihr dann nicht versucht seid, euch selbst auf dieser Wanderung zu testen, indem ihr euch fragt, ob die vorgestellten Szenen eure Erinnerungen bestätigen oder nicht.

In einem bestimmten Ausmaß wird das Bewußtsein tatsächlich reisen. Wieder ist eine spielerische Einstellung die beste. Wenn ihr euch eine solche gestattet, indem ihr euch eurer Kinderspiele erinnert, wird die Angelegenheit sehr vergnüglich. Und auch wenn ihr Begebenheiten erlebt, die euch zu ängstigen scheinen, werdet ihr entdecken, daß diese zur gleichen harmlosen Kategorie gehören wie Erschreckendes in Kinderspielen.

Kinder erschrecken einander gern. Für dieses Verhalten gibt es viele Gründe. Aus denselben Gründen sehen sich viele Leute gern Horrorfilme an. Körper und Geist solcher Menschen langweilen sich ganz allgemein und suchen daher im Dramatischen den Streß. Unter normalen Bedingungen wird der Körper durch die Ausschüttung von zurückgehaltenen Hormonen wieder lebendig – er wird sozusagen ausgeschwemmt. Für die Hormonzurückhaltung sind oft repressive Gewohnheiten verantwortlich.

Der Körper wird unter derartigen Umständen seine Entspannung suchen, und so tut es auch der Geist. Träume oder gar Tagträume, die Angst auslösen, können dieses Bedürfnis befriedigen. Das schöpferische Spiel des Geistes baut oft symbolisches Geschehen auf, das zu therapeutisch wertvollen physischen Reaktionen führen und noch nach dem Traum in Suggestionen, die Hinweise für Heilvorgänge enthalten, weiterwirken kann.

Ich erwähne dies hier bloß deshalb, um auf die Ähnlichkeit zwischen manchen Träumen und Kinderspielen hinzuweisen und zu zeigen, daß es bei allen Träumen und Spielen letztendlich darum geht, Ereignisse zu kreieren und neu zu erfahren.

Und damit *(laut)* ist das Ereignis dieser Sitzung beendet. Habt ihr noch Fragen?

(00.01 Uhr. Ich hatte einige Fragen zu einem anderen Thema. Nachdem er noch etwas Material durchgegeben hatte, wünschte uns Seth um 00.12 Uhr eine gute Nacht.)

Sitzung 794, Montag, den 21. Februar 1977

(Zu Beginn der vergangenen Woche sandte mir ein Freund die Kopie eines »Doppeltraums«, den seine Frau gehabt hatte. Als Jane und ich diesen am letzten Freitag besprachen, sagte ich, daß eine Erklärung für Doppelträume – das heißt das bewußte Wahrnehmen von zwei gleichzeitigen Träumen oder von einem Traum in einem anderen – die sein könnte, daß jede Großhirnhalbkugel (Hemisphäre) ihren besonderen Traum habe. Die beiden Träume würden dann versuchen, gemeinsam ins Bewußtsein zu gelangen.

Jeder Traum wäre dann für die Funktionen »seiner« Hemisphäre charakteristisch, so fügte ich hinzu, wie wir uns nämlich diese Funktionen zur Zeit vorstellen. Die Träume der linken Hemisphäre, die analytisch und intellektuell ist, würden diesen Eigenschaften Ausdruck geben; die Träume der mehr schöpferischen rechten Hemisphäre würden Symbole, die Kunst und Belange des Gefühlslebens beinhalten.

Während ich auf diese Weise leichthin und ohne jede Vorbereitung oder bewußtes Wissen sprach, erkannte ich, daß ich mir über den Brief unseres Freundes Gedanken gemacht hatte und daß auf diese Art spontan meine Ideen entstanden. Ich sagte weiter, daß die beiden Hemisphären zwar getrennt seien, sich aber im Hirnstamm über das Corpus callosum verbinden würden, was jeglichen Austausch zwischen ihnen ermögliche. Auf diese Weise würden sich im Doppeltraum die Beziehungen zwischen den beiden Träumen darstellen.

Jane schlug später vor, Seth um einen Kommentar zu diesem Thema zu bitten. Natürlich sind auch viele andere Erklärungen für Doppelträume denkbar.

Ich schrieb kurz darüber in den Anmerkungen zur 692sten Sitzung, die im ersten Band der »›Unknown‹ Reality« festgehalten sind.)

Guten Abend.

(»Guten Abend, Seth.«)

Nun zur Beantwortung eurer Fragen. Eure Erinnerungen, Gefühle, Emotionen sind zwar mit dem Körper verbunden und hinterlassen Spuren, und gleichwohl sind sie eigenständig.

Es ist, wie wenn die Ereignisse eures Lebens auf einem Film festgehalten wären. In diesem Fall wäre der Film das Gewebe des Körpers und des Gehirns. Die Erfahrungen an sich würden aber unabhängig vom Film existieren, der sie auf jeden Fall nicht in ihrer Ganzheit enthalten könnte.

Die Leistung eures Gehirns paßt sich sozusagen der Geschwindigkeit an, mit der ihr, als körperliche Wesen, die Ereignisse des Lebens wahrnehmt. Theoretisch könnten diese Ereignisse verlangsamt werden oder beschleunigt ablaufen. Man kann sagen, daß Ton und Bild, die Übereinstimmung der Dimensionen und so weiter synchronisiert werden. Das Bild läuft mehr oder weniger mit der gleichen Geschwindigkeit ab wie der Ton. Die physischen Sinne stimmen ein in einen dramatischen Sinnenchorus, in dem jede »Stimme« mit allen Sinnesmustern perfekt synchron ertönt, so daß in der Regel Harmonie und Kontinuität ohne peinliche Mißtöne vorherrschen.

Ähnliches gilt für eure Gedanken, die – wenn ihr auf sie lauscht – einer nach dem anderen zu kommen scheinen und mehr oder weniger dem Gefälle eurer äußeren Betätigung folgen. Wie ein Bildschirm gibt euch das Gehirn ein physisches Bild an die Hand in *(humorvoll)* lebendiger Stereoqualität eurer inneren Aktivitäten, die selbst nirgendwo verkörpert erscheinen.

(21.44 Uhr.) Euer Gehirn verschafft euch ein handliches und notwendiges Bezugssystem für euer körperliches Leben. Es stellt für euch in der »richtigen« Reihenfolge die Ereignisse zusammen, die, jenseits der Sinnesempfindungen auf viele andere Arten erfahren werden und auch andere Wahrnehmungsorganisationen benutzen *könnten*. Natürlich sind das Gehirn und alle beteiligten Organe des Körpers auf die Realität eures Planeten eingestimmt und verankern euch in der Zeit, und zwar zahllose Abläufe – molekulare, zelluläre und so weiter –, so daß diese mit den Ereignissen eurer Welt und des Weltgeschehens synchronisiert sind.

Das Gehirn organisiert Handlungen und übersetzt Ereignisse, ohne sie aber zu initiieren. Eure Instrumente registrieren nur bestimmte Ausschnitte der Hirnaktivität. Geistige Aktivität nehmen sie überhaupt nicht wahr, außer wenn sie auf das Gehirn einwirken.

Selbst Träume werden dem Gehirn so eingeprägt. Wenn beispielsweise ein Teil oder die ganze Hemisphäre des Großhirns aktiviert ist, dann ist auch der entsprechende Teil der anderen Hemisphäre aktiviert, wenngleich auf Ebenen, die den Wissenschaftlern entgehen. Es ist lächerlich, die eine oder andere Seite des Gehirns dominant zu nennen, nachdem der volle Reichtum der gesamten irdischen Erfahrung den Gebrauch beider Hälften erfordert. Dies gilt auch für das Träumen.

In Träumen ist jedoch das volle Bild der Sinne, das vom Gehirn projiziert und durch Körperaktivität verstärkt wird, keine Notwendigkeit. Traumerfahrungen erscheinen beim morgendlichen Erinnern oder im späteren Rückblick oft zusammenhanglos oder gegenstandslos, einfach weil sie sich in einer Komplexität ereignen, die das in seiner Leistungsfähigkeit überforderte Gehirn nicht handhaben kann.

Der Körper muß offensichtlich in der von euch *auserkorenen* Gegenwart reagieren; deshalb hält sich das Gehirn mit seinen schrittweisen neuralen Reaktionen genau an den Zeitablauf. Das gesamte »Paket« der physischen Realität hängt vom Timing beziehungsweise von der Synchronisierung der Sinnesempfindungen ab, die dem Körper die Gelegenheit gibt, folgerichtig zu handeln. In der Traumerfahrung sind die Sinne nicht so eingeschränkt. Geschehnisse der Vergangenheit, Gegenwart und Zukunft können ebenso sicher erfahren werden wie Geschehnisse, die von eurem Standpunkt aus als wahrscheinliche Ereignisse bezeichnet werden müssen, da sie eine physische Verwirklichung nicht erheischen.

Wegen der notwendigen Spezifizierungen des Gehirns können weite Bereiche eurer größeren Realität nicht unter seiner Schirmherrschaft stehen. Euer Hirn könnte die dorther kommenden Anstöße bestenfalls als Hintergrundgeräusch oder Summen wahrnehmen, das es nicht entziffern kann. Es ist der lebendige Geist, das nichtphysische Gegenstück des Gehirns, der entscheidet, welche Daten das Gehirn in dieser Hinsicht empfangen und verarbeiten soll. Bestimmte Hirnteile *(darunter der Hirnstamm und das limbische System)* sind die Zentren der Erinnerung. Im allgemeine sind dies wichtige Daten, denen jedoch keine bewußte Aufmerksamkeit gewidmet werden muß. Dies wäre auch gar nicht möglich, da diese Daten nicht in gewohnter Art in der Zeit verklammert sind, so daß auch die raffiniertest entwickelten Hirnteile sie nicht handhaben können.

(22.10 Uhr.) Das Wissen um die biologischen Wahrscheinlichkeiten des Körpers ist in bestimmten Hirnteilen gespeichert, und hier läuft auch die Aktivität ab, die in der zellulären Kommunikation zwischen den Spezies resultiert. Das Gehirn verfügt über eingebaute Kräfte, mit denen es sich in einem erstaunlichen Ausmaß anpassen kann, so daß ein Hirnteil von innen heraus die Aufgaben eines anderen Teils übernehmen und genausogut ausführen kann wie seine eigenen. Glaubensvorstellungen darüber, was möglich ist und was nicht, vermindern aber im Fall restriktiver Sicht diese Fähigkeit. Obwohl die Verbindungen des Nervensystems spezifisch sind und obwohl das erlernte biologische

Verhalten im Grunde dominiert, sind die Leistungen der Hirnteile von innen her austauschbar, weil sie vom lebendigen Geist dirigiert werden.

Es ist sehr schwer zu erklären und ist doch so, daß die Fähigkeit zu einem vollbewußten Leben jedem Teil des Körpers innewohnt. Anders wäre seine zeitliche Übereinstimmung gar nicht möglich. Euer Hirn verfügt über Fähigkeiten, die ihr nicht bewußt benutzt; Glaubensüberzeugungen hindern euch daran, die entsprechenden im Nervensystem möglichen Vorgänge auszulösen. Bestimmte Hirnteile scheinen nur wegen dieser Tatsache dominant. In der Vergangenheit haben andere Kulturen die Realität ziemlich anders erfahren, indem sie ihre Erfahrungen nach anderen Schwerpunkten aufbauten.

Beispielsweise kann die »Schärfe« des Träumens viel besser eingestellt werden, so daß zumindest ein Teil der Traumerfahrungen bewußt genutzt werden kann. Wenn dies der Fall ist, bedient ihr euch bewußt einer Erfahrung, die außerhalb physischer und intellektueller Erfahrung steht.

Ihr bringt Spuren von Erlebnissen in euer Bewußtsein, die vom Gehirn nicht in der gleichen Weise registriert wurden, wie dies *(mit Nachdruck)* bei wachbewußten Erlebnissen der Fall ist. In Träumen könnt ihr Erfahrungen machen, die nicht in der Zeit stattfinden. Der Traum selbst wird vom Gehirn im zeitlichen Ablauf des Traumgeschehens aufgezeichnet, und doch finden wir im Traum ein Zeitkontinuum, das »zeitlos« ist.

Manche Träume können die Erfahrung eines ganzen Lebens umfassen, obwohl der Traum an sich weniger als eine Stunde dauert. Träume sind gewissermaßen die unsichtbare Dichte eures Bewußtseins. Sie beziehen beide Großhirnhemisphären mit ein. Viele Träume wirken auf eine gespenstische Art, indem sie im Gehirn Reaktionen auslösen, die sonst nicht durchkämen. Sie führen nicht direkt zu Handlungen, wirken aber so, daß Handlungen vorweggenommen werden, die in der Zukunft statthaben werden.

(22.33 Uhr.) Träume sind so vielschichtig, daß eine umfassende Besprechung unmöglich ist. Obwohl Träume nicht notwendigerweise zu körperlichen Aktionen führen und obwohl das Gehirn nicht den gesamten Traum registriert, bewirken manche Träume dennoch biologische Vorgänge – beispielsweise in Form der Ausschüttung von Hormonen.

Es gibt auch Träume, die ich als »Körperträume« bezeichnen möchte. Kein Bewußtsein, gleich welchen Grades, manifestiert sich vollkommen in der Materie. Zwischen allen Teilen des Körpers besteht eine ständige Kommunikation, und diese Aktivität nimmt zu, wenn der Mensch geistig zerstreut ist. Dann mag sich das zelluläre Bewußtsein in einem Körpertraum äußern. Solche Träume enthalten weder Bilder noch Worte, sondern sind vielmehr elektromagnetische Formationen, welche die auszuführenden Handlungen vorwegnehmen, und diese mögen dann als Auslöser für Heilträume dienen, durch die auf höheren Bewußtseinsebenen bestimmte Krankheitssymptome bewußtgemacht werden.

Viele Probleme werden so durch Körperträume vorangekündigt und manche allein auf dieser Ebene geklärt.

Ihr könnt eure Pause machen.

(22.42 Uhr bis 23.10 Uhr.)

Nun: Wenn das Bewußtsein auch seine physische Ausrichtung genießt, ist es doch zu schöpferisch, um seine Aktivitäten darauf zu beschränken. Deshalb versorgen die Träume das Bewußtsein mit eigenen Möglichkeiten, schöpferisch zu spielen, wenn es nicht gerade so praktisch oder weltorientiert sein muß wie normalerweise, und Träume ermöglichen ihm, die ihm innewohnenden Fähigkeiten freier zu nutzen.

Viele Menschen erinnern sich doppelter oder dreifacher Träume. Sie sind überzeugt, gleichzeitig zwei oder drei Träume durchlebt zu haben. Zum Zeitpunkt des Erwachens scheinen dann solche Träume gewöhnlich in den einen überzugehen, der prädominant ist, während den anderen nur untergeordnete Bedeutung zukommt, obwohl der Träumende sicher ist, daß die Träume im Augenblick zuvor noch von gleicher Intensität waren. Solche Träume sind repräsentativ für die große Kreativität des Bewußtseins und weisen auf seine Fähigkeit hin, gleichzeitig mehr als eine Erfahrungslinie zu verfolgen, ohne die Spur seiner selbst zu verlieren.

Im physischen Leben müßt ihr jedoch im allgemeinen das eine oder das andere tun. Natürlich ist dies eine Vereinfachung, da ihr mehr oder weniger gleichzeitig eine Orange essen, fernsehen, euren Fuß kratzen und den Hund anbrüllen könnt. Ihr könnt jedoch nicht gleichzeitig in Boston und in San Franzisko oder einundzwanzig und elf Jahre alt sein.

In Doppel- oder Dreifachträumen offenbart das Bewußtsein seine transparente und simultane Natur. Zur gleichen Zeit können wir verschiedenen Traumerfahrungen folgen, von denen jede in sich vollständig ist; aber wenn der Träumende »zu den Tatsachen« erwacht, kann diese Erfahrung vom Nervensystem nicht übersetzt werden. Deshalb wird ein Traum prädominant, während die anderen mehr oder weniger zu Geisterbildern verblassen.

Es gibt zu viele verschiedene Träume dieser Art, als daß sie hier besprochen werden könnten. Gemeinsam ist ihnen, daß sie alle mit dem sich auflösenden Bewußtsein zu tun haben, das aber seine Identität behält, während es die wildesten Loopings macht. Diese Träume weisen auf die *wahren* Bewußtseinsdimensionen hin, die euch gewöhnlich entgehen. Ihr formt tatsächlich eure eigene Welt auf die selbe Weise, indem nämlich die *eine* Welt vor allen anderen Erfahrungen prädominant ist und auf dem Bildschirm eures Gehirns erscheint.

Nehmt ein einfaches Ereignis wie das Essen einer Orange. Stellt euch spielerisch vor, wie dieses Geschehen von den Zellen eures Körpers ausgelegt wird. Wie wird die Orange wahrgenommen? Sie mag von euren Fingerspitzen direkt gefühlt werden. Aber sind sich die Zellen in euren Füßen ihrer bewußt? Wissen die Zellen in eurem Knie, daß ihr eine Orange eßt?

Nehmt euch beliebig viel Zeit. Erforscht, wie ihr bewußt über eure Sinne die Orange wahrnehmt. Befaßt euch mit ihrem Geschmack, ihrem Geruch und ihrer Form. Tut dies wiederum spielerisch und laßt euch genügend Zeit. Laßt dann eure Assoziationen im Geiste fließen. Woran erinnert euch die Orange? Wann habt ihr zum erstenmal eine gesehen oder gekostet. Habt ihr je gesehen, wie Orangen blühen und wachsen? Woran erinnert euch ihre Farbe?

Tut so, als ob ihr einen Traum hättet, der mit dem Bild einer Orange beginnt. Folgt im Geiste diesem Traum. Als nächstes nehmt ihr an, daß ihr von diesem Traum aufwacht, um zu erkennen, daß gleichzeitig ein anderer Traum ablief, und nun fragt euch schnell, was dieser Traum war. Wenn ihr diese Übung in der angegebenen Reihenfolge durchführt, wird sie euch erlauben, sozusagen mit eurem Bewußtsein Sprünge zu machen und es beim »Kommen und Gehen« zu erwischen. Und die letzte Frage – Wovon habt ihr noch geträumt? – sollte eine völlig neue Folge von Bildern und Gedanken in euren Geist bringen über ein Geschehen, das sich tatsächlich zur gleichen Zeit ereignete wie euer Tagtraum über die Orange.

Die Durchführung dieser Übungen und das damit verbundene Gefühl machen ihren Wert aus. Ihr verändert ein schöpferisches Bewußtsein, eure Bewußtheit. Ihr existiert außerhalb eurer Alltagsrealität. Doch solche Aussagen sind, praktisch gesehen, bedeutungslos, solange ihr euch nicht die Freiheit einräumt, Erlebnisse außerhalb des zu engen Rahmens dieser Alltagsrealität zu haben. Derartige Übungen erlauben euch, neue Erfahrungen auf eine frischere Art zu sammeln.

Ein Doppeltraum ist wie das Doppelleben eines Menschen, der zwei Familien hat – in jeder Stadt eine – und in scheinbar verschiedene Geschehen verwickelt ist, die doch nur er allein durchlebt – was andere Leute höchst verwirrend finden würden. Während der Körper nur bestimmten Sequenzen folgen kann, verfügt das Bewußtsein über innere Handlungstiefen, die sich nicht an der Oberfläche der Erfahrungen zeigen. Doppelträume sind Schlüssel zu solchen Vorgängen.

Während jedes Individuum im allgemeinen einer bestimmten Bewußtseinsleitlinie folgt und seine Bewußtheit mit seinem »Ich« identifiziert, gibt es unter der Oberfläche andere, alternative Erfahrungen. Sie sind Ausdruck der gleichen Identität, aber sie stehen nicht im Brennpunkt. Der Körper muß über ein klares, direktes Handlungsmotiv verfügen.

(23.41 Uhr.) Die Leitlinien des Bewußtseins sind wie Doppelträume, die sich fortsetzen. Sie dienen auch dem Selbst als Rahmen. In Augenblicken des Stresses oder großer Herausforderung mag das Selbst jene anderen Bewußtseinsleitlinien spüren und erkennen, daß eine vollere Erfahrung, eine größere psychologische Breite oder Dichte, möglich ist. Im Traumzustand mag das selbst gelegentlich seine Wahrnehmung genügend erweitern, um von diesen »Aktivposten« seiner Identität zu profitieren. Das geschieht bisweilen in Doppel- oder Dreifachträumen. Das Bewußtsein sucht sich immer die ergiebigste, schöpferischste Form, wobei es gleichwohl seine Identität immer bewahrt. Die Imagination, das Spielen, künstlerisches Arbeiten und Träumen sind besonders geeignet, euer Bewußtsein zu erweitern und zu bereichern.

Diese Sitzung ist also Buchdiktat und gleichzeitig die Antwort auf eure Frage. Und *(humorvoll)* sie ist ein Beispiel für eine Doppelsitzung. Wenn ihr nun keine Fragen mehr habt –

(»Nein.«)

– wünsche ich euch einen doppelt guten Abend und hoffe, daß ihr ein paar hervorragende Doppelträume habt.

(»Das hoffe ich auch, Seth. Vielen Dank und eine gute Nacht.«)

(23.49 Uhr. Mittlerweile sollte klar sein, daß diese Sitzung auf hervorragende Weise zeigt, wie Seth oft unsere Fragen und Überlegungen in sein Buchdiktat einflicht, indem er seine

Antworten so abfaßt, daß sie auch in den Rahmen seiner Anliegen passen. Selbst wenn unser beider Privatleben manchmal in Seths Material einfließt, verfolgt er doch unbeirrt das Thema, das er sich vorgenommen hat.)

Sitzung 795, Montag, den 28. Februar 1977

(Jane und ich hatten das Originalmanuskript des ersten Bandes von »›Unknown‹ Reality« überarbeitet, das uns zu diesem Zweck zurückgeschickt worden war, nachdem es der Herausgeber unseres Verlages durchgegangen war. Wenige Menschen sind sich, glaube ich, der vielen Stufen bewußt, die erst zu einer Buchveröffentlichung führen, obschon der Text längst geschrieben ist. So werden wir erst später noch, nach Fertigstellung des Satzes durch die Druckerei, einen Abzug erhalten, den wir, im Schritt mit dem Verlagslektor, werden korrigieren müssen. Bei Übersetzungen kommen noch zwei, drei Stufen dazu.

Und eines Tages wird auch diese Sitzung – der ganze Text der »Natur der Psyche« – den selben Prozeß durchlaufen. – 21.33 Uhr.)

Nun: Guten Abend.

(»Guten Abend, Seth.«)

Diktat: In ihrem Spiel vertauschen Kinder oft imaginativ ihr Geschlecht. Das junge Selbst ist in der Bewußtheit seiner Eigenart freier; man hat ihm noch nicht beigebracht, seine Persönlichkeit ausschließlich seinem Geschlecht gleichzusetzen. In ihren Träumen setzen die Kinder ihre Spiele fort, so daß ein Junge Traumerfahrungen als Mädchen, ein Mädchen als Knabe machen kann. Wie im Spiel sind auch im Traum Variationen sehr häufig. Das kleine Kind träumt beispielsweise oft von seiner eigenen Zukunft und gelangt so zu einer psychologischen Projektion in die Zukunft seines Lebens. Die Erwachsenen hingegen zensurieren ihre Träume. So können sie sich an Wechsel oder Maskierungen der sexuellen Eigenart kaum erinnern.

Spielt dann doch dieses Spiel, indem ihr so tut, als ob ihr anderen Geschlechts wärt. Tut dies nach einer Begegnung, in der Konventionen in bezug auf die Sexualität eine Rolle gespielt haben.

Fragt euch, wie viele eurer gegenwärtigen Überzeugungen anders wären, wenn ihr dem anderen Geschlecht angehören würdet. Wenn ihr ein Elternteil seid, dann stellt euch vor, euer Partner zu sein, und betrachtet eure Kinder aus dieser Rolle heraus.

Eure Glaubensüberzeugungen, die ihr hinsichtlich Träumen hegt, färben natürlich eure Erinnerung und eure Deutung, so daß ihr beim Aufwachen, mit seiner wundervollen psychologischen Duplizität, oft noch in letzter Minute Korrekturen anbringt, um eure Träume besser in Übereinstimmung mit euren bewußten Erwartungen zu bringen. Die sexuellen Symbole, die Traumbildern oft anhaften, sind beispielsweise Vereinfachungen. Sie programmieren euch, eure Träume in bestimmter Richtung auszulegen.

(21.45 Uhr.) Gönnt uns einen Moment . . . Als Spezies verfügt ihr über ein »Traumgedächtnis« mit bestimmten natürlichen Symbolen. Diese werden, in vielen Variationen, individuell erfahren. Die Untersuchungen, die mit Männern und Frauen durchgeführt wurden, sind aber nicht vorurteilsfrei, weder seitens der Tester noch seitens der Träumenden. Im allgemeinen erinnern sich Männer an »maskuline« Träume, wogegen sich die Frauen in entsprechender Weise an Träume erinnern, von denen sie glauben, daß sie – nach ihren Glaubensvorstellungen – ihrem Geschlecht entsprechen.

Oft programmieren die Menschen ihr Wachgedächtnis genau gleich. Die Psyche kennt aber, um es noch einmal zu sagen, eine sexuelle Festlegung nicht, sondern sie ist jene viel umfassendere psychische und psychologische Bank von Potentialen, von der alle Versionen der Sexualität herrühren. Sie steht einer Ablehnung der Sexualität fern. Im Gegenteil: sie ist eine Kombination all jener »Ingredienzen«, die als männlich und weiblich betrachtet werden.

Sexuell und psychologisch ist die menschliche Persönlichkeit mit einer Freiheit versehen, die über eine starre sexuelle Ausrichtung hinausgeht. Dies hat zum Überleben der menschlichen Spezies beigetragen, indem geistige oder psychische Fähigkeiten nicht zwei entgegengesetzten Lagern zugeschlagen wurden. Abgesehen von den Fortpflanzungsvorgängen ist die Menschheit vollkommen frei, ihre psychologischen Charakteristika in beliebiger Weise zu arrangieren. Es gibt keine innere Programmierung, die etwas anderes verlangen würde.

Anhand von Träumen ist diese psychologische Komplexität bedeutend leichter zu erkennen. Infolge ihrer Programmierung halten sich viele Menschen von den natürlichsten und harmlosesten Verhaltensimpulsen zurück und verleihen diesen dann oft im Traumzustand Ausdruck. Diese Träume gehören aber zu denen, die am wenigsten erinnert werden – da die Zensur so selbstverständlich ist. Ein Beispiel dafür sind aggressive Tendenzen im Traum des Mannes. Aggression wurde vielfach sogar als eine grundlegende Eigenschaft der Menschheit selbst bezeichnet. Das ist natürlich eine übertriebene, angelernte und ihrerseits aggressive Ansicht. Aggressivität ist für eure Spezies nicht natürlich und wird von anderen Spezien dementsprechend interpretiert.

Die künstlich gezüchtete Aggressivität hat im Grunde auch nichts mit dem Überlebenskampf zu tun. Sie ist vielmehr ein direktes Ergebnis der Tatsache, daß der Mann gelernt hat, in sich bestimmte grundlegende Gefühle zu verleugnen. Dies bedeutet, daß er einen Teil seiner eigenen Menschlichkeit verleugnet und deshalb gezwungen ist, die ihm verbleibenden Emotionen übermäßig stark zu betonen. Die Gründe für dieses verkehrte Verhalten sind bereits verschiedentlich erörtert worden.

Der Mann nahm damit aber eine Art Bewußtseinsverengung auf sich, die, wenn sie zu weit geht, zu schlimmen Auswüchsen führt. In eurer Zeit und eurer Gesellschaft ist der Mann nur in seinen Träumen frei, fassungslos zu weinen, irgendeine Art der Abhängigkeit zuzugeben, und nur bei seltenen Gelegenheiten und im höchstprivaten Rahmen kann er seine Liebesgefühle ausdrücken.

Seine Wut gelangt als Aggression nach außen. Es ist jedoch der größte Unsinn, diese künstliche Aggression ganz allgemein nach außen auf das Tierreich projizieren zu wollen. Solche Glaubensvorstellungen beeinflussen indessen unsichtbar eure Untersuchungen, und – was noch schlimmer ist – sie tragen dazu bei, die Vorgänge in der Natur selbst zu mißdeuten.

Diejenigen, die glauben, die Natur »mit den reinen Augen größter Objektivität« zu sehen, erweisen sich als jene, die aufgrund ihrer subjektiven Glaubensvorstellungen am meisten blind sind. Sie können nicht durch ihre eigenen Fehlinterpretationen hindurchsehen. Es ist sattsam bekannt, daß man mit einer Statistik eine Tatsache beweisen und mit einer zweiten Statistik deren Gegenteil beweisen kann. Auch die Tatsachen der Natur können auf ganz verschiedene Arten gelesen werden, je nachdem wie der durch Glaubensüberzeugungen geprägte menschliche Geist die Sache organisiert. Der äußere Kern der Träume wird auf die selbe Art verunstaltet; aber der innere Kern liefert ständig neues Material, wertvolle innere Rückmeldungen, Einsichten der Psyche. Der Mensch ist nicht nur auf die Rückmeldungen aus der Umwelt und seine äußere Erfahrung angewiesen.

Träume sind eine Quelle intuitiver Einsichten. Selbst wenn ihr euch solcher Träume nicht erinnert, habt ihr sie doch. Sie sind für die Kreativität und den Erfindergeist der Menschheit verantwortlich und liefern euch neue Einsichten, die im Leben genutzt werden können.

Ihr könnt Pause machen.

(22.17 Uhr bis 22.39 Uhr.)

Diktat. Nun: Wie die Menschheit nach euren Begriffen eine äußere Vergangenheit hat, so verfügt sie auch über eine psychologische Vergangenheit. Keine Erfahrung geht je verloren. Selbst Intimstes findet Eingang in der Massenpsyche.

Für den Augenblick erkläre ich dies in Begriffen der Vergangenheit, Gegenwart und Zukunft. Manches könnt ihr nur verstehen, wenn es euch in dieser Weise präsentiert wird. Jeder von euch wird mit dem Wissen von dem geboren, was sich früher ereignet hat. Euer Gehirn ist keine leere Schiefertafel, die der Beschriftung in Form eurer Erfahrungen harrt; sie ist schon mit gültigen »Gleichungen« versehen, die euch sagen, wer ihr seid und woher ihr kommt. Genausowenig wischt ihr, symbolisch gesprochen, diese Tafel sauber, bevor ihr euer Leben auf ihr einschreibt. Ihr setzt vielmehr die Aufzeichnungen fort, die schon vorhanden sind: die Erfahrungen eurer Vorfahren bis zurück – wie ihr es seht – in urdenkliche Zeiten.

Das Individuum kommt mit einer zum Menschsein geeigneten Ausrüstung zur Welt, mit bestimmten Anlagen, Neigungen und Tendenzen für seine Entwicklung. Es weiß, wie menschliche Stimmen klingen, auch wenn sein Ohr noch nie eine Stimme gehört hat. Ihm wohnt auch der Wille inne, Zivilisationen zu schaffen – wie beispielsweise Biber Dämme erbauen wollen.

Die Träume der Kinder aktivieren psychologische Mechanismen in einem Alter, das ein umfassendes Wissen über ihre Umwelt ausschließt. In ihren Träumen erhalten sie über diese Umwelt Aufschluß.

Natürlich sind auch physische Rückmeldungen für die Entwicklung notwendig, und ein Kind, das dieser entbehrt, wird nicht voll heranreifen. Die Traumentwicklung folgt inneren Mustern, die das Wachstum des Kindes fördern und seine Entwicklung stimulieren. Es gibt in der Kindheit sogar Schlüsselträume, die dazu dienen, notwendige hormonale Funktionen auszulösen. Im Traum geht und läuft das Kind, lange bevor es physisch soweit ist. Die Träume dienen ihm als Antrieb zur Koordination und Entwicklung der Muskeln.

Auch die Sprache wird von den Kindern im Traumzustand geübt, und tatsächlich lernen Kinder aufgrund dieses Übens viel schneller fließend sprechen, als dies sonst möglich wäre.

Die Traumwelt treibt die Entwicklung so schnell voran, daß die physische Erfahrung nicht Schritt halten kann. In seiner Traumwelt fühlt sich das Kind lange auch sicherer. Ohne Träumen gäbe es kein Lernen und auch kein Gedächtnis.

In den Träumen werden Erlebnisse verarbeitet. Dies geschieht in Augenblicken, in denen das Bewußtsein von der Verstrickung mit physischem Geschehen gelöst ist. Träume dämpfen durchstandene Tageserlebnisse. Oft tritt auch die wahre Bedeutung eines Geschehens erst zutage, wenn dieses in einem Traum, entsprechend interpretiert, neu erfahren wurde.

Da die Träume den Gesetzmäßigkeiten der Assoziation folgen, durchbrechen sie die Zeitbarrieren und ermöglichen dem Individuum, Erfahrungen aus verschiedensten Perioden seines Lebens zu mischen, zu verknüpfen und zu vergleichen. All dies geschieht wie ein Kinderspiel durch die Schaffung schöpferischer Traumschauspiele, in denen das Individuum eine Million von Rollen frei spielen und die Natur wahrscheinlicher Ereignisse spielerisch erproben kann.

(23.05 Uhr.) Im Spiel unterwerfen sich die Kinder vorübergehend bestimmten Regeln und Bedingungen. Das Kind kann jedoch jederzeit aufhören. Das Spielgeschehen kann mit unterschiedlicher Intensität erlebt werden, doch nimmt sie im allgemeinen rasch ab, wenn das Spiel vorüber ist. Das Kind spielt einen Erwachsenen, wird aber sogleich wieder zum Kind, wenn die Eltern rufen. Die Wirkung des Spiels ist also nicht von langer Dauer. Und doch ist das Spiel ein wichtiger Bestandteil des kindlichen Lebens, denn Spiele beeinflussen die Art, wie sich das Kind mit anderen in Beziehung setzt. Auch im Traum wirken die Geschehnisse nur innerhalb des Traumes. Der angriffsbereite Bär verschwindet oder verliert zumindest seine Gefährlichkeit, wenn ihr die Augen öffnet; er jagt euch nicht im Schlafzimmer herum.

Die große Anpassungsfähigkeit des Menschen in seiner Reaktion auf wie immer geartetes Geschehen hängt in hohem Maße von der Fähigkeit zu träumen ab. Im Traumzustand probiert der Mensch wahrscheinliche Reaktionen auf wahrscheinliche Ereignisse aus und ist deshalb besser auf »zukünftige« Verhaltenserfordernisse vorbereitet.

Wie ihr schon wißt, nimmt auch das Bewußtsein der Zellen an den Träumen teil. Die Zellen sind an den Erfahrungen des Körpers und der Psyche gleichermaßen interessiert. Rückmeldungen aus der physischen Umwelt können eine alarmierenden Traum auslösen, der das Individuum aufwachen läßt.

Bestimmte Chemikalien können durch Veränderungen der Zellen das Träumen beeinflussen. Die meisten Schlafmittel sind schädlich, weil sie im Schlaf die natürlichen Reaktionen des Körpers auf seine Umgebung hemmen und die intime Beziehung zwischen dem träumenden Geist und dem schlafenden Körper abtöten.

Da eure Ansichten das, was logisch ist, sehr beschränken, glaubt ihr, daß das träumende Selbst weder kritisch noch logisch sei. Es arbeitet jedoch mit einem erstaunlichen Unterscheidungsvermögen und einer bemerkenswerten Präzision: es beurteilt Daten, weist bestimmte den betroffenen Körperteilen zu und prägt das Gedächtnis. Richtig ist nur, daß Schlaftabletten das Träumen in seinen wichtigen Funktionen behindern. Es ist eine Tatsache, daß Träume hochgradig schöpferisch sind. Sie verdanken diese Qualität nicht nur ihrer stark intuitiven Grundlage, sondern sie kommen auch dank einer Logik zustande, die eure Vorstellungen von Logik weit übersteigt. Am Aufbau des Traumgeschehens sind assoziative Prozesse beteiligt, die präzis zusammenkommen.

Ihr könnt Pause machen.

(23.15 Uhr bis 23.33 Uhr.)

Es sollte selbstverständlich klar sein, daß Träumen nichts Passives anhaftet. Manche Träume können es in ihrer Intensität und sogar in ihrer Wirkung durchaus mit physisch durchlebten Erfahrungen aufnehmen. Sie verlangen von Geist und Körper eine äußerst aktives, harmonisches Zusammenspiel und ermöglichen dem Individuum Erfahrungen, die es sonst nicht machen könnte.

Natürliche anregende Genußmittel – wie Kaffee oder Tee – haben, wenn sie in geringen Mengen vor dem Zubettgehen eingenommen werden, eine wohltuende, stimulierende Wirkung auf die Traumaktivität und die Erinnerungsfähigkeit. Zu große Mengen halten euch natürlich bloß wach. Der Genuß geringer Mengen zu einer Zeit, da ihr schon müde seid, mag hingegen euer Bewußtsein leichter in den Traumzustand überführen, in dem es ein »angeregter Beobachter« bleibt.

Auch eine geringe Menge Alkohol kann dabei behilflich sein. Alles, was eure Agilität unterdrückt, wird auch eure Träume unterdrücken. Wie ja bekannt ist, wird jeder, der nicht genug träumen kann, im Wachzustand zu halluzinieren beginnen, weil sich zu viele Erfahrungen angesammelt haben, die verarbeitet werden müssen. Viele sekundäre hormonale Prozesse finden ausschließlich im Traumzustand statt. Auch werden das zelluläre Wachstum und die Revitalisierung beschleunigt, während der Körper schläft.

Ende des Diktats. Gönnt uns einen Augenblick . . .

(23.44 Uhr. Nachdem Seth noch eine Seite für Jane und mich diktiert hatte, beendigte er die Sitzung um 23.56 Uhr.)

11
Universum und Psyche

•

Sitzung 796, Montag, den 7. März 1977

(Die erste Hälfte dieser Sitzung bezog sich auf einen Traum, den Jane letzte Nacht gehabt und heute selbst gedeutet hatte. Obwohl dies nicht zum Buch gehört, geben wir hier einen Teil von Seths Kommentar wieder, weil dieser von allgemeinem Interesse ist und auch zu seinem bereits mitgeteilten Material über Träume paßt.

Die weitere Sitzung war die Antwort auf eine Diskussion über die Evolution, die Jane und ich vorher geführt hatten. Diese ergab sich infolge einer Notiz, die ich für den zweiten Band von »›Unknown‹ Reality« schreibe. Ich werde einen Teil von Seths Material in jene Anmerkung miteinbeziehen.

Wir hatten nicht mit diesen Themen gerechnet, nachdem wir ihn nicht gebeten hatten, dazu Stellung zu nehmen. Seths Darstellungen geben über beides klar Auskunft. Zuerst ging er auf Janes Traum an sich ein, um dann um 21.52 Uhr fortzufahren.)

Es trifft nicht oft genug – oder besser selten genug – zu, daß tiefe emotionale Ängste nur ein- oder zweimal erfahren werden. Diesen muß mehr oder weniger direkt begegnet werden. Sonst decken die alten Gewohnheiten solche Ängste wieder zu.

Ruburts Traum machte ein bewußtes emotionales Erfahren der Angst möglich – aber zudem ermöglichte er, die Angst auszudrücken und eine Lösung für ein tiefsitzendes Gefühlsproblem zu finden. In Ruburts Fall handelte es sich um die rein gefühlsmäßige Erfahrung, daß das Leben nicht v o n den Eltern, aber d u r c h die Eltern vom L e b e n selbst erhalten wird – vom All-das-was-ist, vom Ungebundenen.

Den zweiten Teil des Traumes, die Lösung, hatte Ruburt zuvor weder bewußt noch gefühlsmäßig erfahren. Er besaß die Lösung intellektuell; aber sie paßte nicht zu seiner emotionalen Gleichung, bevor der Traum das scheinbar Gegensätzliche verband. Ihr könnt Gefühlsrealitäten nicht logisch-mathematisch erklären.

Gelegentlich werden beispielsweise anhaltende Krankheiten plötzlich durch einen Traum geheilt. Sehr oft aber beugen Träume chronischen Krankheiten vor, indem sie als ständige Heilanstöße laufend unscheinbare, aber wichtige persönliche Einsichten hervorbringen.

Dies bedeutet, daß Träume die beste Präventivmedizin sind. Manche psychologische Konflikte erheischen klares Licht und bewußtes Verstehen der Probleme. Andere Störungen aber laufen ohne bewußte Teilnahme ab, und diese werden oft auf rein physischer Ebene ohne bewußtes Eingreifen geklärt oder geheilt. Wie der Körper unwillkürliche Abläufe ohne euer bewußtes Wissen von den Vorgängen steuert und handhabt, so löst die Arbeit eures psychologischen Systems oft automatisch »seine eigenen Probleme« mit Träumen, deren ihr euch nicht bewußt seid.

Ihr könntet mit einer vollständigen Traumerinnerung gar nicht umgehen. *(Mit leisem Lachen:)* In eurem Wachbewußtsein seid ihr nicht in der Lage, mit den psychologischen Tiefen und den Reichtümern umzugehen, die diese Aktivitäten enthüllen. Einmal könnte, realistisch oder vielmehr praktisch gesprochen, eure Konzeption der Zeit, so wie ihr sie verteidigt, wenn ihr euch der Träume vollständig erinnern würdet, im Leben nur schwer aufrechterhalten werden. Dies bedeutet nicht, daß eine weit bessere Erinnerung der Träume nicht zu eurem Vorteil wäre. Dem ist mit Sicherheit so. Ich will bloß erklären, warum ihr euch so vieler Träume nicht erinnert.

Wenn auch die größeren Zusammenhänge weitgehend im verborgenen bleiben, stößt der Durchschnittsmensch immerhin oft auf Traumfragmente, die den Schichten unterhalb der normalen Bewußtseinsschwelle entstammen, und erfährt – ohne sie als das zu erkennen, was sie sind – statt dessen

Impulse, an einem bestimmten Tag dies oder jenes zu tun, dies oder jenes zu essen oder auf etwas zu verzichten. Ein einfaches Beispiel ist auch die Geschichte einer Frau, die, ohne sich an einen entsprechenden Traum zu erinnern, beschließt, ohne einen bestimmten Grund eine Flugreise abzusagen, um später zu entdecken, daß »ihr« Flugzeug abgestürzt ist. Der Impuls zur Absage mag akzeptabel beziehungsweise vernünftig erklärt werden können – oder nicht. Einerseits kann man sagen, daß jener Frau einfach impulsiv eine Warnung zukam, und man könnte das mit außersinnlicher Wahrnehmung erklären; andererseits könnte man auch sagen, daß der Impuls einfach als eine normale, logische Veränderung ihrer Pläne erklärt werden kann.

(22.17 Uhr.) Wir halten es für sicher, daß ein vergessener Traum die Flugzeugkatastrophe als Wahrscheinlichkeit miteinbezogen hat. Diese Information wurde unbewußt verarbeitet, die Wahrscheinlichkeit wurde in Betracht gezogen und verworfen: Psychologisch oder physisch war die Frau nicht bereit zu sterben. Andere Menschen hatten aufgrund des gleichen inneren Wissens herausgefunden, daß der Tod die akzeptierte Wahrscheinlichkeit war. Dies bedeutet natürlich nicht, daß es auch nur einer jener Menschen, die dann später den Tod fanden, es hätte ertragen können, seine eigene Entscheidung zu kennen – oder daß er das Flugzeug im vollen Wissen um die Konsequenzen hätte besteigen können.

Und doch ist eine solche innere Entscheidung der bewußten Persönlichkeit nicht aufgezwungen, denn diese war zu verschiedensten Zeiten in vergleichbaren Lebenslagen wiederholt nahe daran gewesen, die Idee des Todes gerade an diesem besonderen Punkt des Lebens anzunehmen.

Das bedeutet nicht, daß Menschen, denen dies widerfährt, in gleicher Weise Selbstmord begehen wie jene, die ihrem Leben freiwillig selbst ein Ende setzen. Aber man kann sagen: Sie hielten in einer einzigartigen psychologischen Manipulation nicht mehr auf die gleiche Art am Leben fest wie zuvor. Sie überließen ihr

Leben sozusagen dem Schicksal, indem sie sich nicht mehr wie zuvor sagten: »Ich will leben«, sondern: »Ich will leben oder sterben, wie das Schicksal entscheidet.«

Sie könnten an die Stelle des »Schicksals« selbstverständlich auch andere Begriffe gesetzt haben. Worauf es ankommt: der vitale, persönliche, direkte und affirmative Wille zu leben war nicht mehr vorhanden. Sie waren auf eine andere Realität ausgerichtet und dafür bereit.

Das menschliche Bewußtsein kann nun aber nur beschränkt Informationen aufnehmen. Das Leben, das ihr kennt, könnte es nicht geben, wenn, wie ihr es versteht, alles bewußt wäre. Wie ich euch gesagt habe, existiert das süße Paket der physischen Realität ebensosehr infolge dessen, was es nicht miteinschließt, wie durch eure Erfahrungen. In einem wichtigen Sinn ermöglichen eure Träume euer Leben, indem sie nämlich euer psychologisches Leben automatisch ordnen, wie auch euer physischer Körper automatisch für euch geordnet wird. Ihr könnt große Fortschritte machen, wenn ihr euch an eure Träume erinnert und sie versteht und wenn ihr bewußt strebt, in größerem Ausmaß an ihnen teilzuhaben. Aber ihr könnt euch nicht vollständig aller eurer Träume bewußt werden und gleichzeitig euren normalen physischen Zustand beibehalten.

Eure Zivilisation hat versäumt, aus den Träumen größeren Nutzen zu ziehen. Euer Bewußtsein wäre tatsächlich fähig, sich der Träume besser zu erinnern, als ihr dies zuläßt. Ein entsprechendes Training würde die Dimensionen eures Lebens unschätzbar bereichern.

Gönnt uns einen Moment ... *(Mit viel Humor:)* Die Frage nach dem Traum war gut, und wie ihr seht, hatte ich auch eine gute Antwort.

(»Das stimmt ...«)

Ruburt mußte wissen, wovor er Angst hatte, und seine Traumauslegung lieferte ihm dieses Wissen, so daß er damit umgehen konnte. Es war die – natürlich nicht gewählte – Todesangst, die Angst, daß er nicht genügend tun würde, um seiner Mutter für sein Leben zurückzuzahlen, das ihm magisch gegeben worden war und das ihm die Mutter in einer magischen »Gleichung« wieder wegnehmen konnte. Aber die Mutter schenkte ihm n i c h t das Leben. Das Leben kam von dem All-einen, vom Geist des Lebens selbst, und es wurde freiwillig gegeben. Niemand kann es zurücknehmen, und niemand und keine Kraft kann es bedrohen, solange dieses Leben nicht seinen Zweck erfüllt hat und beschließt weiterzureisen.

(Als Seth gab Jane den ganzen Abschnitt sehr kräftig wieder.)

Ruburt spürte, daß es nicht sicher war, nur seinem Gefühl freien Lauf zu lassen, da dies den Tod hätte bedeuten können. Das Leben ist Ausdruck. Es entsteht aus seiner eigenen Kraft heraus, und keine Macht stellt sich ihm entgegen und bedroht es. Wie ihr es seht, scheint der Tod ein Ende zu sein, aber er ist vielmehr ein Übergang des Lebens in eine andere Form.

Dies bringt mich ganz natürlich zu meinem nächsten Thema *(über unsere Frage zur Evolution).*

Zuerst muß ich sagen, daß es schwierig ist, das Leben in Worte zu fassen, zu definieren. Es scheint lebendige und nichtlebendige, also tote Materie zu geben, was in euch die Frage aufwerfen mag: Wie wird tote Materie wieder lebendig?

(Mit einem Lachen:) Ihr könnt Pause machen. Das ist der Aufhänger.

(22.42 Uhr bis 22.53 Uhr.)

Es gibt keine tote Materie. Es gibt nur ein Kriterium, dem zufolge eurer Ansicht nach die Eigenschaften festgelegt sind, die ihr dem Leben oder dem lebendigen Zustand zuschreibt. Dieses Kriterium wird in Anforderungen ersichtlich, die ihr ziemlich willkürlich aufgestellt habt.

Dies erschwert jede Diskussion beträchtlich. Es gibt tatsächlich kein Kriterium, keine Grenze, keinen bestimmten Punkt, an dem das Leben der »toten« Materie eingegeben wurde. Es gibt keinen Punkt, an dem das Bewußtsein entstand. Bewußtsein ist im kleinsten Teilchen enthalten, welcher Art auch seine Lebensbedingungen sein mögen oder wie sehr es auch der Bedingungen entbehren mag, die ihr dem Lebendigen setzt.

Gönnt uns einen Augenblick ... Wenn wir uns an die Begriffe der Kontinuität halten müssen – was ich bedaure –, dann könnt ihr nach Kriterien dieser Begriffe sagen, daß das Leben im physischen Universum, auf eurem Planeten, spontan in einer großen Anzahl von Spezien gleichzeitig »begann«. Ich gehe langsam voran, um das Material möglichst klar darzulegen.

(23.01 Uhr. Janes Wiedergabe war sehr langsam. Sie machte viele, zum Teil lange Pausen. Ihre Augen blieben die meiste Zeit geschlossen. Was Seth über die spontanen Anfänge des Lebens sagte, überraschte mich ...)

Vollentwickelte Menschen – das heißt ihr Intellekt, ihre Emotionen, ihr Wille waren voll entwickelt – lebten, wie ihr es versteht g l e i c h z e i t i g mit jenen Geschöpfen, von denen man annimmt, daß sie die stammesgeschichtlichen Anzestoren der Menschen gewesen sind. Spezies kamen und gingen, von denen ihr nichts wißt. Es gab beispielsweise »Affen« oder Lebewesen im Mensch-Tier-Feld – nicht eigentlich Hominiden –, die ihre eigenen »Zivilisationen« schufen. Sie benutzten Werkzeuge. Sie repräsentierten nicht die zukünftigen Menschen, und sie entwickelten sich auch nicht in dieser Richtung.

Man kann nicht sagen, daß sie sich nicht entwickelten oder daß ihr Fortschritt in eine Sackgasse führte, denn dies ist nicht der Fall. In ihrer Realität erforschten sie die Verzweigungen des Tierseins auf eine ganz andere Art. Ihre Entwicklung weist zu derjenigen des Menschen viele Parallelen auf. Sie lebten gleichzeitig wie der Mensch auf der Erde und teilten sich in ihre Umwelt ...

Ich habe diese Lebewesen verschiedentlich als »Medizinmänner« der Tiere bezeichnet. Die Menschen lernten von ihnen. Die Bedeutung vieler meiner Aussagen über die

»Vergangenheit« bleibt unerkannt – oder vielleicht tönen die Worte zu einfach –; aber ich möchte sagen, daß es tatsächlich andere Lebensformen gibt beziehungsweise gab, die ihr nicht wahrnehmt. Das liegt zumeist an eurer Konzeption der Zeit. Bevor, in eurem Sinn, die kleinste Zelle entstand, gab es das Bewußtsein, das die Zelle formte.

(Lange Pause.) Die Worte gehen mir beinahe aus, so weit sind die sprachlich umhegten Begriffe gefaßt. Wenn ich euch sage: Das Leben entsprang einem Traum, dann klingt dies bedeutungslos. Wie aber eure physische Realität tatsächlich weitgehend von eurem Traumzustand abhängt und ohne diesen nicht möglich ist, so auch wurde die erste Zelle physisch manifest und wirklich infolge der inneren Realität ihres Bewußtseins.

Nach den der inneren Realität eigenen Begriffen gab es einen Punkt, an dem sich das Bewußtsein mit voller Absicht in der Materie ausdrückte oder sich selbst die Form der Materie gab. Dieser »Durchbruch« kann logisch nicht erklärt, sondern nur mit einer Art Erleuchtung verglichen werden – einem Licht, das sich überall ausbreitete und das, wie ihr es verstehen könnt, als Medium für das Leben diente. Das Licht hatte nichts mit Tendenzen der Fortpflanzung zu tun. Es diente der Erhaltung, die erst die Bedingungen schuf, in denen das Leben in eurem Sinne möglich wurde – und seit jenem imaginären hypothetischen Punkt sind alle Spezien latent vorhanden.

Es gab keinen Punkt, an dem das Bewußtsein einsetzte. Das Bewußtsein war die Erleuchtung, aus der die ersten Zellen hervorgingen. Diese Erleuchtung war sich an jedem Punkt ihrer selbst und der Bedingungen bewußt, die infolge ihrer Gegenwärtigkeit entstanden. Nach euren Begriffen ist sich jede Spezies der Bedingungen jeder anderen Spezies und der gesamten Umwelt bewußt. In diesem Sinn erschafft die Umwelt die Spezies und die Spezies die Umwelt.

Wie ich erwähnte, existierten viele Arten von Lebewesen im Tier-Mensch- und im Mensch-Tier-Feld, von denen eure

Wissenschaften keine Kenntnis haben. So wurden Knochen von einem Lebewesen gefunden, das gleichzeitig ein Mensch und auch ein Tier sein könnte. Afgastan –

(»Afghanistan?« fragte ich, da Jane in ihrer Trance mit dem Wort Schwierigkeiten hatte.)

Ja, tatsächlich kommt mir hier Afghanistan als eine besonders ergiebige Umwelt in den Sinn.

Das euch eigene Bewußtsein ist außerordentlich und einzigartig. Es veranlaßt euch aber, alle anderen Lebensformen nach euren Spezifizierungen und Erfahrungen zu interpretieren. Die komplexe Natur anderer animalischer Bewußtseinsformen entgeht euch vollkommen. Und wenn ihr euer Wissen, euer logisches Denken, eure Technologie, eure Kulturen und Künste mit dem vergleicht, was ihr von der Erfahrung der Tiere versteht, dann scheint kein Zweifel zu bestehen, daß ihr ihnen überlegen seid – »der Mensch als die Krone der Evolution« – und daß alle anderen Lebensformen in eurer Existenz gipfeln.

Ihr seid den verwickelten, üppigen sinnlichen und sozialen Erfahrungen der Tiere gegenüber vollständig verschlossen. In bezug auf die Pflanzen ist dies noch ausgeprägter. Ihr seid nicht fähig, diese andere Art biologischen Gefühlslebens und unterschiedlicher Eigenart wahrzunehmen, diese reiche, sinnliche Identifikation mit der Erde. Wirklich: Ihr seid von dieser biologisch orientierten Kultur abgeschnitten, die zum Leben der Pflanzen und der Tiere gehört.

Ihr seid jedoch fraglos auch ein Teil dieser Kultur. Nur kann euer Bewußtsein mit seinen Spezifizierungen mit dieser Art von Wissen nicht umgehen.

(Pause um 23.29 Uhr.) In eurem Sinn gab es auch Menschen, die weiter entwickelt waren als ihr – was in eurem Sinn heißt, daß eure Vorstellungen von Entwicklung ganz falsch sind. Aber jene Menschen übertrafen euch mit ihrer Technologie, und dies ist ein Kriterium, das euch wachrüttelt.

Ich zögere oft zu sagen, was ich will, weil es so leicht ist, Worte in ihrer Bedeutung unterschiedlich auszulegen; aber wenn ihr fragt, welches der Zweck des Bewußtseins sei, dann seid ihr davon überzeugt, daß es einen solchen gibt: Die größere Wahrheit und Kreativität ist aber zwangsläufig die, daß sich das Bewußtsein selbst nicht aller seiner Zwecke bewußt sein kann, vielmehr seine Natur fortwährend aufgrund seiner eigenen Manifestationen erst entdeckt.

Ich gebe zu, daß dies für all jene keine Antwort ist, die leichtverständliche Antworten wünschen. Ich weiß, daß es im historischen Sinn eine Liebe, ein Wissen, Mitgefühl und eine Kreativität gibt, die dem All-einen zugeschrieben werden können und die jedem Wesen eigen sind. Ich weiß, daß jedes kleinste »Teilchen« des Bewußtseins nie zerstört werden kann, daß jedes eine unendliche Kapazität der Kreativität und Entwicklung in sich trägt – und daß jedes in seiner Natur gesegnet ist.

Es gibt einen Plan und einen Planer, aber sie sind so sehr miteinander verknüpft, das eine innen, das andere außen, daß es unmöglich ist, sie zu trennen. Der Schöpfer ist auch in seinen Schöpfungen, und die Schöpfungen selbst sind ebenfalls der Kreation fähig.

Wenn ihr zu diesem Thema mehr Fragen habt, dann stellt sie mir in der nächsten Sitzung. *(Laut:)* Ende der Sitzung.

(»Danke, Seth. Es war sehr gut.«)

(Erheitert:) Natürlich.

Nun: Eine kleine Notiz für euch beide. Ihr habt diesen Winter sehr gut überstanden und das Unwohlsein überwunden, das euch manchmal im Januar und Februar überkommt. Herzlichen Glückwunsch.

(»Danke.«)

(23.40 Uhr. Ich war über Seths Bemerkung überrascht, da es mir schien, daß ich immer viel Energie gehabt hatte, solange ich mich erinnern konnte. Tatsächlich fügte ich Teile von Seths Evolutionsmaterial in den zweiten Band von »›Unknown‹ Reality« ein.)

Sitzung 797, Montag, den 14. März 1977

(Heute früh war der Korrekturabzug von Janes »The World View of Paul Cézanne« eingetroffen, und Jane hatte fast den ganzen Tag mit Korrigieren verbracht.)

Guten Abend.

(»Guten Abend, Seth.«)

Wir fahren fort: Wenn ihr nach dem Anfang eines Universums fragt, dann sprecht ihr von einem sichtbaren Universum.

Bewußtsein ist vorhanden an jedem denkbaren hypothetischen Punkt innerhalb des Universums. Deshalb gibt es ein »unsichtbares Universum«, dem das sichtbare oder objektive Universum entspringt.

Ich will keineswegs überbetonen, daß dieses Material sehr schwer zu erklären ist, aber es fällt mir auf keinen Fall leicht.

Gönnt uns einen Augenblick ... Euer Universum entstand nicht an einem Punkt oder aus einer Urzelle. Es begann vielmehr überall gleichzeitig zu existieren: als nämlich die inneren Schwingungen des unsichtbaren Universums jene Intensität erreichten, die das gesamte physische System simultan zu »befruchten« vermochten.

Da erschien das Licht. Gleichzeitig wurden elektromagnetische Energieeinheiten manifest, die vom unsichtbaren Universum ins Definierbare vorstießen ... Einmal mehr muß ich mich wegen der psychologischen Hartnäckigkeit, die voreingenommene Meinungen kennzeichnet, um eure Auffassungen und Begriffe herumarbeiten. Aus mehreren Stellen meines Materials ging schon hervor, was ich jetzt sage; aber das muß an euch vorbeigegangen sein.

(Ganz und gar nicht, wenigstens was Jane und mich betrifft ...)

Ich habe beispielsweise gesagt, daß sich das Universum ausweite, wie eine Idee sich ausweitet – und das sichtbare Universum entstand auf die selbe Weise. Die Sache ist sehr kompliziert, da, wie ebenfalls schon erwähnt, die Welt in jedem Augenblick in einer neuen Kreativität entsteht. Es spielt keine Rolle, welche Version der Kreativität oder der Erschaffung der Welt die eure ist; ihr bleibt stets an der Frage hängen, woher diese Energie kam, weil es scheint, daß die unvorstellbaren Energiemengen, die mehr oder weniger gleichzeitig freiwurden, sich ganz einfach erschöpfen müßten.

Es ist jedoch immer die g l e i c h e Energie, die das Universum immer wieder von neuem entstehen läßt. In diesem Sinne wird es immer noch geschaffen. Die elektromagnetischen Energieeinheiten, die auf ein wahrscheinliches physisches Feld einwirken, enthalten in sich das latente Wissen all der Spezies, die unter diesen Bedingungen entstehen können. Ihre Gruppierungen »beginnen« im unsichtbaren Universum. Ihr könnt sagen, daß es zahlloser Jahrtausende bedurfte, bis sich die elektromagnetischen Energieeinheiten »zum erstenmal« verbanden und verschiedenste Arten von Materie und verschiedenste Spezies hervorbrachten; oder ihr könnt sagen, daß sich dieser Prozeß in einem einzigen Augenblick abspielte. Dies hängt von eurer relativen Position ab. Jedenfalls wurde das physische Universum überall gleichzeitig erzeugt. Andererseits geschieht dies laufend noch immer, und es gibt tatsächlich keinen »Zielpunkt«.

(21.53 Uhr.) Gönnt uns einen Augenblick . . . Ihr sprecht von Bewußtsein und meint eure eigene Version, die ihr als Bewußtsein des Selbst auffaßt. Wenn ich sage, daß Atome und Moleküle ein Bewußtsein haben, meine ich, daß sie als Einheiten über ein Bewußtsein ihrer selbst verfügen. Ich meine nicht, daß sie in eurem Sinn lieben oder hassen; sie sind sich ihrer Eigenart als etwas Abgetrenntes und zugleich der Art und Weise bewußt, wie ihre Abgetrenntheit in der Wechselwirkung untereinander zusammenarbeitet, um andere Organisationen zu bilden.

Tatsächlich sind sie sich aller wahrscheinlichen Möglichkeiten ihres Zusammenwirkens von innen heraus bewußt und mit der Tendenz zur Durchsetzung ihres Wertes ausgestattet.

Jede bekannte Spezies war deshalb bei der allumfassenden »Befruchtung« des sichtbaren Universums inhärent »gegenwärtig«.

Wenn das Universum beispielsweise ein Gemälde wäre, dann hätte der Maler nicht zuerst Dunkelheit gemalt, dann eine Explosion, eine Zelle, das gruppenweise Zusammenkommen von Zellen zu einfachen Organismen, die Vervielfachung und Vervielfältigung der Organismen zu ähnlichen und anderen Organismen, er hätte nicht die stammesgeschichtliche Entwicklung von einer Amöbe an aufwärts dargestellt – nein, er hätte vielmehr mit einer Lichtfüllung begonnen, einer Untermalung, in der alle Organismen der Erde enthalten wären, wenn auch nicht im Einzelnen. Infolge der Kreativität, die sich im Bild entfaltet, würden die Farben dann reich werden und die Spezien ihre Bedeutung erlangen, der Wind würde blasen und das Meer im Rhythmus der Gezeiten rauschen.

Bewegung und Energie des Universums kommen noch immer aus seinem Inneren. Natürlich bin ich mir darüber klar, daß dies keine wissenschaftliche Aussage ist. Im Augenblick, da All-das-was-ist ein physisches Universum »empfing«, wurde dieses unsichtbar geschaffen, an Energie gebunden und mit Kreativität versehen, so daß es sich manifestieren mußte.

Da jeder denkbare hypothetische Teil des Universums Bewußtsein hat, befindet sich der Planer im ureigentlichsten Sinn innerhalb seines Planes – vielleicht ist euch dies im Grunde unvorstellbar. Natürlich gibt es kein »Außen«, in das sich das unsichtbare Universum entladen oder materialisiert hätte, weil in Wahrheit alles nur in einer geistigen, psychologischen oder psychischen Realität existiert.

Euer Universum scheint euch jetzt objektiv und real zu sein, aber ihr glaubt, daß dies zumindest früher einmal nicht der Fall war. Deshalb fragt ihr nach der Entstehung eurer Welt und der Evolution eurer Art. Meine Antwort war – wie sie das um der Verständlichkeit willen sein mußte – in die

Begriffe gekleidet, in denen im allgemeinen diese Fragen gestellt werden.

Da ihr an einen Zeitablauf glaubt und diesen auch erfahrt, tauchen derartige Fragen in euch auf. Wenn ihr die Zeit selbst in Frage stellt, dann geht es nicht mehr um das »Wann« des Universums.

Jedermann, so hoffe ich, wird der Ansicht beipflichten, daß das Universum ein hervorragendes Beispiel für die Kreativität ist. Wenige werden mir aber beistimmen, wenn ich sage, daß ihr mehr über die Natur des Universums lernen könnt, wenn ihr eure eigene Kreativität erforscht, als wenn ihr die Welt durch immer neue Instrumente kennenlernen wollt – und darin liegt eine besondere Ironie, nachdem ihr die Instrumente, die der Erforschung der Welt – und nicht der Erforschung der Kreativität dienen – kreativ erschafft, wobei ihr gleichzeitig Theorien unterhält, die dem Menschen kaum mehr als rein mechanische Reaktionen, geschweige denn Kreativität, zubilligen.

Anders ausgedrückt kommt die Welt selbst dazu, sich kennenzulernen und zu entdecken, da der Planer Raum für göttliche Überraschungen offen ließ und der Plan in keiner Hinsicht vorausbestimmt war. Auch gibt es nichts in diesem Plan, was eurer Theorie vom Überleben des Stärkeren entspräche.

Die kreativen Verzerrungen, die sich bei euch zeigen, hängen direkt mit der Spezialisierung eures Bewußtseins zusammen. Sie trennt euch von den größeren Zusammenhängen, die auf anderen Ebenen zwischen der Menschheit und ihrer Landschaft bestehen. Bewußtsein durchdringt das Universum überall und ist sich aller Bedingungen und Umstände gewahr. Das Gleichgewicht der Natur auf eurem Planeten ist keine zufällige Tatsache, sondern das Ergebnis ständiger, immer neuer und gegenwärtiger »Berechnungen« seitens des geringsten Bewußtseins, ob es nun einem Stein, einem Menschen, Tier oder einer Pflanze zum Sein verhilft. Jedes Bewußtsein »hält unsichtbar Raum zusammen« – unabhängig von seiner Position. Es ist eine Art grandioses Gemeinschaftsunternehmen. Eurem eigenen Bewußtsein wohnen besondere, einzigartige Qualitäten inne, aufgrund deren ihr – wie andere vergleichsweise langlebige Spezies – eure Identität besonders streng mit eurem Erscheinungsbild assoziiert. Andere Bewußtseinsarten nehmen mit größter Freiheit Formen an und verlassen sie wieder. Es gibt ein biologisches Verstehen, das sich beispielsweise dann geltend macht, wenn ein Tier auf Nahrungssuche ein anderes tötet. Das Bewußtsein des Beutetiers verläßt seinen Körper aus einem Anreiz, der euch unbekannt ist.

Ich will sehr sorgfältig vorgehen, wenn ich vom natürlichen Zwischenspiel unter Tieren rede. Denn meine Worte sollen keineswegs den Eindruck erwecken, daß das oft grausame Abschlachten von Tieren durch Menschen zu rechtfertigen sei.

Ihr könnt Pause machen.

(22.35 Uhr. Seths weiteres Material kam wegen ein paar verärgerten Bemerkungen zustande, die ich in der Pause machte. Ungünstige Nachrichten und meine eigenen abträglichen Gedanken über den ganz allgemein chaotischen Zustand in unserer Welt hatten mich aufgebracht. Vor der Sitzung hatten wir ein paar Buchrezensionen gelesen, die noch zu dieser Stimmung beitrugen. Eine Besprechung stammte von einem Spezialisten der Hirnforschung, der unserer Ansicht nach sehr wenig Verständnis für die existentiellen Bedingungen des Menschen zeigte. Trotz meiner schlechten Laune stellte ich es mir ziemlich lustig vor, wie doch dieser Forscher wahrscheinlich selbst Bücher über das Gehirn geschrieben hat, die dann ihrereits den Angriffen anderer Kritiker ausgesetzt sein werden.

Jane mag mich vermutlich schon bald nicht mehr über die traurige Tatsache reden hören, daß sich die Menschheit im letzten halben Jahrhundert in mindestens drei große und zahllose »kleinere« Kriege verstrickt hat. Da in unserer »praktischen« Welt nicht an das Weiterleben nach dem Tod oder ein wie immer geartetes religiöses Danach geglaubt wird, legen die Menschen alles Leben eines Individuums in den jetzigen Augenblick. Unsere Jungen unter derartigen Umständen in den Krieg zu schicken bedeutet, diese Menschen ihres einzigen Lebens zu berauben. Dies scheine mir das schlimmste Verbrechen zu sein, sagte ich zu Jane. Ich sagte noch mehr zu diesem Thema, während ich tief innen genau wußte, daß ich das alles zu sehr vereinfachte.

Fortsetzung um 22.58 Uhr.)

Eine unparteiische, behutsame Antwort auf eure Diskussion.

Die historische und kulturelle Welt, die ihr kennt, scheint euch die einzig objektiv existierende Welt zu sein – mit ihrer Geschichte, die schon geschrieben ist, ihrer Gegenwart und ihrer wahrscheinlichen Zukunft.

Es scheint auch, daß die Zukunft auf der euch bekannten Menschheit und ihrer Vergangenheit aufgebaut werden müsse. Es mag oft wie eine Redewendung klingen, wenn ich von »Wahrscheinlichkeiten« spreche. In mancher Hinsicht mag es tatsächlich fast verrückt erscheinen zu glauben, daß es »mehr als eine Erde gibt«, daß es diese und wahrscheinliche Erden, diese und wahrscheinliche Welten gibt, viele also, die sich ähnlich genug sind, damit man sie erkennen kann, von denen aber doch jede in einer wichtigen Hinsicht anders ist.

Dieses Haus hier gibt es. Es ist, wie es ist. Und doch könnt ihr an jedem beliebigen Tag eine Türe zu einer wahrscheinlichen Welt öffnen und nie den Unterschied zwischen jenem Haus und dem wahrscheinlichen Haus erfahren. Dies geschieht die ganze Zeit, und ich meine d i e g a n z e Z e i t.

Ohne es zu wissen, bewegt ihr euch durch Wahrscheinlichkeiten. Die Übergänge sind euch buchstäblich unsichtbar, obwohl sie in euren Träumen in Umrissen oder als »Spuren« erscheinen mögen. Wie ein Diamant so hat auch eure Realität viele Facetten.

(Zu mir gewandt:) Seit deiner Geburt bestand eine Wahrscheinlichkeit, der du hättest folgen können, in der deine

Kriege nicht passiert wären. Es gab eine andere Wahrscheinlichkeit, nach welcher der Zweite Weltkrieg in einer atomaren Zerstörung geendet hätte. Aber du bist auf diese Wahrscheinlichkeiten nicht eingetreten. Du hast jene wahrscheinliche Realität, in der du jetzt eingerichtet bist, gewählt, um bestimmten Fragen über die Natur des Menschen nachzugehen, ihn zu sehen, wie er zwischen Kreativität und Zerstörung, Wissen und Unwissenheit hin und her schwankt. Diese Realität enthält in deinen Augen Möglichkeiten kühnster Entwicklung. Das gleiche gilt für Ruburt.

In einer bestimmten Weise befindet sich die Menschheit an diesem Punkt an einem Übergang. Es ist eine Zeit und eine Wahrscheinlichkeit, in der jede mögliche Hilfe erforderlich ist, und eure Gaben, Fähigkeiten und Vorurteile bereiteten euch einzigartig auf das Schauspiel vor. Gleichzeitig möchte ich euch raten: Befaßt euch nicht zu sehr mit dem Weltgeschehen, da die Konzentration auf eure eigene Natur und auf die physische Natur eurer Welt – wie auf die Jahreszeiten – euch erlaubt, eure eigenen Energien zu erfrischen, und euch frei macht, damit ihr von der Einsicht profitieren könnt, die so nötig ist.

(Dies war ein Punkt, den ich in der Pause angesprochen hatte – die Schwierigkeit, klar zu sehen, welche Aufgabe die Menschheit hat.)

Ihr wurdet beide in diese Wahrscheinlichkeit verwickelt, um schöpferisch-kreativ angeregt nach tieferem Verstehen zu suchen. Zwischen den Individuen eurer Welt besteht immer ein schöpferisches Geben-und-Nehmen. Alle Menschen, die in diese Wahrscheinlichkeit verwickelt sind, haben sie mehr oder weniger aus eigenem gewählt. Wenn ich dies sage, dann sage ich zugleich, daß viele diese Wahrscheinlichkeit wieder verlassen, wenn sie etwas gelernt und etwas beigetragen haben.

Wenn ihr keine Fragen mehr habt, wünsche ich euch einen schönen guten Abend. Noch etwas *(zu mir)*: Du behinderst persönlich dein Traumgedächtnis, weil du dir nicht die Zeit nehmen willst, Träume zu erinnern und zu interpretieren. Da du dies jetzt weißt, willst du vielleicht dein Verhalten ändern.

(Seth gab nun noch persönliches Material für Jane und mich durch. Die Sitzung endete um 23.22 Uhr.)

Sitzung 798, Montag, den 21. März 1977

(21.54 Uhr.) Guten Abend.

(»Guten Abend, Seth.«)

Nun: Die letzten beiden Sitzungen, die sich mehr oder weniger mit der Evolution befaßten, können in dieses Buch aufgenommen werden. Sie bilden die Eröffnung eines neuen Kapitels mit dem Titel »Universum und Psyche«.

Diktat: Eure nächste Frage liegt natürlich auf der Hand. Ihr möchtet den Ursprung jenes »inneren« Universums kennenlernen, von dem, wie ich gesagt habe, das äußere ausgeht. Hier müssen wir uns von der so geschätzten, immer um Objektivität bemühten Logik absetzen und statt dessen in einen geistigen Bereich eintreten, in dem Widersprüche keine Fehler sind; in eine innere Domäne, die weit und groß genug ist, daß sie auf der einen Ebene Widersprüche enthalten mag, die sich dann auf einer anderen Ebene überhaupt nicht als Widersprüche erweisen.

Wissenschaftlich gilt als Gesetz, daß Bewiesenes nicht widersprüchlich sein darf. Wenn eine Theorie »als richtig« bewiesen wurde, dann kann sie nicht als falsch bewiesen werden – außer wenn sie gar nie richtig gewesen ist.

Deshalb hatte das Universum entweder einen Schöpfer, oder es hatte keinen; oder es entstand so, wie die Urknall-Theorie es besagt und dehnt sich immer weiter aus, oder nicht. Entweder gibt es die Evolution, oder es gibt sie nicht. In der Regel werden Theorien dadurch als richtig »bewiesen«, daß alles, was dazu widersprüchlich erscheint, ausgeschlossen wird. Deshalb sind eure wissenschaftlichen Theorien im allgemeinen nur innerhalb ihrer eigenen Rahmen gültig.

In jenen Rahmen habt ihr bestimmte Einteilungen vorgenommen, die euch nun völlig selbstverständlich zu sein scheinen. Der »gesunde Menschenverstand« hält diese aufrecht, und es scheint unmöglich zu sein, die Realität anders zu sehen. Die aus euren Einteilungen hervorgegangenen Kategorien legen ihrer Natur gemäß eure Realitätserfahrung in einem solchen Ausmaß fest, daß jede alternative Erfahrung nicht nur nicht vertrauenswürdig ist, sondern auch vollkommen unmöglich erscheint.

Eure in der biologischen Systematik eingebürgerte Einteilung in verschiedene besondere Arten (Spezies) verschiedener Gattungen scheint euch die einzig logische Unterscheidung zu sein, die für Lebewesen zutreffend ist. Genau das Gegenteil ist aber der Fall. Diese – eine b e s o n d e r e – Unterscheidungsmethode führt zu Fragen wie: Welche Spezies war zuerst da, welche kam nachher? Und wie ging eine Art aus der anderen hervor?

Derartige Fragen haben ihre Berechtigung nur auf dem Boden eurer Zeitauffassung. Ohne die Einteilung der Zeit in Gegenwart, Vergangenheit und Zukunft – eine weitere Einteilung, die euch selbstverständlich erscheint – hätten solche Fragen keinen Sinn.

Eure Einteilungen schaffen äußere Unterschiede. Diese dienen nun als praktische Bezugspunkte, obwohl sie im Grunde überhaupt nichts über die natürlichen Erfahrungen jener von euch verschiedenen Lebewesen aussagen, von denen ihr als den »anderen Spezies« redet.

Solange ihr im Rahmen der biologischen Systematik bleibt, sitzen eure Einteilungen, auch wenn ihr euch dann natürlich mit Fragen herumschlagen müßt, die solche Unterscheidungen automatisch mit sich bringen. Ihr habt vielleicht Mühe zu verstehen, daß es sich hier um geschriebene und gesprochene Kategorien handelt, die in keiner Weise etwas R e a l e s über die eigentlichen Erfahrungen anderer Lebewesen aussagen; sie beschränken sich darauf, Gewohnheiten, Verhaltenstendenzen und Unterscheidungen rein äußerer Art aufzuzeigen.

Wenn ihr verstehen wollt, was andere Lebewesen – Tiere, Pflanzen – wahrnehmen, dann sind eure Methoden im besten Fall geeignet, euch kurzsichtig zu machen; im schlimmsten Fall vereiteln sie, daß ihr ans Ziel kommt. Zum Beispiel: Gleich welche Informationen oder Daten ihr aus Tierversuchen oder Sektionen zu wissenschaftlichen Zwecken erhält und gleich wie wertvoll die Ergebnisse zu sein s c h e i n e n, die mit solchen Methoden erzielten Ergebnisse sind so verzerrt, daß ihr vom Leben der Tiere w e n i g e r versteht als zuvor.

(22.17 Uhr.) Die Antworten auf die Fragen nach dem Ursprung des Universums und der Arten liegen in Bereichen anderer Realitäten, die ihr leider weitgehend vernachlässigt und die ihr als wissenschaftlich kaum je betrachtet habt, weil sie s c h e i n b a r die am wenigsten praktischen Ergebnisse zeitigen.

Eure gegenwärtigen Methoden bringen euch einfach nur künstliche Ergebnisse und flache Antworten. Sie befriedigen weder den Intellekt noch die Seele. Da euer Universum einem inneren entspringt und da jenes innere jeden Winkel und jedes Gramm eurer Existenz durchdringt, müßt ihr dort suchen, wo ihr noch nicht hingeschaut habt – in der Realität eures Geistes- und Gefühlslebens. Ihr müßt die natürliche Welt anschauen, die ihr kennt. Im Vertrauen auf eure Intuition und eure schöpferisch-kreativen Fähigkeiten müßt ihr die Lebewesen um euch herum anschauen und sie nicht als andere Arten mit bestimmten Merkmalen und Gewohnheiten abtun, nicht als euren untergeordneten, irdischen Besitz, nicht als Fleisch, das ihr beliebig sezieren könnt, sondern als Ausdruck der lebendigen Natur des Universums, die ewig existiert und sich fortwährend wandelt.

Ihr müßt die Qualität eures Lebens anschauen, dann müßt ihr es wagen, den Impulsen eurer Gedanken und Gefühle zu folgen. Ihr müßt die inneren Erfahrungen erfließenden Möglichkeiten nutzen, denn in ihnen findet ihr aufschlußreiche Hinweise auf den Ursprung der Psyche und des Universums.

Der Dichter sieht die Welt und die Natur wissenschaftlicher als der Wissenschaftler, weil er vom Wesentlichen mehr erfaßt.

Das Kind, das beim Anblick des ersten Veilchens vor Freude und Begeisterung lacht, versteht im tiefsten Sinn viel mehr von der Natur als die meisten Botaniker, die längst die Erfahrung vergessen haben, ein Veilchen wahrzunehmen, obwohl sie im Geist über die Namen und Klassifizierungen aller Blumen der Welt verfügen. Informiertheit bedeutet nicht notwendig Wissen oder Verstehen.

Gedanken tauchen in eurem Geist auf, wie das äußere objektiv erfahrbare Universum seine Realität erhält – das heißt, beides geschieht auf die selbe Art und Weise. Wenn ihr ein Diagramm von Sätzen anfertigt, erfahrt ihr wenig über die gesprochene Sprache und gar nichts über die wundervollen physischen und geistigen Leistungen, die euch zu sprechen ermöglichen – und genauso haben euch die auf Diagramme beschränkten Einteilungen und Beschreibungen der Spezies dieser Welt eher von einem wahren Verstehen dieser Lebewesen entfernt.

Das subjektive Empfinden eures Seins, eure unmittelbare Erfahrung von Augenblick zu Augenblick – sie verschaffen euch Einsicht in die geheimnisvollen Qualitäten des Lebens. Ihr seid sterblich und begegnet dieser Sterblichkeit überall, und doch wurzeln eure Gefühle und Gedanken in einer Realität, die jede Systematik und alle Klassifizierungen übersteigt. Ihr wißt, daß ihr physisch sterben werdet, und doch spürt jeder Mensch dann und wann bewußt oder unbewußt, daß er das Vergehen von Körper *und* Seele nicht erleiden wird, und daß das Leben irgendwie ewig ist.

Mit diesen Gefühlen durchbricht die Psyche die durch falsche Konzeptionen errichteten Barrikaden und weist zugleich auf die Natur des Selbst und des Universums hin.

Auf einer weiten Ebene der anderen Realität gibt es für das Universum weder Anfang noch Ende, und auf jener Ebene gibt es auch keine Widersprüche. Auch für die Psyche gibt es weder Anfang noch Ende. Ihr sagt vielleicht: »Einverstanden.« Doch sogleich fahrt ihr fort: »Aber wann und wie hat die Welt nach unseren Begriffen begonnen?« Der Versuch, diesen Ursprung in die Zeit zu setzen, verzerrt fast jede Antwort.

Die Wahrheit ist die, daß die Antwort in eurer eigenen Erfahrung liegt. Sie liegt in eurem eigenen, spontanen Verhalten begründet – das heißt in eurem neugierigen Erforschen von Körper und Geist.

Ihr könnt Pause machen.

(22.41 Uhr bis 22.58 Uhr.)

Ihr könnt recht gut gehen, ohne euch der inneren Mechanik dieser körperlichen und geistigen Leistung bewußt zu sein. Ihr habt vielleicht etwas über die Anatomie des Körpers und das vom Nervensystem gesteuerte Zusammenspiel seiner Teile gehört oder gelesen. Ihr könnt euch gut bewegen, ob ihr über solche Informationen verfügt oder nicht. Diese Daten helfen euch also nicht im geringsten beim eigentlichen Gehen.

Aus diesem Grund mag ein Athlet zwar ein großes Bedürfnis nach Bewegung in sich spüren, aber zum Lesen zu ungeduldig sein. Er kümmert sich nicht um die Vorgänge im Körper, solange dessen Leistungen hervorragend sind; wogegen ein Invalider über ein großes angelesenes Wissen hinsichtlich aller Körperfunktionen verfügen mag und trotzdem unfähig ist, sich körperlich normal zu bewegen.

Der Körper weiß, wie er gehen muß. Das Wissen ist eingebaut, es liegt der Handlung zugrunde. Der Körper weiß, wie er sich selbst heilen muß, wie er seine Nahrung zu verwenden und sein Gewebe zu ersetzen hat, aber, wie ihr es seht, hat der Körper selbst keinen Zugang zu den seine Reaktionen bewirkenden Informationen, die dem Geist zugänglich sind. Wenn der Körper doch so unwissend ist, warum verhält er sich dann so geschickt?

Wenn der Körper eine wissenschaftliche »Ader« hätte, dann wäre er gezwungen zu wissen, daß all seine täglich vollbrachten spontanen Leistungen, die ich oben erwähnte, unmöglich seien. Die Wissenschaft kann eben die Realität des Lebens nicht erklären, geschweige denn seinen Ursprung.

Das dem Körper innewohnende Bewußtsein weiß, daß es im Zusammenhang mit dem Körper und zugleich unabhängig von ihm existiert. Im Alltagsleben zieht sich das Bewußtsein oft zurück – zum Tagträumen, oder es erfährt sich anderswie unabhängig von der körperlichen Realität. In der Nacht, während des Schlafes, nimmt das Bewußtsein längere, ziemlich freie »Ferien« von der physischen Realität, und es tut dies genauso spontan, wie der Körper geht. Diese Erfahrungen sind nicht hypothetischer Art. Jeder Mensch macht sie. Dabei drängt sich jedem Menschen mehr oder weniger deutlich ein Verstehen auf, das nicht einem Sammeln von Daten erfließt, vielmehr einer tieferen Art der Erfahrung und der direkten Begegnung mit der Realität, aus der die Welt hervorgeht.

Der Körper verfügt über ein wortloses Wissen, das in der spektakulären Präzision der Leistungen und Reaktionen des Körpers resultiert. Es ist deshalb besonders praktisch. Damit ihr mich versteht: Die gleiche Kraft, die die Welt schuf, schafft jetzt eure subjektive Realität und ist eine Quelle des natürlichen Universums. Wenn ihr diese Realitäten mit Liebe erforscht, wird euch dies in direkten Kontakt mit den inneren Dimensionen eures Seins bringen und zu einem intuitiven Verstehen führen, das äußerst wichtig ist.

Der Gang des Universums zeigt sich im Vorgang eurer unmittelbarsten Erfahrung, und in diesem scheinbar stark vernebelten Bereich wird auch die Antwort gefunden werden.

Ende des Diktats. Gönnt uns einen Augenblick . . .

(23.19 Uhr. Nachdem Seth ein paar Seiten zu anderen Themen diktiert hatte, beendigte er die Sitzung um 23.40 Uhr.

Wieder hatte uns Seth überrascht, indem er sagte, daß die beiden vorhergehenden Sitzungen als ein Teil der »Natur der Psyche« betrachtet werden sollten – und einmal mehr sahen wir, daß er sich von uns mit unseren Fragen genau dorthin führen ließ, wo er ohnehin hinwollte! In den vielen Jahren unserer Arbeit hatten wir auch entdeckt, daß unsere Fragen meistens diejenigen unserer Leser widerspiegelten.)

Sitzung 799, Montag, den 28. März 1977

(Jane hatte vor ein paar Tagen eine Kombination von Agenda und Kalender erhalten – ein sehr schönes, farbiges Produkt. Der Sender hatte ihr noch ein zweites Exemplar aus einem früheren Jahr [1976] geschickt, in dem ein Seth-Zitat abgedruckt ist. Zu jedem Datum gehört eine linierte Seite für Verabredungen und Notizen, daneben finden sich Zitate und Bemerkungen. Ich blätterte den neuen Kalender gestern durch, um zu sehen, ob Jane darin ebenfalls erwähnt war – sie war es nicht –, und begann, ein paar Zitate zu lesen. Der Herausgeber mußte seine Einstellung im neuen Werk verändert haben, denn ich stieß hier auf viele Hinweise über dumme Regierungsausgaben, Korruptionsfälle und dergleichen mehr. Ich las Jane einige dieser »Stücke« vor. Sie waren durchwegs lächerlich und ungewollt komisch.

Sie paßten sehr gut zu meiner Stimmung und den Fragen, die ich vor kurzem über das Verhalten unserer Spezies gestellt hatte und auf die Seth ja auch eingegangen war. Und tatsächlich brachte Seth an diesem Abend zusätzliches Material zu diesem Thema vor, so daß Jane und ich es für selbstverständlich erachten, daß diese Sitzung zur »Natur der Psyche« gehört, auch wenn er dies nicht speziell erwähnte. – 21.42 Uhr.)

Nun: Guten Abend.

(»Guten Abend, Seth.«)

(Mit offensichtlichem Humor:) Zu eurer Erbauung eine Dissertation über die Natur des Menschen.

Ihr versteht, daß ein Tiger, der seiner Natur folgt, nicht böse ist. Was eure eigene Spezies anbelangt, so seid ihr ihr gegenüber weniger nett, mitfühlend oder verständig als gegenüber Tieren. Es ist leicht, eure eigene Art zu verurteilen.

Es mag für euch schwierig sein, meine Ansicht zu verstehen: Grundsätzlich meint es eure Spezies gut. Ihr begreift, daß ein Tiger in einer bestimmten Umwelt lebt und sich entsprechend seiner Natur verhält. Genauso ist es mit dem Menschen. Sogar seine Greueltaten werden in einem verzerrten Versuch begangen, Ziele zu erreichen, die er für gut hält. Oft scheitert er dabei, diese Ziele zu erreichen, und er kann nicht verstehen, daß gerade seine Methoden dieses Erreichen unmöglich machen.

Und doch ist der Mensch, wie die Tiere, gesegnet, und sein Versagen ist nur das Ergebnis mangelnden Verstehens. Sein Bewußtsein sieht sich einer viel komplexeren Welt gegenüber als die Tiere. Es projiziert Ideen und Symbole nach außen in die Realität, *wo sie getestet werden müssen.* Wenn sie aufgrund rein geistiger Erfahrung getestet werden könnten, bestünde keine Notwendigkeit für die physische Existenz des Menschen.

Ich muß so weit wie möglich vereinfachen. Es ist, wie wenn der Mensch sagen würde: »Was ist nun mit *dieser* Idee? Was können wir mit ihr anfangen? Was geschieht, wenn wir sie in die physische Realität werfen? Wie weit können wir mit all den großen Ideen und Gedankengängen der Wissenschaft und der Religion gehen, die in so besonderem Maße die Leistung des menschlichen Geistes sind?«

Wenn diese Fragen rein intellektuell auf einem nichtgegenständlichen Reißbrett durchgearbeitet und beantwortet werden könnten, wäre die große Herausforderung unserer physischen Existenz weder notwendig noch von Bedeutung. Wie weit kann beispielsweise der Nationalismus gehen? Wie weit kann die Welt von uns Menschen als etwas Äußeres, als Objekt behandelt werden? Was kann der Mensch lernen, wenn er den Körper wie eine Maschine behandelt? Oder als eine Täuschung? Als ob der Körper vom blinden Instinkt geleitet würde? Als ob er von einer Seele besessen würde?

Dies sind gewissermaßen alles einzigartige schöpferische Spielereien, die, wenn man sie nur von seiten der Tiere her beurteilte, als die wunderlichsten und entzückendsten intellektuellen Übertreibungen erscheinen müßten. Genau wie die Tiere muß sich aber auch der Mensch mit der Erde auseinandersetzen. Wie das Tier spielen, sich paaren, seine Beute erjagen oder Beeren essen muß – immer abhängig von der Erde, von Sonne, Bäumen, Schnee, Hagel und Wind –, so muß der Mensch auf eine andere Art seine Ideen verwirklichen, indem er sie in die elementaren Realitäten der Erde kleidet und sie als Ereignisse, in denen die Ideen Gestalt angenommen haben, wahrnimmt.

(22.01 Uhr.) Wenn der Mensch destruktiv erscheint, verhält er sich nicht an sich zerstörerisch, sondern aus dem Wunsch heraus, etwas zu erreichen, das er als ein besonderes, für ihn erstrebenswertes, für ihn gutes Ziel erachtet; nur vergißt er dabei, die Angemessenheit und die Folgen seiner Methoden in ihren Auswirkungen auf die Umwelt abzuwägen.

Ein Tier, das seine Beute jagt, tötet und verschlingt, dient dem höheren Zweck der Erhaltung des natürlichen Gleichgewichts, ob es sich dessen bewußt ist oder nicht – und wieder kann man Absicht und Verhalten des Tieres nicht böse nennen. Der Mensch verschlingt Ideen. Dadurch trägt er zu einer anderen Art Gleichgewicht bei, was er sich gewöhnlich ebenfalls nicht bewußt ist.

Jedenfalls sollt ihr wissen: Kein Mensch handelt wirklich aus der Absicht heraus, etwas Schlechtes oder Böses zu tun. Stürme verdunkeln den Sommerhimmel und bringen Blitz und Donner mit sich. Erdbeben können das Land erschüttern. Ihr mögt die Verwüstung zutiefst bedauern und zugleich wissen, daß weder Stürme noch Erdbeben etwas Böses sind. Ihr kämt nie auf die Idee, ihnen eine schlechte Absicht zu unterstellen. Viel eher leuchtet euch ein, daß sie durch ihre Auswirkungen die Bedingungen für das Gleichgewicht der Erde korrigierten.

(In dieser Sitzung war Janes Wiedergabe oft schneller und mit betonterem Nachdruck gesprochen als gewöhnlich – mit vielen Intervallen, von denen ich kaum welche vermerkte. Sie hätte das Material noch viel schneller wiedergegeben, wenn ich mit meinen Aufzeichnungen hätte Schritt halten können.)

Dies erfordert ein besonderes Verstehen, ich bin mir dessen bewußt. Und doch kann man die zerstörerischen Sturmgewalten, die der Mensch entfesselt, nicht als etwas Schlechteres bezeichnen als ein Erdbeben. Wenn auch das Werk der Menschen oft zerstörerisch erscheinen mag, dürft ihr nicht ihrer A b s i c h t die Schuld zuschreiben, noch dürft ihr je den Fehler machen, den Menschen mit seinen Werken zu verwechseln. Viele wohlmeinende Künstler produzieren aus den besten Absichten heraus schlechthin abscheuliche »Kunstwerke«, die auf sie wegen der ursprünglich guten Absicht um so enttäuschender und jämmerlicher zurückfallen. Infolge ihrer guten Absicht ist ihr Mangel an Inspiration, Wissen und Technik nur um so deutlicher erkennbar.

Wenn ihr euch zu sehr auf die Suggestionen der Pressemedien und all ihre negativen Berichte über das Tun und Lassen der Menschen abstützt, dann ist es wahrlich leicht zu vergessen, was ich euch sage *(lauter)*, nämlich daß j e d e r M a n n u n d j e d e F r a u g r u n d s ä t z l i c h g u t e A b s i c h t e n h a b e n.

Diese gute Absicht mag verwirrt, verzerrt, kümmerlich inszeniert werden, sie mag in widersprüchlichen Überzeugungen ersticken oder angesichts von Zwängen, Gewalttätigkeiten oder Kriegen erdrosselt werden – aber kein Mann und keine Frau verlieren sie je. Dies stellt die Hoffnung der Menschheit dar und ist sie immer schon gewesen – ein helles Licht, das in jedem Individuum eurer Spezies leuchtet. Und diese gute Absicht wird von Generation zu Generation weitergegeben. Diese Erleuchtung ist viel mächtiger als jeder Haß oder nationaler Chauvinismus, die, allerdings, auch weitergegeben werden mögen.

F ü r e u r e n g e i s t i g e n F r i e d e n i s t e s a b s o l u t notwendig, daß ihr an den guten Willen im Menschen glaubt.

Daran haben auch alle Tiere Anteil. Jedes Tier weiß, daß das andere unter bestimmten Bedingungen kämpfen, eine aggressive Haltung einnehmen oder sein Nest verteidigen wird. Und jedes Tier weiß auch, daß es von einem anderen gejagt und geschlagen werden kann, wenn dieses Hunger hat. Abgesehen von dieser vom Überlebenstrieb her unvermeidlichen Kampfsituation fürchten sich Tiere nicht voreinander. Sie wissen, daß jedes andere Tier eine gute Absicht in sich trägt.

(Lauter:) Gönnt eurer Spezies das gleiche.

(22.20 Uhr.) Nun: Unterscheidet in eurem Geist zwischen dem Menschen und seinem Werk. Argumentiert gegen sein Werk, wie ihr wollt, wenn ihr in euren Zeitungen von Irrtum, Dummheit, Verrat, Gewalt und Krieg lest. Sammelt Ausschnitte oder ganze Seiten solchen Materials, wenn es eurer Phantasie dient – und ich spreche *(zu mir gewandt)* nicht nur zu dir oder Ruburt, sondern zu jedermann, der einen Hinweis auf die Wahrheit, den geistigen Frieden oder die Kreativität annehmen will. Sammelt meinetwegen ganze Bücher über das Versagen des Menschen!

Ich persönlich sehe nicht ein, warum jemand die schlechtesten Arbeiten eines Künstlers sammeln und daran Vergnügen finden sollte, sie zu zerreißen. Der Mensch hat hervorragende Leistungen vollbracht. Ich nenne nur beispielsweise das hohe Niveau sprachlicher Verständigung, die vielfältigen Glanzlichter beeindruckender Gefühlsleistungen und kulturellen Ausdrucks, die Leichtigkeit, mit der der Mensch Ideen und Wünsche realisiert, seine Imagination, seine Kreativität – dies alles und noch viel mehr ist einzigartig im ganzen Universum.

Den Menschen auf seine schlechtesten Werke festzulegen bedeutet, böswillig seine Fehler und das Störende seines Verhaltens zu verherrlichen, bedeutet, das wenig Geglückte am Werk eines bedeutenden Künstlers herauszusuchen und ihn danach zu verurteilen. Wenn ihr dies tut, verurteilt ihr persönlich auch euch selbst. Wenn ein Wissenschaftler sagt, Bewußtsein sei ein Zufallsprodukt, oder wenn Darwins Theorien besagen, daß der Mensch im Grunde der triumphierende Sohn von Mördern sei, widersprechen dem viele Leute. Wenn ihr aber sagt, die Menschen seien Idioten oder sie seien des Bodens nicht wert, auf dem sie gehen, dann ist eure Einstellung grundfalsch. Ihr müßt euch mit der Wirklichkeit auseinandersetzen, die ihr kennt, und wenn ihr den Menschen verurteilt, dann verurteilt ihr die Menschheit und die maßgebenden praktischen Aspekte eurer Welt.

Wenn man sagt, Menschen könnten »in eine andere Wirklichkeit entfliehen«, ist das eine grobe Verzerrung der Wahrheit. Dies gilt unabhängig von der Tatsache all der Wahrscheinlichkeiten, die wir erörtert haben. Es geht hier, wie ihr noch sehen werdet, um Gefühlserfahrungen.

Nun: Physisch hat euer Körper in Raum und Zeit seine Position. Ich spreche nun von primären und sekundären Erfahrungen. Wir wollen eine Primärerfahrung das nennen, was aufgrund eurer Sinnesempfindungen unmittelbar in dem für euch gegebenen Zeitmoment erfahren wird – der Kontakt des Körpers mit seiner Umwelt. Ich mache hier eine Unterscheidung, um unsere Diskussion – oder *(mit einem Lächeln)* meinen Monolog – verständlicher zu gestalten. Sekundärerfahrung hingegen beruht auf all jenen Informationen, die beispielsweise durch Bücher, das Fernsehen, durch Gespräche mit anderen, Briefe und so weiter zu euch gelangen.

Die sekundäre Art der Erfahrung ist weitgehend symbolisch. Dies sollte klar sein. Wenn ihr mitten an einem sonnigen Mainachmittag von einem Krieg lest, ist das, auch wenn die Schilderung noch so lebhaft ist, nicht das selbe, wie wenn ihr in ein Kriegsgeschehen verwickelt wärt. Von der Energieknappheit zu lesen ist nicht das selbe, wie in einem ungeheizten kalten Haus zu sitzen. Wenn ihr von der möglichen Vernichtung der Menschheit durch Kernwaffen lest, während ihr ziemlich ruhig in eurem Wohnzimmer sitzt und Pfeife raucht oder Erdnüsse eßt, ist eure Wirklichkeit von derjenigen, die durch den Artikel in euer Bewußtsein gelangt, äußerst unterschiedlich.

Auf den Ebenen, von denen hier die Rede ist, muß sich der Körper primär mit seiner gegenwärtigen, unmittelbaren Existenz in Raum und Zeit auseinandersetzen. Auf höheren Ebenen ist er entsprechend ausgerüstet, um mit ganz anderen Daten umzugehen. Dazu gehört jenes Wissen der Zellen, das ich erörtert habe. Und doch hängt der Körper vom bewußten Geist ab. Erst dieser vermag ihm eine klare Einschätzung der Bedingungen, die er in Raum und Zeit vorfindet, zu geben. Der Körper hängt von diesem Wissen ab.

Wollt ihr Pause machen?

(22.41 Uhr. »Nein.«)

Wenn ihr euch, fern einer drohenden Gefahr, in eurer bequemen Wohnung aufhält, sollten euch eure Sinnesempfindungen diese Tatsache vermitteln und an euer Bewußtsein weiterleiten. Die Aufgabe sollte euch nicht schwerfallen. Ihr könnt euch umschauen und sehen, daß ihr nicht in Gefahr seid.

Euer Bewußtsein ist nicht zuletzt dazu da, eurem Körper eine Einschätzung von dem zu geben, was er zu gewärtigen hat. Es gibt Leistungen, die, in eurem Sinn, nur das Bewußtsein zu vollbringen vermag. Wenn ihr aufgrund der Primärerfahrung eurer Sinnesempfindungen euch sicher fühlt, aber aufgrund einer Sekundärerfahrung – sei es die Hiobsbotschaft einer Zeitung oder was auch immer – überwältigt werdet, dann fehlt es euch an mangelndem Unterscheidungsvermögen. Ihr seid nicht in der Lage, zwischen der real gegebenen sicheren Gegenwartssituation und der vorgestellten Lage, die vielleicht tatsächlich unsicher ist und jedenfalls den Gefahrenalarm auslöst, zu unterscheiden.

In einem solchen Fall werden die Körpermechanismen im höchsten Maß verwirrt. Die Signale für den Körper sind sehr widersprüchlich, so daß ihr nach einer Weile, wenn dieser Zustand andauert, nicht mehr sagen könnt, ob die Gefahr real oder nur eingebildet ist. Euer Bewußtsein zwingt dann eurem

Körper einen ständigen Alarmzustand auf – aber noch schlimmer ist, daß ihr dabei »lernt«, eure sinnlichen Rückmeldungen, die der unmittelbaren, gegenwärtigen Lage entsprechen, zu ignorieren.

(Als Seth sprach Jane diese Passage sehr nachdrücklich.)

Euer Körper mag sagen, daß ihr sicher seid, und eure Sinnesempfindungen signalisieren euch, daß keine Gefahr besteht. Dennoch habt ihr bereits begonnen, euch auf eure Sekundärerfahrung so zu verlassen, daß ihr euren körperlichen Reaktionen nicht mehr vertraut.

Die Imagination bringt dann tatsächlich die Alarmsignale nicht nur in die sichere Augenblickslage ein, sondern sie läßt sie im nächsten und übernächsten Augenblick nachklingen; so werden sie endlos in die Zukunft projiziert. Aus diesem Vorgang wird ersichtlich, daß jedes Individuum durch seine Glaubensvorstellungen seiner persönlichen Fähigkeiten beraubt wird, in der Gegenwart angemessen und gezielt zu handeln.

Der Körper kann nicht auf das, was morgen ist, heute reagieren. Seine eigenen Daten sind klar. Vermittelt ihm das Bewußtsein widersprüchliche Daten, ist er verwirrt. Die daraus resultierende Machtlosigkeit des Körpers führt euch in einen Zustand der Hoffnungslosigkeit – und diese Stimmung ist nicht länger an die ursächlichen Details gebunden, sondern sie durchdringt euer ganzes Gefühlsleben, wenn dem nicht Einhalt geboten wird. Oft genug wird die verurteilende, übertrieben kritische Einstellung eines Menschen selbstprognostisch: j e n e, d i e s i e b e t o n e n, *(laut)* benehmen sich selbst ihrer der Lage angemessenen Reaktionen.

In eurem Leben und das heißt vor allem in eurem von den Sinnesempfindungen abhängigen Gefühlsleben muß eure Realität das sein, was ihr in Zeit und Raum eurer Welt erlebt, und was ihr im Rahmen dieser Welt, wie sie von euch erfahren wird, kreativ hervorbringt. Deshalb bitte ich euch inständig, euch nicht so zu verhalten, als ob sich der Mensch in naher Zukunft selbst zerstören würde – euch nicht so zu verhalten, als ob der Mensch ein schwachsinniges, zur Ausrottung der eigenen Art bestimmtes, verrücktes Monstrum sei, das schwer von Begriff ist und dessen Hirn Amok läuft.

Das Unheil der schwarzseherischen Prognosen von der angeblichen Selbstvernichtung der Menschheit und ihrem Untergang, Voraussagen, die ihr so fürchtet, ist in eurer Zeit keine Realität; und trotz aller Propheten des Untergangs, die Geschichte gemacht haben, Vorläufer der von ihnen angekündigten Apokalypse, hat sich die Kreativität des Menschen nie zerstört.

(Laut:) Es gibt Menschen, die auf der Verurteilung der Fehler und Mängel anderer Menschen oder der Menschheit selbst ihre Karrieren aufbauen. Aufgrund solcher Geisteshaltung bleiben der Einsatz und die gute Absicht des Menschen unsichtbar. Der Mensch steht in einem ständigen Prozeß des Werdens. Seine Werke sind fehlerhaft – aber es sind fehlerhafte Lehrstücke eines kreativen, genialen Künstlers, dessen Mißerfolge nur im Licht seines Genius so riesig und unverzeihlich erscheinen. Dieser Genius, den der Mensch in sich fühlt, ist es jedoch, der ihn lenkt und immer von neuem vorantreibt.

Wenn ihr euch die Zukunft, wie ihr sie auffaßt, vergegenwärtigt, dann müßt ihr die konstruktiven Errungenschaften der Menschheit genauso realistisch einschätzen wie die destruktiven Bewirkungen. In diesem Sinn rechtfertigt jedes Jahr der menschlichen Existenz eine eher optimistische als pessimistische Prognose. Ihr könnt die gute Absicht des Menschen nicht außerhalb seines physischen Lebens stellen, denn außerhalb des physischen Lebens habt ihr ein Wesen, das ihr nicht kennt. Ihr könnt nicht sagen, die Natur sei gut, habe aber den Menschen als ein Krebsgeschwür ausgeheckt. Die Natur könnte nie so unvernünftig sein. Ihr könnt auch nicht sagen, daß die Naturgesetze den Menschen zerstören werden, wenn er die Natur angreift, oder daß die Natur für ihre Arten wenig Verständnis habe und nur an der Erhaltung des Lebens an sich interessiert sei. Die Natur lebt in jedem Lebewesen aller Gattungen und Arten und wäre ohne die Lebewesen aller ihrer natürlichen Arten gar nicht existent.

(Humorvoll:) Ich werde deine natürlichen Finger ausruhen lassen.

(23.09 Uhr. Meine Hand war tatsächlich vom Schreiben müde – was mir in diesen Sitzungen nur selten passiert. Janes Tempo war viel schneller, ihre Stimme oft lauter gewesen als gewöhnlich. Ich fand das Material hervorragend. Jane wollte lieber keine Pause machen und gleich fortfahren; aber ich bat sie, wegen meiner Hand ein wenig zu warten. Fortsetzung um 23.14 Uhr.)

Da ihr natürliche Wesen seid, gibt es in euch einen natürlichen Seinszustand. Dieser Zustand kann ein Reservoir der Vitalität, des Verständnisses und Friedens sein.

Was eure Wissenschaftler auch sagen mögen, Tatsache ist, daß sich euer Bewußtsein und euer Körper in jedem Augenblick eures Seins neu aktualisieren. Indem ihr die Erfahrung eures eigenen Bewußtseins und eures Seins in der Zeit, und zwar in jedem Augenblick, den ihr durchlebt, kultiviert, könnt ihr eine viel größere Vitalität und jene immense Kraft entfalten, die euch zur Verfügung steht.

Um dieser Entfaltung willen müßt ihr euch auf eure unmittelbaren Sinnesempfindungen verlassen, nicht auf Sekundärerfahrungen, wie ich sie beschrieben habe. Die primären Sinnesdaten, die in der Gegenwart erfahren werden und euch mit eurer Position in der Zeit vertraut machen, können euch darüber hinaus die Zeitlosigkeit erschließen, aus der alle Zeit hervorgeht, sie können euch über eure Intuition auf die wahre Natur des ewig gegenwärtigen, sich ins Sein ergießenden Universums hinweisen.

Diese Art der Erfahrung wird euch eine Ahnung von den größeren Möglichkeiten der menschlichen Kreativität vermitteln, und ihr werdet an ihr teilhaben. Man hat euch gelehrt, eure Aufmerksamkeit den Mängeln und Fehlern eurer Gesellschaft zu widmen, und in eurer Zeit scheint es ja wirklich, als ob alles falsch herauskommen werde. Sich selbst überlassen, so habt ihr gehört, werde die Welt zugrunde gehen, werde das Universum sterben, der Mensch sich selbst vernichten. Solche Glaubensüberzeugungen unterlaufen euer Verhalten dermaßen, daß sie wesentlich in eurer Erfahrung zum Ausdruck kommen und euch der Segnungen berauben, die die Natur, wenn ihr sie unmittelbar und primär erfahrt, für euch bereithält.

Oft unterwandert ihr einfach die euch über eure Sinnesempfindungen vermittelte Wirklichkeit eures Lebens – den Überfluß an Vitalität und den Genuß des täglichen Augenblicks –, indem ihr die Wichtigkeit der Sekundärerfahrung, wie ich sie für unsere Diskussion definiert habe, überschätzt und übertreibt.

Die denkbar negativste Zukunftsprognose scheint euch am gelegensten zu kommen. Wenn ihr von den Gebresten und Ungeheuerlichkeiten der Welt lest, dann sagt ihr in allem Ernst und ohne jeden Humor: »Wie kann ich der Wirklichkeit entkommen, dieser zerstörerischen Wirklichkeit unserer Gegenwart?« Nach den praktischen Kriterien eurer unmittelbarsten, weltzugewandten Erfahrung aber seid ihr und eure Welt im Moment, da ihr so sprecht, nicht im geringsten gefährdet; ihr erfreut euch physischer Sicherheit, wie die unmittelbare Wahrnehmung eurer Körpersinne es euch meldet. Indem ihr euch darüber hinwegsetzt, reagiert ihr nicht angemessen auf die tatsächlich gegebene Situation.

Der Unterschied würde klar, wenn ihr die Ungeheuerlichkeiten, von denen ihr lest, tatsächlich einmal physisch erfahren würdet. Wenn euch die Welt tatsächlich »auf den Kopf fallen« würde, könntet ihr ganz klar verstehen, daß ihr »früher« auf eine imaginäre und nicht auf eine real gegebene Situation reagiert habt.

Ich fürchte, daß euch einiges von dem, was ich sage, immer noch entgeht. Ich meine Ruburt, *(zu mir gewandt)* dich und andere. Selbst wenn Katastrophen, die ihr euch vorstellt oder die euch aus zweiter Hand angekündigt werden, sich später tatsächlich ereignen könnten, haben sie doch noch lange nicht das Gewicht physisch erlebten Unglücks. Indem ihr nachbrütet, was in der Zukunft sich an Schrecklichem alles ereignen könnte, trägt ihr kreativ zur Gestaltung einer glücklosen Zukunft bei.

Zugleich zerstört ihr euer eigenes Sein. Die realistische Verankerung eurer Lebensposition in der Zeit ist äußerst wichtig, denn sie ist die Grundlage eures praktischen Handelns und Verhaltens.

Ihr müßt in dieser Hinsicht euren Sinnesempfindungen vertrauen. Gegenteiligenfalls verwechselt ihr eure psychologische Position mit der eures Körpers, der nicht gleichzeitig in einem Zustand der Sicherheit und der Gefahr sein kann und schlichtweg seine Kräfte verschwendet, wenn er gezwungen ist, sich in imaginären Schlachten zu verteidigen.

(23.40 Uhr.) Leider sind für manche Menschen Krieg, Verbrechen, Armut Primärerfahrungen, denen sie sich nicht entziehen können und die ihrerseits ein direktes Handeln erfordern. Der Körper muß reagieren. Wenn jemand zusammengeschlagen oder ausgeraubt wird, so erfährt er dies unmittelbar und reagiert unmittelbar. Wie schwach Menschen in einer derartigen Lage auch sein mögen, ihr Kraftmoment entspricht im Augenblick unmittelbar dem Gefahrenmoment.

Ihr könnt physisch nicht in gleicher Weise auf bloß projizierte oder imaginäre Gefahren reagieren. Es scheint keine Reaktion möglich zu sein. Ihr seid frustriert. Es ist eure Aufgabe, euch auf eure unmittelbaren Primärerfahrungen zu stützen, und indem ihr dies tut, nehmt ihr eure Verantwortung ernst. Ihr seid in der Lage, aus eurer eigenen Erfahrung zu handeln, und beeinflußt dadurch auch andere Menschen. Ihr braucht vor Kriegen, die in einer anderen Ecke der Welt wüten, nicht die Augen zu verschließen. Doch wenn ihr zulaßt, daß derartige Zweithand-Erfahrungen die für euch gegebene gültige Realität überdecken, dann sprecht und handelt ihr aus einer Position heraus, die nicht die eure ist, und ihr versagt der Welt die Wohltaten, die ihr aufgrund eures wirklichen Seins beitragen könntet.

Ihr müßt euch der naturgesetzlichen Gültigkeit eurer Sinnesempfindungen klar bewußt bleiben; nur dann könnt ihr jene Intuitionen und Visionen voll ausschöpfen, die im Schnittpunkt eurer inneren mit der äußeren Realität durchkommen.

In diesem Sinn seid ihr immer und überall von der allgegenwärtigen Unversehrtheit der Natur umgeben. Sie vermittelt euch eure direkte Erfahrung. Sie bietet Wohlempfinden, Kreativität und Inspiration.

Ich bin mir eurer unausgesprochenen Fragen bewußt. Ihr möchtet wissen, wie groß oder wichtig die Anteile des Schlafs und des Wachlebens sind. Wenn ihr einverstanden seid, werde ich euch in unserer nächsten Sitzung antworten.

(»Gut, wir können auch das nächste Mal weiterfahren.«)

Dann werden wir den Beginn vorwegnehmen: Das ganze Material von heute abend gilt für die Menschen im allgemeinen und für dich und Ruburt ganz besonders.

(Pause um 23.47 Uhr.) Wenn ihr nicht zu müde wärt, würde ich noch etwas weiterfahren.

(Nun kam Seth mit persönlichem Material für Jane durch. Er beendete die Sitzung um 23.59 Uhr. Jane war noch auf Arbeit eingestellt und dachte sogar daran, unser Tonbandgerät zu verwenden. Ich sagte ihr, daß ich ohne weiteres noch mitschreiben könnte, aber schließlich entschied sie sich doch gegen eine Verlängerung der Sitzung.)

Sitzung 800, Montag, den 4. April 1977

(Wir warteten über zwanzig Minuten auf den Beginn der Sitzung. Jane bemerkte mehrmals: »Die Verzögerung ist wirklich eigenartig . . .« Doch Seth setzte dann plötzlich sein Material über das Verhalten der Menschen fort und brachte dieses Buch zum Abschluß.)

Diktat. *(Lange Pause.)*

Ihr gestaltet eure eigene Realität. Diese Realität trägt zur Erfahrung eurer Mitmenschen bei, aber jeder von euch hat in Raum und Zeit eine einzigartige, ursprüngliche Seinsposition inne, die in einem völlig praktischen Sinn und ungeachtet der Relativität der Zeit allein die eure ist.

Nur wenn ihr aus eurer eigenen Position heraus operiert, könnt ihr anderen nach euren besten Fähigkeiten helfen. Wenn ihr drohendes Unheil vorwegnehmt oder euch das Unglück anderer Menschen aufbürdet, als wäre es euer Unglück, so beraubt ihr euch eurer eigentlichen Kraft, mit der ihr anderen helfen könntet. Ich sage nicht, daß es kein Unglück in dieser Welt gibt oder daß ihr es leugnen sollt. Im Gegenteil: Praktische Hilfe ist notwendig, und zwar in allen Bereichen menschlichen Lebens. Praktisch aber heißt, auf das Gute im Menschen zu bauen. Richtet euer Denken auf das, was ihr erreichen wollt. Hört auf, im Geiste die Schwächen und Mängel der Menschheit zu katalogisieren.

Solches Verhalten führt unweigerlich zu einem Gefühl der Hilflosigkeit und Hoffnungslosigkeit, das ein wirkungsvolles Helfen verunmöglicht. Das Leben ist Überfluß. Wenn ihr das Leben unter diesem Aspekt seht und schätzt, steuert ihr Energie bei, die den Überfluß vermehrt und wirkungsvoll in eben jene Teile der Welt gelenkt werden kann, wo Hilfe am dringlichsten nötig ist.

Kraft und Wirksamkeit der Gedanken werden nur von wenigen richtig verstanden. Unser Denken wird einen Krieg nicht aufhalten, werdet ihr sagen. Aber was, denkt ihr, hat einen Krieg a u s b r e c h e n lassen? Im Laufe der Geschichte sind oft die Unterdrückten an die Macht gekommen, indem sie sich mit Gewalt gegen ihre Unterdrücker erhoben haben. Und dann? Sie werden die n e u e Elite, die neuen Machthaber. Unter materiell vollständig veränderten Verhältnissen gehören nun Ämter und Würden, Macht und Einfluß und Reichtum ihnen. Die Mißstände sind vergessen, die einst zum Aufstand geführt haben, aber nicht verschwunden. Gedanken der Vergeltung sind am Werk. Die Machthaber züchten eine neue Klasse von Unterdrückten, die sich ihrerseits erheben und rächen muß.

Äußere Umstände sind, auch wenn es anders aussehen mag, niemals die Ursache von Krieg, Armut, Krankheit und allen anderen Verhängnissen dieser Welt. Eure Glaubensvorstellungen schaffen kreativ eure Realität. Eure Gedanken führen zu entsprechenden äußeren Erfahrungen. Wenn ihr die Inhalte eures Denkens ändert, werden sich die Verhältnisse verändern. Wenn ihr eure Aufmerksamkeit auf verhängnisvolles Weltgeschehen richtet, dann helft ihr nicht, sondern ihr trägt geradezu zum Verhängnis bei.

Wenn ihr aber aus Unwissenheit oder Gleichgültigkeit einfach die Augen verschließt und eure Hände in Unschuld wascht, ist dies genauso kurzsichtig. Die Verleugnung eines unheilvollen Geschehens aus Angst bringt die gefürchtete Realität näher. Darum ist es viel besser, eure eigene Realität zu entdecken, sie als die eure anzunehmen und eure Kraft und Kreativität zu bestärken. Von dieser Position aus vermögt ihr den Menschen, die konstruktiver Hilfe bedürfen, viel wirksamer zu helfen. Wenn ihr in eurem Leben, zumal in euren Gesprächen mit anderen, zielbewußt seid, dann bestärkt ihr, so gut ihr könnt, auch die Kraft und die Fähigkeiten eurer Mitmenschen und eurer Gesellschaft.

Eure persönliche Kraft wird die aller anderen Individuen bestärken. Entdeckt die Glaubensvorstellungen und -überzeugungen, die für die unglücklichen Entwicklungen in der Welt verantwortlich sind. Wenn die in diesem Buch auseinandergesetzten Ideen vollständig verstanden und beherzigt würden, dann wäre jeder Mensch in der Lage, seine eigene Realität realistisch einzuschätzen und sich zu entfalten. Es bestünde keine Notwendigkeit, eine Nation im voraus gegen den vorweggenommenen – imaginären – Großangriff einer anderen Nation für einen Kampf auf Leben und Tod zu bewaffnen.

(22.10 Uhr.) Es könnten persönliche Animosität und Aggression vermieden werden, die bloß dazu führen, daß

Männer und Frauen weitere Verletzungen so sehr fürchten, daß sie versuchen, sich vom Leben abzukapseln, indem sie sich des Umgangs mit den Mitmenschen freiwillig berauben. Es ist keine Tugend, Mißerfolge zu zählen. Selbstherrliche Tugendhaftigkeit und Rechthaberei können nur einengen. Wenn jeder von euch die begnadete Fülle eurer Individualität verstehen und richtig einschätzen würde, wie ihr für die Schönheit anderer natürlicher Lebewesen empfänglich seid, dann würdet ihr eurer Kreativität erlauben, weit auszuschweifen. In der Natur besteht eine Ordnung, und ihr seid ein Teil der Natur.

Der weite Spielraum der Jahreszeiten steht symbolisch für die Tiefenweite eurer Seele. Ihr könnt »Spiritualität« nicht erreichen, wenn ihr euch von der Natur abwendet oder indem ihr versucht, euch aus ihrer natürlichen Verstrickung zu lösen. Ihr werdet nicht »das ewige Licht erblicken«, wenn ihr das Leben zu leugnen versucht, das ihr jetzt habt – denn dieses Leben ist euer eigener, einzigartiger W e g, der seine eigenen »Wegweiser« hat, denen ihr folgen müßt.

All-das-was-ist vibriert vor Verlangen. *(Lauter:)* Das Verleugnen eures Verlangens führt zu Lustlosigkeit. Die die Lust verleugnen, werden am meisten von ihr heimgesucht. Eure Leben stellen viele nebensächliche und doch gewaltige Episoden dar, an denen manches zugleich sterblich und unsterblich ist. Es sind Erfahrungen, die ihr bedeutungsvoll gestaltet und die euch Dimensionen der Realität eröffnen, die niemandem sonst offenstehen, da niemand das Leben von eurem individuellen Standpunkt aus sehen kann. Niemand kann i h r sein außer e u c h. Kommunikationen bestehen auch, wie ihr wißt, auf anderen Ebenen; doch eure Erfahrung des Seins ist vollkommen ursprünglich und deshalb ein kostbares Gut.

Niemand kann von einem psychologischen Standpunkt aus, wie umfassend dieser auch sein mag, ein Buch schreiben, das die Psyche wirklich erklärt. Von einem rein psychologischen Standpunkt aus kann man bloß Hinweise auf ihre Möglichkeiten und in Worten ihre Symbole darlegen. Die in diesem Buch enthaltenen Gedanken und Worte stehen alle für andere, für innere Realitäten – das heißt, sie sind Klaviertasten vergleichbar, die Saiten anschlagen – Saiten, die hoffentlich in der Psyche eines jeden Lesers anklingen.

Jeder von euch ist in die natürliche Welt eingehüllt, und diese Welt ist eingehüllt in eine Realität, aus der die Natur hervorgeht. Die Wurzeln der Psyche sind tief und nähren sie wie einen Baum vom tiefen Grunde her. Die Quellen der nährenden Kraft der Psyche strömen in jedem Menschen, sie sind der unsichtbare Nährboden der individuellen Existenz.

(Lange Pause.) Die Natur drückt sich in üppigem, verschwenderischem Überfluß aus. Die größere Realität, der die Natur entspringt, weist noch viel mehr Überfluß auf, und innerhalb jener multidimensionalen Erfahrung wird kein Wesen ignoriert, vergessen, entlassen, verloren oder aufgegeben. Ein Baum muß die Erde und die Sonne nicht um Nahrung bitten; und genauso steht euch alles, was ihr braucht, zur Verfügung. Wenn ihr glaubt, daß ihr der Nahrung nicht wert seid oder daß das Leben gefährlich sei, dann verunmöglichen euch eure Glaubensüberzeugungen, die bereitstehenden Mittel voll zu nutzen. Da ihr am Leben seid, werdet ihr natürlich ernährt. Ihr könnt die Vitalität eures Seins nicht willkürlich ausschließen; aber wahr ist es, daß ihr oft mehr Energie auf das Schwelgen in Depressionen verschwendet, als daß ihr sie auf schöpferische Ziele ansetzt. Ihr seid ein Teil des All-einen, und deshalb neigt sich das Universum e u c h zu.

Es gibt. Es überfließt an Vitalität. Gebt die Glaubenssätze auf, die euch etwas anderes lehren. Sucht in euch selbst – jeder von euch – diese Empfindung des Überflusses, die ihr habt, auch wenn es euch scheinen mag, daß ihr nur zufällig dieses Gefühl des Überflusses habt, und bekräftigt die Gedanken, die es entstehen lassen.

Ihr könnt eure Psyche nicht finden, wenn ihr sie euch als ein dingliches Gut vorstellt, etwa wie einen kostbaren Edelstein in einem für die Ewigkeit geschaffenen Schrein. Ihr könnt ihre Kraft, ihre Vitalität und Kreativität nur erfahren, indem ihr eure eigene subjektive Realität erforscht, die euch unfehlbar zu jenem größeren Ursprung führen wird, der Raum und Zeit transzendiert.

Ende der Sitzung. Ende des Buches. *(Pause.)* Und unser nächstes wird ein Prachtstück sein.

(»Wirklich?« Ich versuchte, Seth ein bißchen zu reizen. Die Sitzung hatte noch nicht sehr lange gedauert, als Seth nun ziemlich abrupt dieses Buch beendete. Doch Janes Stimme hatte irgendwie auf eine Fortsetzung hingedeutet.)

Ja, wirklich.

(22.40 Uhr.) Nun, ganz kurz: Das Gesamtgeschehen der Menschheit wird weitgehend durch die Wach- und Schlafmuster bestimmt, die ihr vor kurzem erwähnt habt. So richtet sich denn ein Großteil der Menschen auf die physische Realität hin aus, wogegen andere Menschen ihren sicheren Halt in der inneren Realität haben –

(Unser Kater, Willy Zwei oder der Zweite – oder Billy –, hatte neben mir auf der Couch geschlafen. Nun wachte er auf, streckte sich und sprang in Janes Schoß, als sie noch für Seth sprach. Billy schaute sie an. Ich legte mein Notizbuch weg und nahm ihn auf den Arm. Seth sprach, während ich ihn zur Kellertür trug.)

Ein süßes Geschöpf.

(»Ja.« Sobald ich mich wieder gesetzt hatte, fuhr Seth mit dem Satz fort, den er vor Billys Unterbrechung begonnen hatte:)

– und an den inneren Mustern arbeiten, die die Realitäten der Zukunft gestalten und wahrscheinliche Ausblicke auf zukünftiges Geschehen ermöglichen. Die Realitäten des Wach- und des Schlafbewußtseins sind deshalb im Geist der Welt – nicht im Hirn der Welt – ausgeglichen.

Das Schlafbewußtsein der Menschheit vertritt jedoch die unbewußten Leistungen des Hirns. Denkt nur an die Bewegungen, die das Gesamtverhalten der Menschheit in der Masse vollbringt. Diese bewußten Bewegungen beruhen auf einer unbewußten Grundlage. Wenn ihr euch ein Welt-

Massen-Hirn vorstellt – eines Wesens also –, dann muß es in einem bestimmten Rhythmus wach sein und schlafen. Wenn ihr euch Massenhandlungen vorstellen würdet, die von einem gigantischen Wesen ausgeführt werden, dann müßten alle jene bewußten Handlungen über unbewußte Gegenstücke verfügen, und zudem wäre eine immense wechselseitige Kommunikation des physischen mit einem inneren Nervensystem erforderlich.

Ein Teil eines solchen Hirns müßte die ganze Zeit wach sein, während sich ein anderer Teil mit den unbewußten Aktivitäten befassen müßte. Und dies ist tatsächlich der Fall.

Unterschiedliche Kulturen sind deshalb in der Lage, miteinander zu kommunizieren. Das kulturelle Wissen aus verschiedensten Teilen der Welt wird dem Schlafbewußtsein des Gesamtorganismus eingegeben. Schlafend steuern die wachen Nationen die Tagesereignisse dem Weltgedächtnis bei und arbeiten zukünftige Wahrscheinlichkeiten aus.

Ich werde euch noch mehr darüber erzählen. Ich hatte eure Frage vergessen, als ich die Sitzung vorzeitig beendete. Ruburts Zögern entstand übrigens heute abend infolge einer unangebrachten Wehmut über das Ende unseres Buches. Ihr beginnt beide einen neuen schöpferischen, überraschend angenehmen und irgendwie außerordentlichen Abschnitt eures Lebens. Und nun wünsche ich euch von Herzen einen guten Abend.

(»Vielen Dank, Seth, und gute Nacht.«)

(Wie anhand von Seths Kommentar über das Welt-Massen-Hirn ersehen werden kann, wäre er bereit gewesen, neues Material anzugehen. Doch obwohl er ein neues Buch erwähnt hatte, dachten Jane und ich nicht daran, daß dies innerhalb weniger Wochen seinen Anfang nehmen würde – aber genau dies war der Fall.

Im Herbst 1977 kam der erste Band der »›Unknown‹ Reality« heraus – und zu diesem Zeitpunkt war Seth schon mitten in seinem neuesten Werk »The Individual and The Nature of Mass Events«, obwohl das Manuskript dieses

Buches, der »Natur der Psyche«, noch nicht einmal für die Veröffentlichung fertiggetippt war. Ich selbst arbeitete immer noch an meinen Notizen für den zweiten Band der »›Unknown‹ Reality«.

Was Jane über William James niederschrieb, entwickelte sich ebenfalls zu einem Buch mit dem Titel »The Afterdeath Journal of an American Philosopher«. Während Seth also das hier vorliegende Buch diktierte, schrieb sie ihre eigenen Bücher über Cézanne und James. Sicher ist die Kreativität, deren Ergebnisse ich hier erwähne, der beste Beweis für den Reichtum und die Fähigkeiten der menschlichen Psyche. Jane entfaltet diese Eigenschaften auf ihre eigene Weise, aber entsprechende Qualitäten liegen in jedem Menschen und harren ihrer Freisetzung.)

Personen- und Sachregister

Begeisterte Leser von Jane Roberts' Seth-Büchern haben sich zum Zweck der Diskussion in der »Vereinigung der SETH-Freunde«, Postfach 3337, 8031 Zürich, zusammengeschlossen, was wir auf Bitte dieses politisch und konfessionell neutralen und nicht auf Gewinn gerichteten Vereins zur Kenntnis geben.

Die Außergewöhnlichen. Von Ariston.
DAS SCHLÜSSELWERK BEWÄHRTER ERFOLGSMETHODEN
M. R. Kopmeyer
PERSÖNLICHKEITS BILDUNG
So werden Sie, was Sie sein möchten
◀ 299 Seiten, Kst.
DAS SCHLÜSSELWERK BEWÄHRTER ERFOLGSMETHODEN
M. R. Kopmeyer
WUNSCH ERFÜLLUNG
So bekommen Sie, was Sie sich wünschen
300 Seiten, ▶ Kst.
DAS SCHLÜSSELWERK BEWÄHRTER ERFOLGSMETHODEN
M. R. Kopmeyer
LEBENS ERFOLG
So gelangen Sie an Ihre Ziele
◀ 278 Seiten, Kst.
DAS SCHLÜSSELWERK BEWÄHRTER ERFOLGSMETHODEN
M. R. Kopmeyer
WOHLSTANDS BILDUNG
So werden Sie reich und wohlhabend
294 Seiten, ▶ Kst.
Kurt Tepperwein
Die »Kunst« mühelosen Lernens
Neue Lernmethoden machen es Ihnen leicht
Ariston
◀ 256 Seiten, Kst.
Dr. phil. Albert Lang
DER INTELLIGENZ QUOTIENT
So werden Sie besser als Ihr IQ
IQ
Ariston
256 Seiten, ▶ 20 Abb., Kst.
Ariston Verlag
Rue de la Scie 4 · CH 1207 Genf Tel. 022/86 15 27 · Telex 27983
Auslieferung: BDK Bücherdienst · Kölner Str. 248 · 5 Köln 90
Tel. 0 22 03/10 02-27 · Telex 8 874 591